제과기능장 실기
필답고사 이론요약 & 기출문제 해설

도서출판유강

서문(序文)

> "한 권의 문학서적과 인문서적이 인생을 바꾸지만,
> 직업교육에 필요한 전문서적은 희망과 행복을 만듭니다."

글로벌 시대에 각 나라별로 수 많은 빵 과자류 제품이 각각의 특색을 갖고 개발되고 있는 가운데, 우리나라도 현저한 기술력 향상과 더불어 제과업계가 눈부시게 발전하고 있습니다.

제과제빵 업체의 형태는 다양한 모습으로 변모하여 예전의 윈도우 베이커리가 많았으나, 요즘은 프렌차이즈가 많아졌고, 디저트 카페, 베이커리 카페, 소품목 전문 베이커리, 건강빵 등이 상향곡선을 나타내고 있습니다. 이에, 제과제빵 전문가 양성과 트렌드 제품의 개발이 중요시 되고 있습니다.

전문가로 인정받기 위하여, 제과기능사, 제빵 기능사(산업기사) 등의 자격증으로 시작하여, 제과기능장이라는 최고의 국가자격증 취득을 하고자 하는 경우가 많아졌고, 자격증 취득은 객관식 필기시험, 주관식 필답고사 그리고 실기시험을 치루어야 하므로, 점점 더 어려워져 가고 있습니다.

2020년부터는 제과기능장 출제기준과 요구 사항이 공개되어 정확한 기술을 습득하기에 좀 더 접근하기가 편해졌으나, 지도하는 교사나 배우는 수험생들은 수업자료와 수험정보에 신중해질 수밖에 없어서, 맞춤형 교재의 필요성을 절실하게 느꼈습니다.

30여 년간 제과점에서 일하며 쌓은 기술과 제과제빵을 전공했었고, 제과점을 운영하며, 대학 여러 군데 강의를 다니면서, 국가 자격증 시험 감독도 다녀본 경험을 토대로 하여, 기능장을 준비하시는 모든 분들께 조금이나마 도움이 되셨으면 하는 마음에서 ≪제과기능장 실기≫를 집필하게 되었습니다.

본 교재는 Part 1에서는 제과기능장 실기 (장식물, 머랭, 초콜릿, 마지팬, 케이크실기 작품 13과제, 제빵 실기 작품 13과제), Part 2에서는 필답 고사 대비한 이론 요약 (제과이론, 제빵이론, 재료과학, 영양학, 식품위생학, 현장 실무), Part 3에서는 기출 문제, 계산문제를 수록하여 제과제빵 이론과 실기의 요점을 상세하게 정리하였고, 특히 실기 시험에 대비하여 사전 준비를 어떻게 해야 하는지 잘 정리하여 체계있게 습득할 수 있게 하였습니다.

대한민국 최고의 기술자 양성에 기여하고자 하며, 대한민국의 전문가로서 훌륭한 리더가 되길 바라며, 나아가서는 세계적인 경쟁 속에서 인정받을 수 있는 제과기능장 취득의 지침서가 될 수 있으리라 확신합니다.

그동안 본 교재가 완성되기까지 많은 분들께서 도와주셨습니다.

기획부터 책이 나올 때까지 일일이 챙겨 주시며 신경써 주신 (사)한국관광음식문화협회 강란기 이사장님께 감사드립니다. 또한, 밤낮으로 촬영과 디자인 하시느라 고생 많으신 씨엠씨 황익상 대표님과 멋지게 편집해 주신 옥별 선생님께 감사의 인사를 드립니다.

작품 제조 시 여러모로 협조해 주신 성남제과조리커피직업전문학교, 성남제과제빵학원, 성남요리학원의 선생님들의 수고에 감사드리며, 기능장 취득 과정 수강생분들과 책을 쓰면서 수업하다 보니 많은 힘이 되었습니다. 이제 교재로 수업하게 되었으니 모두 합격하시리라 믿습니다.

여러분들의 성공을 기원드립니다.

〈 저자 드림 〉

CONTENTS

기본도구 / 6
제과기능장 자격 지급 재료 목록 / 8

Part 1 ··· 제과기능장 실기

Chapter 1. 제과기능장 실기 장식 ——— 12

01. 케이크 디자인의 기본 ················ 14
02. 도안, 선긋기 ························· 16
03. 머랭 장식 ··························· 17
   1. 머랭이론
   2. 꽃짜기
   3. 천사, 다람쥐, 오리, 사슴, 비둘기
   4. 코끼리, 병아리, 강아지
04. 버터 꽃 ····························· 21
05. 랑그드샤 ···························· 22
06. 누가 ································ 23
07. 마카롱 ······························ 24

Chapter 2. 초콜릿 ——— 26

01. 초콜릿 이론 ························· 28
02. 가나슈 ······························ 35
03. 싸인판 ······························ 37
04. 물결무늬 중앙분리대 ················· 38
05. 수레 ································ 38
06. 부채 ································ 39
07. 초콜릿 봉봉 ························· 40
08. 초콜릿 장식물 ······················· 40
09. 리본 ································ 41
10. 소형 공예 집 ························ 41
11. 야자수 ······························ 42
12. 연꽃 ································ 43
13. 나비 ································ 43
14. 장미꽃 ······························ 44
15. 주사위 ······························ 46

Chapter 3. 마지팬 ——— 47

01. 마지팬 이론 ························· 48
02. 과일 ································ 50
   1) 레몬
   2) 복숭아
   3) 체리
   4) 오렌지
   5) 귤
   6) 바나나
   7) 수박
03. 장미 넝쿨, 잎 ······················· 57
   1) 장미꽃
   2) 장미 잎사귀, 넝쿨
04. 동물 ································ 59
   1) 말
   2) 소
   3) 호랑이
   4) 다람쥐
   5) 원숭이
   6) 사자
   7) 악어
   8) 루돌프
   9) 강아지
   10) 닭
   11) 앵무새
   12) 아기돼지
   13) 토끼
   14) 코끼리
   15) 팬더곰
   16) 개구리
   17) 여우
05. 인물 ································ 93
   1) 가족
   2) 농부
   3) 셰프
   4) 산타&선물
   5) 신랑&각시

Chapter 4. 제과기능장 실기 ──── 98
케이크 품목 13과제

1. 1/2 케이크 ································· 101
2. 초콜릿 스펀지케이크 I ··············· 104
3. 초콜릿 데코레이션 케이크············· 107
4. 초콜릿 무스케이크 I ·················· 110
5. 초콜릿 무스케이크 II ················· 113
6. 뉴욕 치즈케이크 ······················· 116
7. 초콜릿케이크 I ·························· 119
8. 초콜릿 무스케이크 III ················ 122
9. 초콜릿 스펀지케이크 II ·············· 125
10. 커피 스펀지케이크 ··················· 128
11. 화이트 초콜릿케이크 ················ 131
12. 오페라케이크 ··························· 134
13. 초콜릿케이크 II ······················· 137

Chapter 5. 제과기능장 실기 ──── 140
제빵 품목 13과제

1. 통밀 바게트 ····························· 142
2. 통밀 베이글 I ···························· 144
3. 프랑스빵 ································· 146
4. 데니시 페이스트리 ···················· 148
5. 뺑블랑 ····································· 150
6. 통밀 베이글 II ··························· 152
7. 탕종 식빵 ································ 154
8. 오토리즈 바게트 ······················· 156
9. 프랑스빵(에피, 푸가스) ·············· 158
10. 푸가스 ····································· 160
11. 좁프 ······································· 162
12. 치아바타 ································· 165
13. 브레첼 ···································· 167

Part 2 ··· 제과기능장 이론

Chapter 1. 제과 이론 ──── 170
Chapter 2. 제빵 이론 ──── 180
Chapter 3. 재료과학 및 영양학 ──── 215
Chapter 4. 재료의 특성 ──── 224
Chapter 5. 식품 위생학 ──── 235

Part 3 ··· 제과기능장 필답고사

1. 제과이론 계산문제 ──── 244
2. 제빵이론 계산문제 ──── 248
3. 재료과학 계산문제 ──── 253
4. 영양학 계산문제 ──── 262
5. 현장실무 계산문제 ──── 264
6. 제과 배합표 작성 ──── 277
7. 제빵 배합표 작성 ──── 291

참고문헌 / 302

기본도구

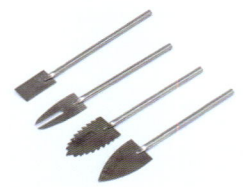
케이크 디자인칼

미술스패툴라

둥근 파이프

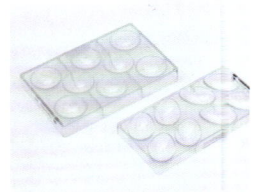
초콜릿 몰드

칼

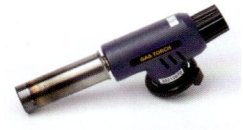
토치

자

그림 붓

색소

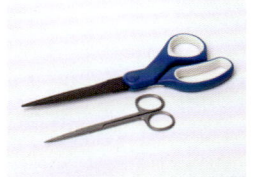
가위

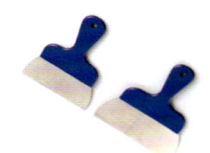
초콜릿 스크래퍼

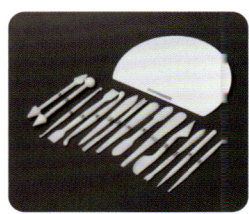
마지팬 스틱

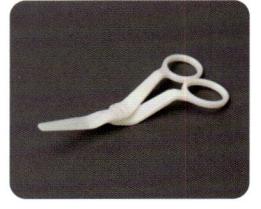
꽃가위

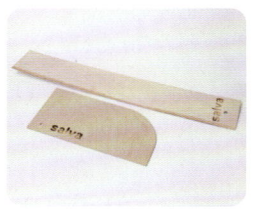
펠롱

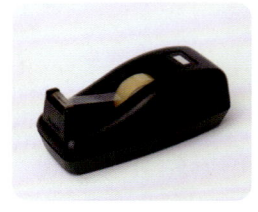
클레방아 테이프

각목천

냉각제

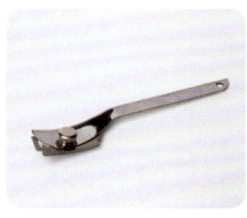
바게트칼

실리콘주걱

앙금주걱

붓

빵칼

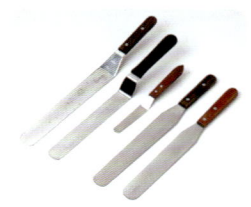
스패튤러

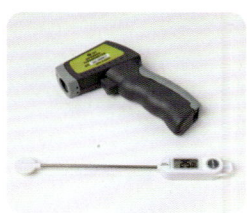
온도계

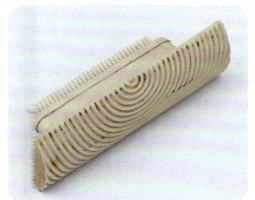 페뉴
 템퍼링기
 체
 분무기
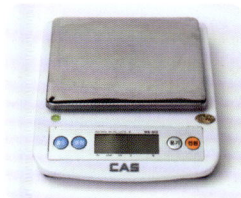 저울
 바게트팬
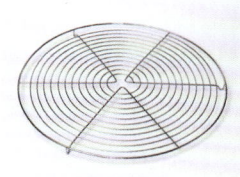 원형채반
 팬유
 비커
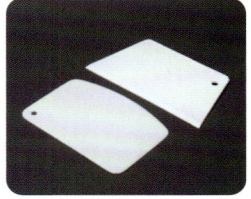 스크레퍼
 꽃받침대
 돌림판
 자루냄비
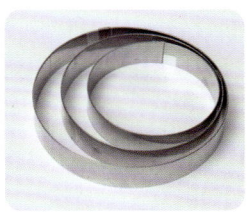 링틀
 링틀세트
 케이크틀
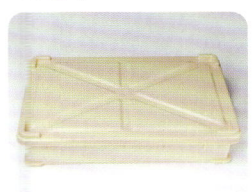 브레드박스
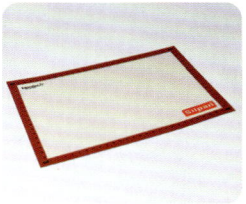 실리콘페이퍼
 테프론시트지
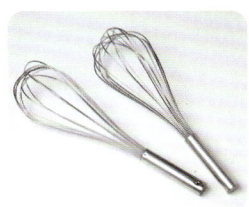 거품기
 도양깍지
 스텐볼
 주걱
 체

제과기능장 자격 지급 재료 목록

일련 번호	재 료 명	규 격	단 위	수 량	비 고
1	강력분	제빵용,1급	g	1300	1인용
2	개량제	제빵용	g	10	1인용
3	건조크랜베리	제과용	g	100	1인용
4	건포도	제빵용	g	350	1인용
5	꿀	제과용	g	150	1인용
6	다이제스트(통밀)	과자	g	250	1인용
7	다크 초콜릿	제과용, 커버처	g	1700	1인용
8	달걀	60g 정도	개	40	1인용
9	동물성생크림	제과용	g	1000	1인용
10	럼	술	g	50	1인용
11	롤인용 마가린	제과제빵용	g	450	1인용
12	마지팬	공예용	g	300	1인용
13	몰트(분말)	제빵	g	5	1인용
14	몰트(액상)	제과용	g	20	1인용
15	무염버터	제과용	g	1500	1인용
16	물엿	제과용	g	300	1인용
17	밀크 초콜릿	제과용, 커버처	g	1000	1인용
18	바닐라향	제과용, 분말	g	10	1인용
19	바닐라향	제과용, 오일	ml	7	1인용
20	박력분	제과용,1급	g	600	1인용
21	버터	콤파운드	g	600	1인용
22	부탄가스	가정용(220g)	통	1	1인용
23	비닐	40×100cm	장	3	1인용
24	사워크림	제과용	g	300	1인용
25	색소	식용(청,적,황)	g	10	10인용
26	생이스트	제빵용	g	50	1인용
27	설탕	정백당	g	1500	1인용
28	세척제	가정용(1kg)	통	1	50인용
29	소금	정제염	g	50	1인용
30	쇼트닝	제과용	g	300	1인용
31	수세미	가정용	개	1	1인용

열련 번호	재료명	규격	단위	수량	비고
32	슈가파우더	제과용	g	500	1인용
33	식용유	제과제빵용	㎖	150	1인용
34	아몬드 분말	제과용	g	550	1인용
35	알루미늄호일	가정용	개	1	5인용
36	얼음		g	1000	1인용
37	올리브오일		g	60	1인용
38	우유	제과용	㎖	150	1인용
39	위생지	40 X 50cm	장	10	1인용
40	유산지	40 X 50cm	장	5	1인용
41	인스턴트이스트(레드)	제빵용	g	30	1인용
42	인스턴트커피		g	80	1인용
43	전분	콘스타치	g	50	1인용
44	제품받침	케이크받침(4호)	개	2	1인용
45	제품받침	케이크받침(3호)	개	2	1인용
46	제품상자	케이크박스(4호)	개	1	1인용
47	제품상자	라면박스크기	개	1	1인용
48	제품상자	케익박스(3호)	개	1	1인용
49	젤라틴(가루)	제과용	㎖	50	1인용
50	주석산	제과용	g	5	1인용
51	중력분	다목적용,1급	g	1100	1인용
52	통아몬드	제과용	g	250	1인용
53	카카오버터	제과용	g	100	1인용
54	커스타드 믹스	제빵용	g	80	1인용
55	코코아분말	제과용	g	300	1인용
56	크림치즈	제과용	g	650	1인용
57	탈지분유	제빵용	g	500	1인용
58	통밀가루	제빵용,1급	g	650	1인용
59	화이트초콜릿	제과용	g	900	1인용
60	피스타치오(커넬)	제과용	g	100	1인용
61	펄솔트	브레첼용	g	10	1인용

※ 전체 공개문제 재료의 표준으로 과제에 따라 사용하지 않는 재료가 있을 수 있습니다. 요구사항을 준수하여 지급 재료내에서 제조하여야 합니다.
※ 시험(작품제작)은 모든 수험자의 공정성과 형평성을 위하여 1회만 시행하여 채점하며, 재시험을 위한 재료의 추가 지급, 추가 계량, 시간 추가 등은 허용되지 않습니다.
※ 국가기술자격 실기시험 지급재료는 시험 종료 후(기권, 결시자 포함) 수험자에게 지급하지 않습니다.

Part ••• 1
제과기능장 실기

Chapter 1. 제과기능장 실기 장식

Chapter 2. 초콜릿

Chapter 3. 마지팬

Chapter 4. 제과기능장 실기 케이크 품목 13과제

Chapter 5. 제과기능장 실기 제빵 품목 13과제

 이 파트의 특징

제과기능장 실기시험에 대비한 각종 장식과
실기 시험품목에 대한 조리 과정과 방법을 상세히 수록하였습니다.

Chapter 1
제과기능장 실기 장식

01. 케이크 디자인의 기본 / 02. 도안, 선긋기 / 03. 머랭 장식
04. 버터 꽃 / 05. 랑그드샤 / 06. 누가 / 07. 마카롱

이 장의 특징

디자인의 구성과 색상 만들기 외 선 긋기
각종 짜기를 상세하게 정리해놓았습니다.

01. 케이크 디자인의 기본

1 디자인의 구성 요소

디자인의 구성요소에는 개념요소와 시각요소, 상관요소, 실제요소가 있다.

1) 개념 요소
실제로는 존재하지 않으나 존재하는 것처럼 정의된 요소이며, 점, 선, 면, 입체가 이에 해당한다.

2) 시각요소
점, 선, 면 등 실제로 존재하지 않는 요소들을 가시적으로 표현했을 때 나타나는 요소들이다. 실제로 볼 수 있고 느낄 수 있는 요소로 형태, 크기, 색채, 질감 등이 있다.

3) 상관요소
각각의 개별적 요소들이 서로 유기적 상관관계를 이루어 상호작용을 함으로써 나타나는 느낌이다. 상관요소에는 방향감과 위치감, 공간감, 중량감이 있다.

4) 실제요소
디자인의 내용과 범위를 포괄하는 요소로 디자인의 고유 목적을 충족시키기 위해 존재하는 요소이다. 질감 표현을 위한 재료, 의미에 맞는 색상, 디자인 목적에 적합한 기능, 메시지 전달을 위한 상징물 등의 실제적 요소이다.

2 디자인의 구성원리

1) 조화
둘 이상의 요소들이 결합하여 통일된 전체로서 각 요소보다 더 높은 의미의 미적 효과를 나타냄을 말한다. 요소끼리 서로 분리되거나 배척하지 않고 질서를 유지함으로써 달성할 수 있다.

2) 균형
요소들의 구성에 있어 가장 안정적인 원리이다. 형태와 색채 등의 각 구성요소의 배치방법에 따라 대칭과 비대칭 균형으로 나눈다.

3) 비례
신비로운 기하학적 미의 법칙으로 고대 건축에서부터 많이 활용되어 왔다.

4) 율동
같거나 비슷한 요소들이 일정한 규칙으로 반복되거나, 일정한 변화를 주어 시각적으로 동적인 느낌을 갖게 하는 요소이다.

5) 강조
특정 부분에 변화를 주어 시각적 집중성을 갖게 하거나 강한 인상을 주기 위한 방식이다.

6) 통일
디자인이 가지고 있는 여러 요소들 속에 어떤 조화나 일치가 존재하고 있음을 의미한다. 디자인의 여러 요소들을 모두 강조하는 것 보다는 주체가 되는 요소를 주된 아이템으로 하고 이에 따른 부수적 요소들을 적절히 활용하는 것이 통일감을 살리는 방법이다.

3 색채의 기본과 활용
모든 디자인에 있어 색은 가장 중요한 요소이다. 사람의 시각을 가장 강하게 자극하는 것을 색채적 요소이며, 점,선,면, 입체 등의 요소들도 색상에 따라 그 느낌이 달라질 수 있다. 일반적으로, 식욕을 돋우는 대표적인 색은 주황색이다.

① 오렌지색 = 노랑 + 빨강　② 연두색 = 노랑 + 녹색　③ 녹색 = 노랑 + 파랑
④ 보라 = 파랑 + 빨강　⑤ 갈색 = 녹색 + 빨강

4 크림 색상 만들기
빨강색 만들기 ⇨ 흰색크림 + 적색 + 노랑
연두색 만들기 ⇨ 흰색크림 + 초록 + 노랑
노랑색 만들기 ⇨ 흰색크림 + 노랑
주황색 만들기 ⇨ 흰색크림 + 노랑 + 분홍
분홍색 만들기 ⇨ 흰색크림 + 적색
보라색 만들기 ⇨ 흰색크림 + 적색 + 청색
하늘색 만들기 ⇨ 흰색크림 + 청색
검은색 만들기 ⇨ 흰색크림 + 청색 + 빨강 + 노랑

※ 크림의 양, 색소에 따라 색상의 진하기가 달라질 수 있다.

Chapter 1. 제과기능장 실기 장식

02. 도안, 선긋기

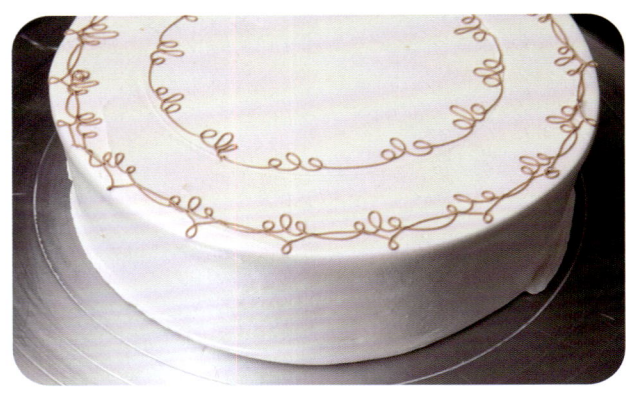
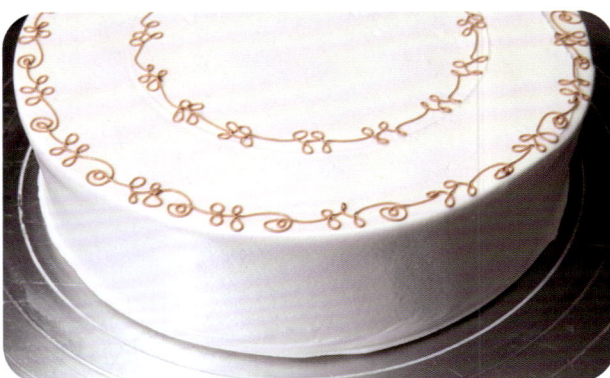

03. 머랭 장식

1 머랭의 특징

① 달걀 흰자에 설탕(흰자 : 설탕 = 1 : 1 이상)을 넣어서 거품을 낸 것으로 꽃이나 동물 모양 등을 다양하게 짜서 말려서 사용하거나, 크림용으로 광범위하게 사용되고 있다.
② 흰자의 기포성을 증가하기 위해 주석산 크림을 넣어 많이 사용되고 있다.
③ 머랭 제조 시, 지방성분이 들어가면 거품이 올라오지 않으므로 기름기나 노른자가 들어가지 않도록 주의한다.
④ 설탕은 흰자에 함유된 단백질의 거품을 만드는 성질을 억제하므로, 머랭을 만들 때 처음부터 설탕을 넣지 않는다.
⑤ 머랭 제조 시, 설탕을 처음부터 넣고 거품을 내면
　㉠ 머랭의 부피가 작아지고, 믹싱 시간이 장시간 요구된다.
　㉡ 머랭의 거품 안정을 위해 0.5% 소금, 주석산크림 사용한다.

> **예상문제** 머랭에 주석산 크림 또는 주석산 칼륨을 첨가하는 이유는 ?
> ① 흰자와 설탕의 거품을 튼튼하게 하여 구조가 강한 머랭을 형성하기 위해 주석산을 첨가한다.
> ② 일반적으로 흰자는 pH 9 정도의 약 알칼리성이므로, 산을 첨가하여 pH를 낮춰주고 중화작용을 해준다.
> ③ 흰자를 구성하는 단백질은 산성일 때 등전점이므로, 약산성일 때 구조가 강해지며, 머랭의 색이 희고 밝게 해준다.

2 머랭의 종류

프렌치 머랭	냉제머랭 : 가장 기본이 되는 머랭 ① (흰자 : 설탕 = 1 : 2)로 하여 실온에서 거품 내다가 설탕을 조금씩 넣어주면서 중속으로 거품 만든다. ② 거품 안정을 위해 소금 0.5%와 주석산 0.5%를 넣기도 한다.
온제 머랭	(흰자 : 설탕 = 1 : 2)로 하여 43℃로 데운 거품을 올리다가 슈가파우더 0.2%를 넣어 만든다.
스위스 머랭	① 흰자 1/3과 설탕 2/3을 섞어 43℃에서 중탕하여 휘핑하면서 온제머랭을 만들고, 나머지 흰자, 설탕으로 냉제 머랭을 만들어 혼합하는 방법 ② 구웠을 때 광택이 나고, 안정성이 커서 각종 장식 모양에 사용
이탈리안 머랭	① 거품을 낸 흰자에 뜨거운 설탕시럽을 조금씩 넣어주면서 거품낸 것 ② 달걀흰자 중 일부가 열 응고를 일으켜서 기포가 매우 단단하다. ③ 주로 크림이나 무스와 같이 가열하지 않는 제품, 데코레이션 용

3 머랭의 상태

젖은 피크 (60%)	흰자의 거품이 많지 않고 수분이 많아서 흐르는 정도
중간 피크 (80%)	거품기에 묻혀들면 끝이 휘는 정도 (대부분의 머랭)
건조 피크 (100%)	물기가 없는 거품체로서 끝이 뾰족하게 서는 정도

Chapter 1. 제과기능장 실기 장식

1) 꽃 짜기

Chapter 1. 제과기능장 실기 장식

2) 천사, 다람쥐, 오리, 사슴, 비둘기

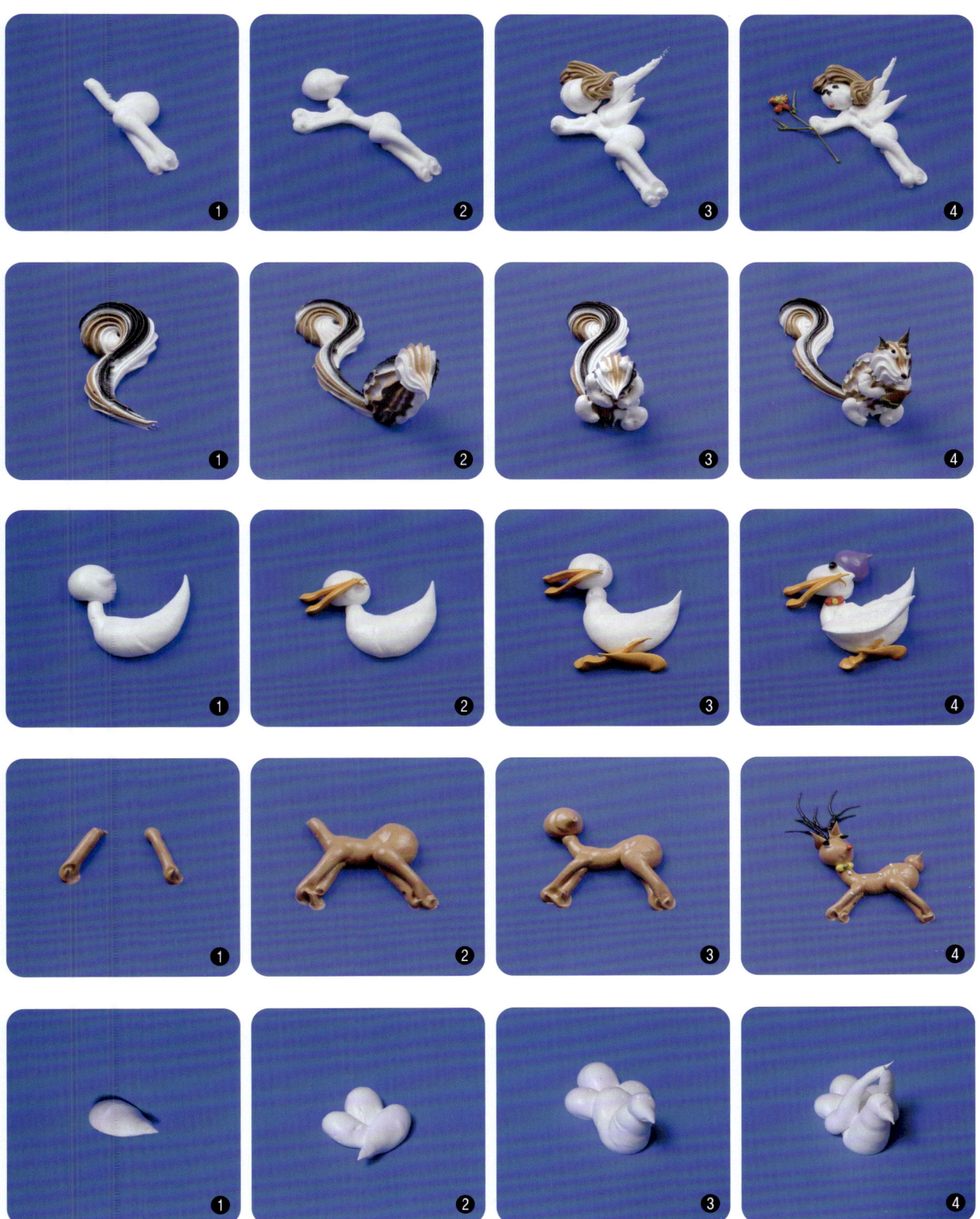

Chapter 1. 제과기능장 실기 장식

3) 코끼리, 둥지 안 병아리, 강아지

코끼리

1. 비닐 짤주머니에 8mm 둥근 모양 까지에 핑크색 머랭을 담아 몸통을 둥글게 짠다.
2. 4mm 둥근 모양 깍지에 흰색과 분홍을 담아 몸통 위에 얼굴을 분홍색을 짜고 흰색머랭은 앞발을 짜 준다.
3. 흰색 머랭을 몸통 위에 팔을 짜주고 장미용깍지에 분홍색 머랭으로 귀를 짜고 분홍색으로 코를 짜 준다.
4. 검은색 머랭으로 눈과 발, 손에다 점을 찍는다.

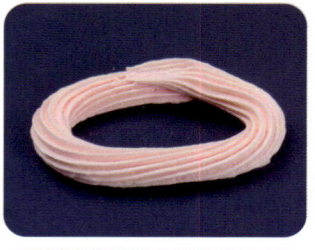 

둥지 안 병아리

1. 분홍색 머랭을 작은 별 모양 깍지를 담은 짤주머니에 담아 둥글게 짠다.
2. 8mm 둥근 원형 깍지를 담은 짤 주머니에 노란색 머랭을 담아 몸통을 알맞게 짠다.
3. 장미 깍지로 날개를 짜주고 분홍머랭으로 새 부리를 짜고 검은 머랭으로 눈과 녹색으로 모자를 둥글게 짜준다.
4. 진한 빨강색으로 녹색머랭 위에 포인트를 준다.

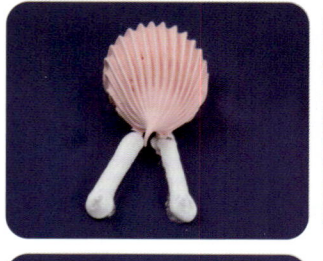 

강아지

1. 흰색머랭을 4mm둥근까지에 담아 사선으로 두 줄로 가지런히 짠다.
2. 8mm 별모양 깍지에 분홍 머랭을 담아 두툼하게 엉덩이를 짠다.
3. 둥근 원형까지에 담은 흰색 머랭으로 얼굴을 짜고 보다 작은 별모양 깍지에 담은 분홍 머랭으로 귀를 짠다.
   눈과 코를 흰 머랭으로 작게 짜주고 검은색 머랭으로 눈과 잎을 표현한다.
4. 노란색 머랭으로 이마에 리본을 표현한다.

04. 버터꽃

05. 랑그드샤

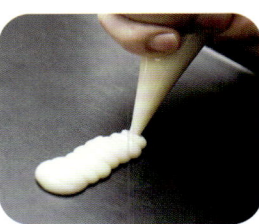

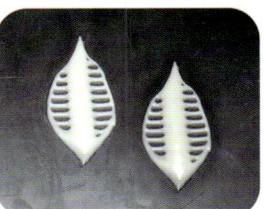

만드는 방법

1. 랑그드샤 반죽을 둥글게 짠다.
2. 잎사귀를 표현한다.
3. 장미꽃을 표현한다.
4. 손을 이용하여 잎사귀를 만든다.
5. 만들어진 쿠키로 장미를 표현한다.

〈랑그드샤 반죽 배합〉

설탕 : 버터 : 달걀 흰자 : 박력분 = 1:1:1:1
- 설탕 70g
- 버터 70g
- 달걀 흰자 70g
- 박력분 70g

06. 누가

  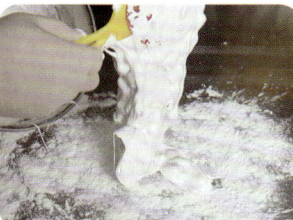 

만드는 방법

1. 믹서 볼에 흰자와 설탕을 넣고 거품기로 60% 정도 올라왔을 때 118~120℃ 끓인 꿀을 넣으면서 휘핑한 다음, 설탕, 물, 물엿을 152℃로 끓여 섞는다.
2. 통아몬드, 피스타치오, 크랜베리를 넣는다.
3. 콘스타치를 뿌린 작업대에서 모양을 만든다.
4. 몰드에 넣어 하루정도 굳힌 다음 적당한 크기로 자른다.

*통아몬드, 피스타치오는 오븐에 구워서 준비한다.

07. 마카롱 1

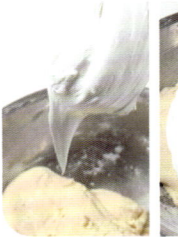

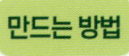 만드는 방법
1. 시럽을 118℃로 끓여준다.
2. 흰자를 중속으로 머랭화한다.
3. 30% 정도 휘핑한 머랭에 시럽을 조금씩 흘러 넣으면서 이탈리안 머랭을 만든다.
4. 이탈리안 머랭을 1/3 정도 넣어서 혼합한다.
5. 다시 머랭의 1/3 정도 혼합한다.
6. 나머지 머랭을 반죽에 넣는다.

06. 마카롱 2

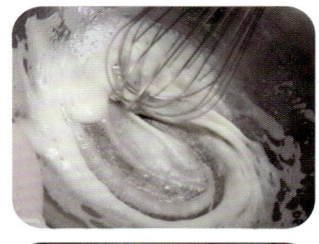

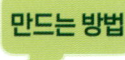 만드는 방법
1. 소형 볼에 흰자를 넣고 휘핑한다.
2. 50%의 머랭이 되면 설탕의 1/3을 넣는다. (3번에 나누어 넣는다.)
3. 설탕이 충분히 녹아 튼튼한 머랭이 되도록 충분히 휘핑한 상태에서 분당과 아몬드분말을 섞는다.
4. 테프론 시트지에 원형 모양깍지를 끼운 파이핑백에 마카롱 반죽을 담아 원하는 크기로 짜준다.

 POINT 흰자의 양보다 설탕의 양이 적은 머랭을 제조할 때 설탕을 여러번 나누어서 넣어가며 너무 빠르지 않는 속도로 머랭을 제조하면 튼튼한 머랭을 만들 수 있다.

Chapter 1. 제과기능장 실기 장식

1. 재료를 준비한다.

2. 아몬드 분말, 분당을 체질한다.

3. 아몬드 분말, 분당을 2번 이상 체질한다.

4. 체질한 가루분에 흰자를 붓는다.

5. 균일하게 혼합하여 페이스트 상태로 만든다.

6. 시럽을 114~118℃로 끓여준다.

7. 머랭의 1/3을 혼합한다.

8. 나머지 머랭을 2번에 나누어 혼합한다.

9. 윤기가 나고 흐름성이 있게 반죽한다.

10. 노란색 색소를 혼합한다.

11. 파란색 색소를 혼합한다.

12. 적색 색소를 혼합한다.

13. 보라색 색소를 혼합한다.

14. 원형 모양깍지를 이용해 알맞은 두께로 짜준다.

15. 구워진 마카롱에다 크림을 두툼하게 짜준다.

16. 짝을 맞추어서 샌드한다.

Chapter 2
초콜릿

01. 초콜릿 이론 / 02. 가나슈 / 03. 싸인판
04. 물결무늬 중앙분리대 / 05. 수레 / 06. 부채
07. 초콜릿 봉봉 / 08. 초콜릿 장식물
09. 리본 / 10. 소형 공예 집 / 11. 야자수
12. 연꽃 / 13. 나비 / 14. 장미꽃 / 15. 주사위

이 장의 특징

초콜릿의 이론과 여러 가지 만들기,
공정을 수록하였습니다.

01. 초콜릿 이론

1 1차 가공

농장에서 생산된 카카오빈(Cacaobean)을 가공해서 카카오매스를 만드는 과정이다.
카카오매스(Cacao mass)는 비터 초콜릿(bitter chocolate)이라고도 하며 여기에 설탕, 분유, 카카오버터를 넣어 정련, 템퍼링, 성형과정을 거쳐야 비로소 초콜릿이 된다.

1) 카카오빈(Cacaobean) 선별 : 곰팡이 빈, 손상된 빈, 이물질 제거

2) 로스팅(Roasting)

선별된 카카오빈(Cacaobean)을 110~130c°에서 30분 정도 볶아 껍질을 연한 상태로 하여 분리 시킨다. 이 과정에서 독특한 방향이나 풍미 성분이 생성되며 휘발성의 산이 제거되어 자극적인 냄새가 감소하나 몸에 이로운 영양성분이 파괴, 손실 된다.

> ▶ 로스팅(Roasting)하는 이유?
> - 수분과 탄닌 성분제거, 원두 수분함량을 3% 미만으로 한다.
> - 색상개선, 고유의 향미 증가한다.
> - 외피와 배아의 분리가 용이하다.

3) 파쇄 및 외피 분리

빈을 파쇄기에 통과시켜 외피와 배아를 제거하고 배유 부분만을 선별하며, 바람을 이용하여 분리한다. 이 배유의 파편을 코코아 닙(Nibs)이라고 한다.

4) 알칼리제이션(Alkalization)

pH8의 약 알칼리화 시키는 과정으로 카카오 니브를 알카리 용액에 적용하는 과정으로, 알칼리 처리를 하면 쓴맛과 떫은맛이 부드럽고 풍미가 좋아지며 다갈색의 bean을 얻을 수 있고 코코아 파우더(Cocoa powder)가 물에 잘 녹은 효과가 있다.

5) 블렌드(Blend)

단일 품종의 배유(Cacao nibs)만을 가공하는 것은 드물며 몇 종류의 다른 품종과 혼합하여 품질을 향상시킨다.

6) 마쇄

블렌딩된 카카오 닙(Cacao nibs)을 롤러에 통과시키면 롤러의 마찰열로 배유에서 기름이 흘러나와 전체가 페이스트(Paste)상태가 된다. 이 상태가 코코아 매스이며 비터 초코라고도 한다.

7) 압착

코코아매스를 더욱 압착하여 기름을 걸러내면 이것이 코코아버터(Cacao oil)이며, 기름을 추출하고 남은 것을 건조 가공한 것이 코코아 가루이다.

2 2차 가공

1) 혼합

> ▶ 혼합시 초콜릿 종류에 따른 배합
> ① 다크 초콜릿 : 카카오버터 70% & 카카오매스(설탕 29%, 바닐라, 레시틴)
> ② 밀크 초콜릿 : 카카오버터 50% & 카카오매스(설탕 37%, 전지분유 20%, 바닐라, 레시틴)
> ③ 화이트 초콜릿 : 카카오버터 33% & 카카오매스(설탕 49%, 유청분말 18%, 바닐라, 레시틴)

2) 미립자화

카카오매스에 여러 재료를 넣고 혼합하는 과정을 거치면 다크 초콜릿, 밀크 초콜릿, 화이트 초콜릿으로 나뉜다.

3) 정련(Conching)

콘체(Conche)에서 일정한 온도(50~80℃)로 가열하여 교반 작업을 하며, 물리·화학적으로 수분 제거, 탄닌의 쓴맛 제거, 광택, 품미 개선 등의 효과가 있다.
이 공정은 5~10일 또는 12~24시간을 필요로 한다.

4) 템퍼링(Tempering)

템퍼링(Tempering) 초콜릿은 온도에 따라 카카오버터 결정핵이 변하는데 그 중 녹는점이 16~18℃(γ)감마 결정, 21~24℃(α)알파 결정, 25~29℃(β')베타 프라임 결정, 34~35℃(β)베타 결정 등이 있다. 그런데 녹는점이 낮은 감마, 알파, 베타 프라임 결정은 불안정한 구조이며, 가장 안정적인 구조가 베타 결정형이다. 안정적인 카카오버터 핵은 34~35℃인 β' 결정핵을 만들기 위해 온도 조절을 하는 공정이다. β' 결정이 되면 제품에 광택이 나고 수축현상이 일어나 틀에서 잘 빠지게 된다. 온도 조절을 잘못했을 경우 블룸현상이 생기고 내부조직이 엉성하여 부서지기 쉬우며 광택이 없고 품질이 저하된다.
템퍼링(적온 처리법)이란 초콜릿에 들어 있는 카카오버터를 안정적인 베타 결정으로 굳히는 작업을 말한다. 액체 상태인 초콜릿을 급속하게 냉각시키거나 판형 초콜릿을 대충 녹여서 틀에 붓거나 모양을 만들면 불안정한 결정들이 생겨 녹는점이 낮아지기 때문에 초콜릿이 쉽게 녹아버려 보관 하는 데에 어려움이 따른다. 게다가 초콜릿에 윤기가 나지 않고 보기 싫은 얼룩이 생겨 외관상으로도 좋지 않다. 그럼 어떻게 안정적인 베타 결정을 만들 수 있을까? 우선 초콜릿을 50℃ 정도로 녹여 모든 지방 결정을 녹인다. 그 다음 베타 결정과 베타 프라임 결정의 녹는점 중간인 31~33℃까지 온도를 낮춘다. 이 온도에서는 불안정한 결정은 모두 녹아 있는 상태이며 베타 결정은 녹지 않고 남아 있게 된다. 여기서 온도를 조금만 높이면 베타 결정이 사슬처럼 정렬된다. 이 상태에서 초콜릿을 틀에 붓거나 모양을 만들면 보기에도 좋고 오래 보관할 수 있는 초콜릿을 만들 수 있다. 템퍼링은 특히 카카오버터 함량이 높은 고급 초콜릿을 만들 때 반드시 해주어야 한다.

5) 몰딩

작업실 온도 20~22℃가 적당하며 틀 온도는 25℃ 전후로 한다.

6) 쉐이킹(Shaking)
초콜릿 안에 있는 공기를 제거하는 과정으로 틀에 초콜릿을 채우고 틀을 두드려 기포를 뺀다.

7) 냉각
초콜릿을 굳히는 과정으로 인위적으로 냉장고에 넣어 굳히는 방법과 냉각터널을 지나가는 방법이 있다. 터널은 입구 온도는 18℃, 중앙은 5~7℃, 출구는 18~20℃이다

8) 포장 및 출하
몰딩이 끝난 초콜릿을 포장하여 18~20℃의 저온창고에서 출하 보관한다.

- 카카오의 제조과정

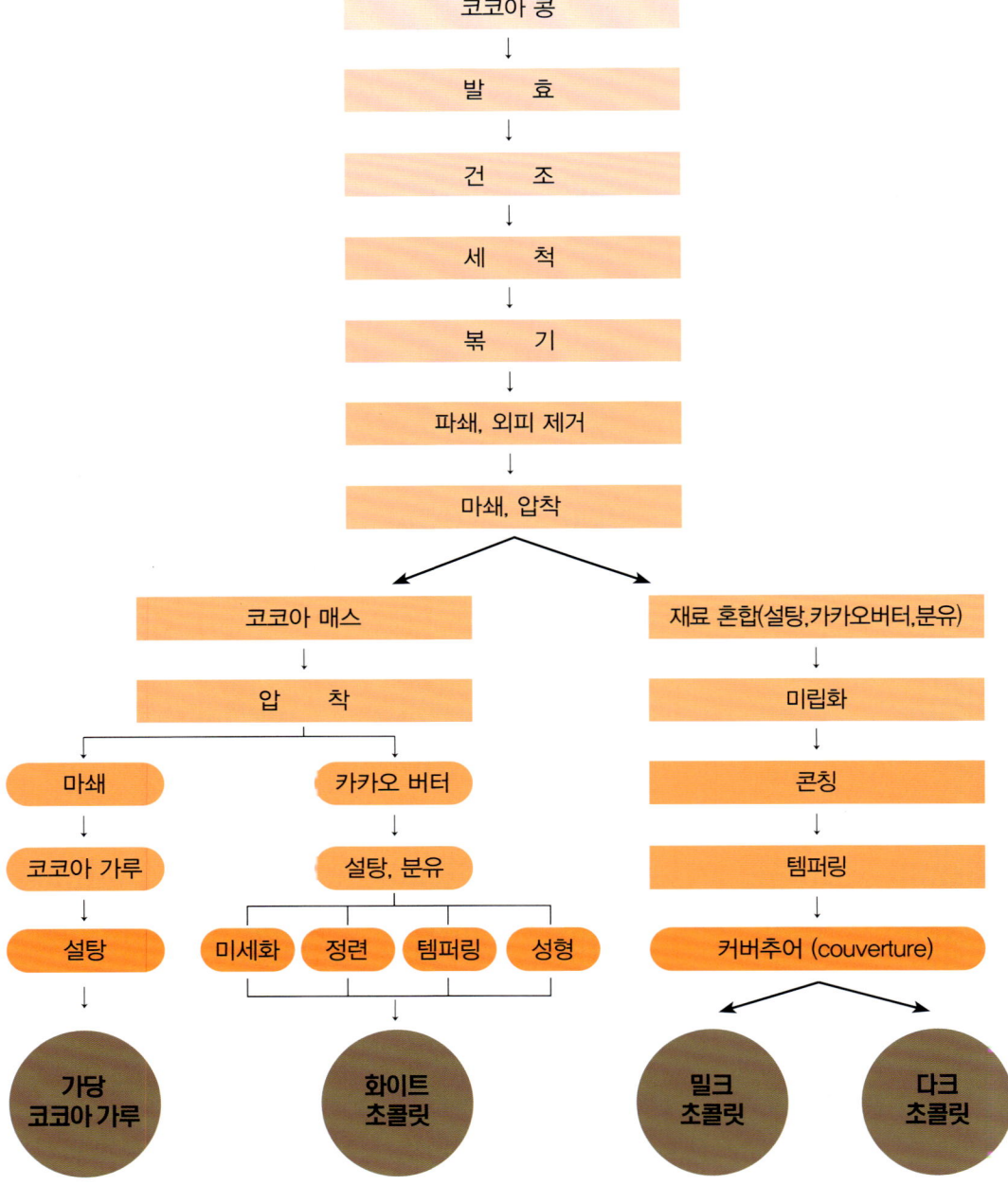

3 초콜릿을 구성하는 성분과 원료

1) 초콜릿을 구성하는 성분

① 코코아(62.5%, 5/8)

카카오 매스를 압착하여 카카오 버터와 카카오 박(Press Cake)으로 분리하여,
카카오 박을 200mesh 정도의 고운 분말로 만든 것.

② 카카오 버터 (37.5%, 3/8)

③ 카카오 탄닌(방향물질)

카카오 콩에 7~9% 함유 되어 있으며, 초콜릿의 색상, 맛, 향미와 밀접한 관계가 있다.
카카오 탄닌은 산화 되기 쉽고, 공기와 접촉하면 빠르게 분해되어 유색물질로 변한다.

④ 테오프로빈

쓴맛이 있는 무색 결정으로 카카오 콩 건조 중에 약 3.5% 함유 되어 있으며, 소량의 카페인과 함께 초콜릿 및 코코아 특유의 자극적인 풍미를 구성하고 있다.

2) 비터 초콜릿(bitter chocolate)

① 비터는 쓰다는 뜻으로, 다른 성분이 포함되어 있지 않아 카카오 빈 특유의 쓴 맛이 그대로 살아 있다.

② 카카오 매스 혹은 카카오 페이스트라고도 한다.

③ 카카오 버터 37.5%, 카카오 분말(혹은 코코아 분말) 62.5%, 유화제 0.2~0.8% 정도가 함유되어 있다.

3) 코코아 분말

카카오 매스를 압착하여 카카오 버터와 카카오 박으로 분리하여, 코코아 버터를 만들고 남은 코코아 박(Press cake)을 200메시(Mesh) 정도의 고운 분말로 분쇄한 것이다.

4 초콜릿의 종류

1) 원료에 의한 분류

카카오 매스 (비터 초콜릿)	카카오 빈에서 외피와 배아를 제거하고 잘게 부순 것으로 다른 성분이 포함되어 있지 않아 카카오 빈 특유의 쓴 맛이 난다.
다크 초콜릿	순수한 쓴맛의 카카오 매스에 설탕, 카카오버터, 레시틴, 바닐라향 등을 섞어 만든 초콜릿
밀크 초콜릿	다크 초콜릿 구성 성분에 분유를 더한 것으로 가장 부드러운 맛의 초콜릿
화이트 초콜릿	다갈색의 카카오 고형분을 빼고, 카카오버터에 설탕, 분유, 레시틴, 바닐라향을 넣은 백색의 초콜릿
컬러 초콜릿	화이트 초콜릿에 유성 색소를 넣어 색을 낸 초콜릿

2) 사용 용도에 의한 분류

가나슈용 초콜릿	카카오 매스에 버터를 넣지 않고 설탕만을 더한 것
코팅용 초콜릿	① 카카오 매스에서 카카오 버터를 제거한 다음, 식물성 유지와 설탕을 넣어 만든 것 ② 번거로운 템퍼링 작업 없이도 손쉽게 사용 가능
커버츄어 초콜릿	① 카카오 버터의 비율이 높아 일정 온도에서 유동성과 점성을 가지고 있어 봉봉 초콜릿의 피복용으로 사용됨 ② 반드시 템퍼링 거쳐야 특유의 광택이 남
코코아 분말	① 카카오 매스에서 카카오 버터를 2/3 추출 후, 분말로 만든 것 ② 천연코코아 / 더치 코코아 (알칼리 처리)

3) 형태에 의한 분류

① 초콜릿 아이싱 : 초콜릿을 녹여 물과 분당을 섞은 것
② 초콜릿 가나슈 : 초콜릿에 생크림을 섞어 간편하게 만들어 맛은 좋으나, 광택이 없다.
③ 초콜릿 글라사주 : 초콜릿에 물과 설탕을 넣어 끓여 만들며, 광택과 식감이 좋아 코팅으로 사용
④ 팬 초콜릿(panned chocolate) :
　회전하는 코팅 팬에 견과류나 스낵류에 초콜릿을 분무하여 코팅시키거나 원형으로 성형된 초콜릿에 당액을 입힌 초콜릿 등을 말한다.
⑤ 몰드 초콜릿(moulded chocolate) :
　초콜릿을 틀에 굳힌 것으로 특히 가운데 부분에 크림, 웨하스(wafer), 견과류 등을 넣은 것으로 shell moulded chocolate 이라 한다.
⑥ 엔로버 초콜릿(enrobed chocolate) :
　초콜릿의 중앙 부분에 퍼지(fudge), 비스킷, 마시멜로, 캐러멜, 누가(nougat), 크런치 등을 넣고 엔로버 설비를 이용하여 초콜릿을 코팅한 후 냉각시킨 제품을 말한다.

4 템퍼링

우리가 사용하는 초콜릿은 커버츄어 초콜릿이다.
2차 가공상태인 커버츄어 초콜릿은 공장에서 1차 템퍼링을 거쳐 잘 보관되어 판이나 코인 모형으로 오기 때문에 우리가 원하는 모형이나 제품을 만들 경우 이를 다시 녹여야 하는데 이때 카카오버터 결정핵은 온도에 따라 변하며 카카오버터를 안정적인 핵(β)로 만드는 과정이 템퍼링이다.
템퍼링이 잘된 초콜릿은 굳으면 광택이 나고 잘 만든 초콜릿은 입안에서 부드럽게 녹으며 그 섬세한 향과 쓴맛, 신맛을 오묘하게 느낄것이다. 템퍼링 온도는 초콜릿을 만든 회사에 따라 미묘하게 차이가 있다.

• 템퍼링 공정

1. 50℃까지 가온한 초콜릿을 대리석에 붓는다.

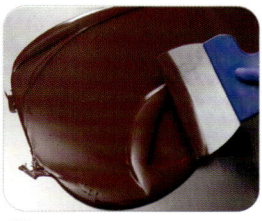
2. 스패튤라로 펴준다.

3. 연속적으로 섞어 준다.

4. 펴준 초콜릿을 다시 모아 준 후 다시 펴서 식힌다.

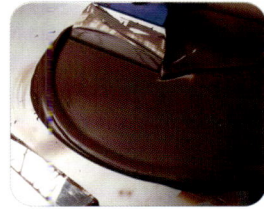
5. 다시 모아서 펴주기를 반복해 준다.

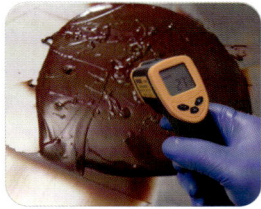
6. 초콜릿 온도를 26~28℃로 맞춰 준다.

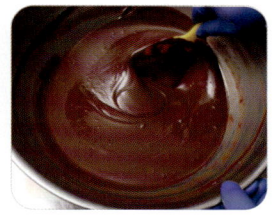
7. 중탕에서 온도를 31℃~32℃까지 올린다. 완성된 초콜릿 상태. 온도를 유지하면서 작업한다.

1) 템퍼링하는 이유
① 초콜릿은 사용 전에 반드시 템퍼링을 거쳐 매끈한 광택이 나도록 해야 초콜릿의 구용성이 좋아진다.
② 초콜릿에 들어있는 카카오 버터를 β형의 미세한 결정(안정적인 β 형)으로 만들어 초콜릿 전체가 안정된 상태로 굳을 수 있도록 온도 조절 작업 방법
③ 템퍼링을 하면, 입안에서 녹는 감촉이 좋아진다.
④ 템퍼링을 안 하면, 광택이 적고, 풍미와 용해성이 떨어지며 지방의 블룸(얼룩이 생기는 현상)의 원인이 될 수 있다.
⑤ 온도에 민감하지 않고, 고온에서도 형태가 유지된다.
⑥ fat bloom 현상이 일어나지 않는다.

> **기출문제** 초콜릿의 융점이 가장 안정적인 것은? 2021년
>
> 초콜릿에 들어있는 카카오 버터를 β형의 미세한 결정(안정적인 β결정형)으로 만들어 초콜릿 전체가 안정된 상태로 굳을 수 있도록 온도 조절한다.

2) 템퍼링 방법
① 대리석법
  ㉠ 온도를 50℃까지 올려 초콜릿을 완전히 용해 시킨다.
  ㉡ 대리석(대리석 온도 20~25℃ 정도) 위에서 28℃까지 식혀 준다.
    (가장 자리부터 굳기 때문에 균일한 온도 관리가 되기 위해서는 펴주고 모아주고를 반복)
  ㉢ 중탕으로 32℃ 까지 올려준 다음에 작업 한다.

② 수냉법
　㉠ 차가운 물을 이용하여 온도를 조절 하는 방법
　㉡ 초콜릿을 40~45℃ 정도로 용해하여 15~18℃의 물에서 27~28℃까지 낮춘 다음 뜨거운 물에서 30~32℃까지 온도를 올린다.
③ 접종법
　초콜릿을 완전히 용해하여 초콜릿의 온도가 36℃까지 떨어지면 잘게 부순 초콜릿 또는 코인 초콜릿을 넣어서 온도가 30~32℃가 되도록 맞춘 다음 사용한다.
④ 오버나이트 법
　접종법과 비슷하며, 주로 대량 생산시 사용한다.
　녹인 초콜릿 탱크에 온도를 32℃에 셋팅 해놓고 템퍼링된 초콜릿을 넣어 밤새 교반하여 작업 온도가 30~32℃로 맞추는 방법

> **예상문제** 초콜릿을 용해 할 때 주의 사항은?
> ① 용해할 때 이물질이 혼입 되지 않게 주의한다.
> ② 용해 시 물이 들어가면 점도 상승으로 초콜릿이 굳어 질수 있으므로, 물이 들어가지 않도록 넓은 용기를 사용해야 한다.
> ③ 용해 시 온도가 너무 높으면 광택이 없어지므로 적정온도는 43~50℃ 정도가 좋다.
> ④ 템퍼링 할 때 측면이나 바닥에 붙지 않게 계속 저어준다.
> ⑤ 광택을 살리기 위해 급속 냉각을 피한다.

6 블룸 (Bloom)

1) 블룸 (Bloom)에 미치는 영향

① 원료 유지의 혼합
　초콜릿에 코코아 버터 이외의 유지를 다량 혼합한 경우 유지의 글리세라이드 구성이 β결정으로 가지 못하고 β(프라임)에서 멈추면 블룸의 원인이 된다.
② 유지방 혼합
　유지방은 코코아 버터의 안정된 β 결정에 영향을 주어 블룸현상을 막아준다.
③ 유화제 첨가
　유화제는 설탕, 카카오 성분 외에 성분 입자를 완전히 감싸주고 균일한 구성을 이루며, 레시틴, 슈가 에스텔이 주로 사용된다.
④ 수분의 양
　수분은 블룸 현상을 촉진한다.
⑤ 템퍼링과 온도 관리
　㉠ 온도 17~18℃ 정도
　　온도가 25℃ 이상 상승시 초콜릿 결정구조가 불안정해져서 표면에 지방질이 흰 반점으로 된다.

ⓛ 습도 40~50% 정도

습도가 높아지면 초콜릿에 함유된 설탕이 표면으로 나와 흰 반점이 생긴다 (Bloom)

2) 블룸의 종류

구분	원인 물질	원인	주의점
지방 블룸 (Fat Bloom)	카카오 버터	① 템퍼링 불량한 경우 ② 직사광선에 노출된 곳이나 온도가 높은 곳에서 보관 시	지방이 분리되었다가 다시 굳으면서 얼룩 생긴 것이므로, 템퍼링을 충분히 하여 카카오버터 결정을 안정시킬 것
슈가 블룸 (Sugar Bloom)	설탕	① 보관을 잘못 한 경우 ② 급작스런 온도 변화(냉장고에서 꺼낸 초콜릿을 온도가 높은 실온에 둘 경우) ③ 제품을 습도가 높은 장소에 오랫동안 방치한 경우	① 급격한 온도변화 주지 말 것 ② 표면에 물방울이 떨어져서 초콜릿 중의 설탕을 용해한 후 수분이 증발하면 설탕 표면에서 재결정되어 반점이 나타난 것이므로, 습도가 높거나 물 주변에 보관하지 말 것

예상문제 초콜릿의 4대 적은?

온도, 햇볕, 공기, 습기

예상문제 쿠베르튀르 초콜릿 안에 들어 있는 카카오 버터의 융점과 가장 안정된 지방의 결정 형태 및 피복이 끝난 후 저장 온도는?

① 카카오 버터의 융점 : 33~35℃
② 가장 안정된 지방의 결정형태 : 베타(β)형
③ 피복이 끝난 후 저장 온도 : 15~18℃

02. 가나슈

• 가나슈 만들기

1) 가벼운 타입의 가나슈

① 생크림을 끓인다.
② 코인 초콜릿이 아닐 경우 잘게 다진 초콜릿을 준비한다.
③ 끓인 생크림을 초콜릿에 부어준다.
④ 천천히 저으면서 초콜릿을 완전히 녹인다.
⑤ 완성된 가나슈 온도는 40~45℃가 좋다.
⑥ 40℃ 정도에서 알콜을 넣는다. 너무 온도가 높으면 알콜이 휘발하고 낮으면 가나슈가 분리된다.

2) 중간 타입의 가나슈

① 생크림을 끓인다.
② 잘게 다진 초콜릿을 준비한다.
③ 생크림이 끓으면 초콜릿을 끓인 생크림에 섞어 잠시 초콜릿이 녹기를 기다렸다가 가운데부터 저어 매끄러운 가나슈를 만든다.
④ 가나슈 온도가 너무 낮을 경우 휘젓기를 하면 가나슈가 분리된다.

※ 일반적으로 가장 많이 사용.

3) 무거운 타입의 가나슈

① 초콜릿을 잘게 다져 중탕으로 녹여준다.
② 생크림을 끓인다.
③ 끓인 생크림을 녹인 초콜릿에 부어 가볍게 섞어준다.
④ 완성된 가나슈 온도는 40~45℃이다.

〈 가나슈 제조 〉

① 기본 가나슈 = 다크 초콜릿 : 생크림(2 : 1) 화이트 / 밀크 초콜릿 : 생크림(5 : 2)
  생크림을 끓인 후 잘게 다져진 초콜릿을 천천히 녹인 후 식힌다.
② 코팅용 가나슈 = 초콜릿 : 생크림(1 : 2 또는 1.5)
③ 아이싱용 가나슈 = 초콜릿 : 생크림(1 : 1)
④ 코팅용 초콜릿(coating chocolate) :
  코팅용 초콜릿은 코코아 매스에서 코코아 버터를 제거한 다음 식물성 유지와 설탕을 첨가해 만든 것으로 템퍼링 작업 없이도 손쉽게 사용 할 수 있다. 유동성이 좋아 주로 코팅용으로 사용된다.

〈 코팅용 초콜릿 〉

• 초콜릿 70%를 중탕한 후 쇼트닝 30% 정도를 첨가하여 군기 농도에 따라 비율 조정이 필요하다.

〈 초콜릿 플라스틱 〉

① 다크 초콜릿 550g, 물엿 180g
② 화이트 초콜릿 650g, 물엿 200g, 카카오버터 50~100g

플라스틱 초콜릿 배합

원료명	%
다크초콜릿	100
물엿	30~50

화이트 초콜릿 배합

원료명	%
화이트초콜릿	100
물엿	30~50 (하절기 30%, 동절기 50%)
카카오버터	10

03. 싸인판

만드는 방법

1. 템퍼링한 다크를 붓는다.
2. 초콜릿을 펼친다.
3. 약간 덜 굳었을 때 자와 커트 칼을 이용하여 커팅한다.
4. 과제에 맞게 자른다.
5. 과제에 맞게끔 싸인한다.

04. 물결무늬 중앙분리대

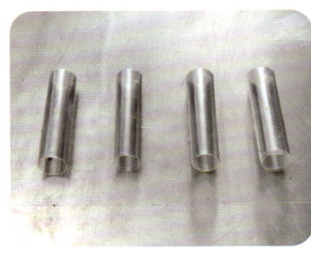

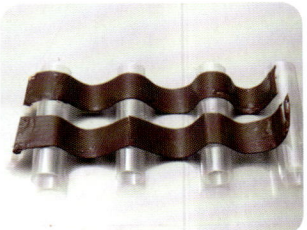

만드는 방법
1. 주름판을 준비한다.
2. 얇은 비닐위에 초콜릿을 놓는다.
3. 스패튤라를 이용하여 얇게 발라준다.
4. 주름판 위에 그림과 같이 놓는다.
5. 굳으면 비닐을 제거하고 사용한다.

05. 수레

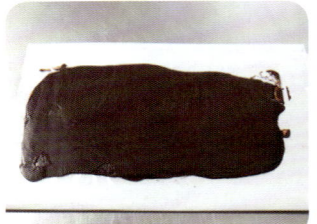
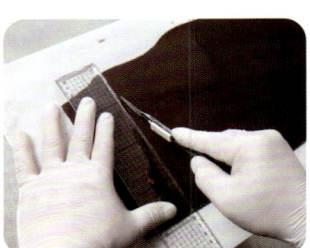

만드는 방법
1. 다크 초콜릿을 템퍼링하여 opp 비닐 위에 펼친 다음 굳힌다.
2. 수레 짐칸 가로 8cm, 폭 6cm, 높이(바퀴 포함) 6cm, 손잡이 5cm로 재단한다.
3. 원형 몰드를 이용해 바퀴를 찍어 준비한다.
4. 재단해 놓은 수레를 조립한다.
5. 바퀴를 붙여 마무리한다.

06. 부채 1

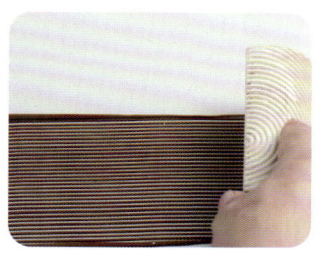

만드는 방법

1. 대리석 위에 다크 초콜릿을 놓는다.
2. 페뉴 윗부분 붓모양으로 긁어 줄무늬를 만든다.
3. 그림과 같이 줄무늬를 만들어 굳힌다.
4. 스패튤라를 양손으로 잡고 위에서 아래로 긁어준다.
5. 사진처럼 긁어준다.

06. 부채 2

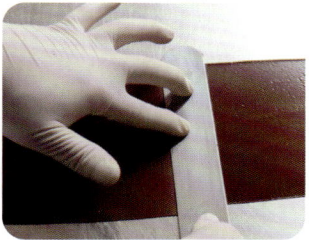

만드는 방법

1. 템퍼링한 다크 초콜릿을 준비한다.
2. 초콜릿을 대리석위에 일자로 흘려준다.
3. L자 스파튤러를 이용하여 두께가 일정하게 펼쳐준다.
4. 스크레퍼를 이용하여 그림과 같이 대각선 방향으로 밀어서 부채모양을 만든다.

Chapter 2. 초콜릿

07. 초콜릿 봉봉

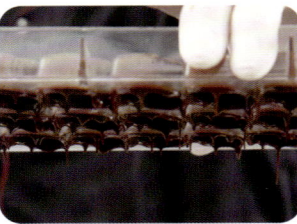

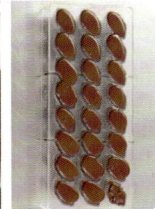

만드는 방법

1. 생크림에 딸기 퓨레를 넣고 저어주면서 끓인다.
2. 끓어 오르면 불에서 내려 다크 초콜릿에 붓는다.
3. 생크림과 초콜릿이 섞이면 버터를 넣고 마지막에 딸기술을 넣는다.
4. 몰드는 알코올을 이용해서 깨끗이 준비 한다.
5. 준비된 몰드에 템퍼링한 다크 초콜릿을 채우고 기포를 제거한다.
6. 몰드를 뒤집어 초콜릿을 털어내어 준 다음 표면을 스크레퍼를 이용하여 깨끗이 정리한다
7. 가나슈 크림을 90% 짜준 후 다크초콜릿으로 표면을 채운 후 스크래퍼를 이용해서 정리한다.
8. 완전히 굳었을 때 빼낸다.

08. 초콜릿 장식물

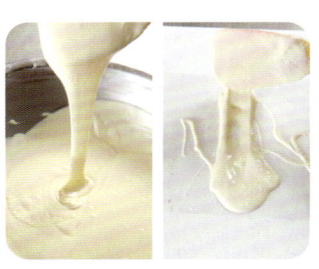
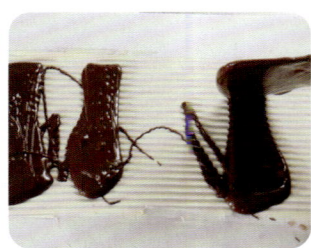

만드는 방법

1. 템퍼링한 화이트 초콜릿과 다크 초콜릿을 준비한다.
2. 유산지 위에 비닐을 깔고 3줄로 화이트초콜릿을 부워 준다.
3. 팬유를 이용해서 모양을 내준다.
4. 화이트 초콜릿이 어느정도 굳으면 다크초콜릿을 윗면에 부워 스파튤러를 이용해서 펼친다.
5. 원하는 모양으로 재단한다.

Chapter 2. 초콜릿

09. 리본

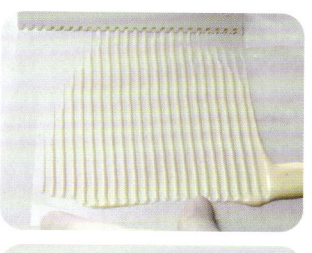

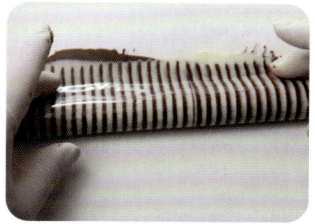

만드는 방법

1. 비닐에 화이트 초콜릿을 놓은 후 넓은 페뉴를 이용해서 줄무늬를 만든다.
2. 다크 초콜릿을 덧입혀준 후 2cm 간격으로 잘라준다.
3. 반으로 접어 집게로 고정시켜 굳힌 후 리본을 위와 같은 방법으로 만든다.
4. 통 안에 나선형으로 밀어 넣어 굳힌 후 반으로 접은 초콜릿의 비닐은 제거한다
5. 끝부분을 다듬어 준 후 지름 6cm 정도의 원판을 만들어 평평한 바닥에 놓는다.
6. 초콜릿판 위에 반으로 접은 리본을 붙인 후 사진과 같이 초콜릿으로 고정시키고 윗면도 배열한 후 꼬리부분을 붙여 리본을 완성한다.

10. 소형 공예 집

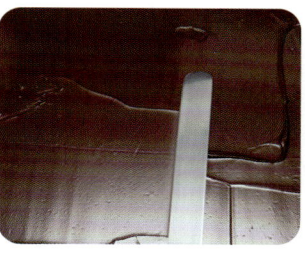
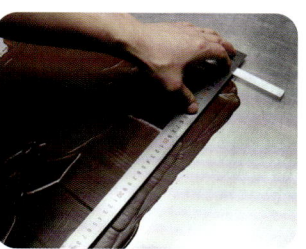

만드는 방법

1. 템퍼링한 초콜릿을 얇게 펼친다.
2. 자와 커트 칼을 이용하여 덜 굳었을 때 커팅한다.
3. 잘라진 다크 초콜릿을 붙인다.
4. 템퍼링한 초콜릿으로 지붕을 장식한다.
5. 다 굳으면 옆면과 윗면을 정리한다.

Chapter 2. 초콜릿

11. 야자수 1

만드는 방법

1. 비닐 위에 색이 들어간 초콜릿을 그림처럼 짜준다.
2. 끝이 뾰족한 스패튤라로 선을 그어준다.
3. 다크 초콜릿으로 원을 그려가며 기둥을 짜준다.
4. 비닐 위에 다크 초콜릿을 얇게 펴 바른다.
5. 원형틀과 국화 모양틀로 초콜릿을 찍어준다.
6. 원형판과 국화판을 붙여주고 기둥을 세운다.
7. 야자잎을 기둥에 둘러가며 5장을 붙여준다.

11. 야자수 2

만드는 방법

1. 비닐 위에 템퍼링한 다크초콜릿을 짜준다.
2. 팬유를 이용하여 양쪽으로 모양을 내준 후 잎 모양을 만든다.
3. 2를 바게트 팬 위에서 굳힌다.
4. 미리 준비한 기둥에 야자잎을 4~5장 붙여 마무리한다.

12. 연꽃

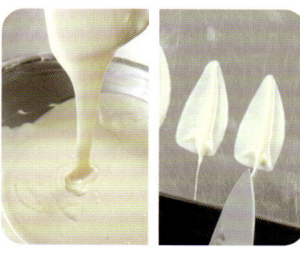
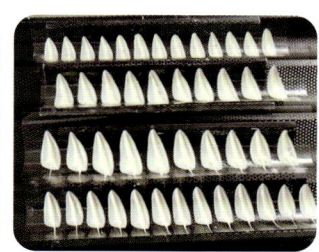

만드는 방법

1. 템퍼링한 화이트초콜릿을 준비한다.
2. 비닐위에 삼각 나이프를 준비하여 찍는다.
3. 바게트 팬 위에 올려 굳힌다.
4. 준비된 링틀 중앙에 초콜릿을 짜준 후 꽃잎을 겹겹이 덧붙여 준다.
5. 중앙에 초콜릿을 짜준 후에 덧붙여 준다.
6. 냉각제를 이용하여 완전히 굳힌 다음 링틀에서 꺼낸다.

13. 나비

만드는 방법

1. 종이에 나비모양을 먼저 스케치 한다.
2. 템퍼링을 마친 다크초콜릿과 화이트 초콜릿을 준비한다.
3. 종이 위에 비닐을 올리고 다크 초콜릿으로 그림과 같이 짜준다.
4. 빈칸을 화이트로 채워 마무리한다.

14. 장미꽃

● 제조공정

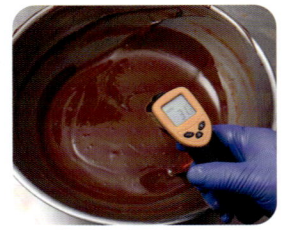 

제조공정
1. 다크 초콜릿은 35℃ 온도를 설정한다.
2. 물엿을 35℃로 설정한다.
3. 다크 초콜릿에 물엿을 넣어 준다.
4. 빠르게 초콜릿과 물엿이 분리되지 않게 섞어 준다.
5. 비닐에 싸서 냉장고에서 굳힌다.
6. 필요시 꺼내어 치대어 부드럽게 만든 후 사용한다.

꽃 만들기
1. 냉장고에서 꺼낸 반죽을 전자렌지에서 수 초 돌려 부드럽게 한다.
2. 부드럽게 치대어 매끄럽게 한다.
3. 밀대로 얇게 밀어 펴준다.
4. 둥근 틀로 찍어준다.
5. 둥글게 말아준다.
6. 초코 플라스틱으로 장미꽃의 심을 만든다.
7. 비닐을 이용하여 얇게 펴 장미잎을 만든다.
8. 둥근 장미 세 잎을 겹치게 붙여서 삼각형을 만든다.
9. 볼륨감 있는 꽃잎을 만들어 붙인다.
10. 다시 볼륨감 있게 꽃잎을 붙인다.
11. 여러 개의 장미 잎을 만들어 붙인다.

잎사귀 만들기
1. 반죽을 부드럽게 치댄다.
2. 밀대로 얇게 밀어 펴준다.
3. 도구를 사용하여 잎 모양으로 자른다.
4. 자른 잎에 줄기모양을 그려 넣는다.
5. 끝부분을 손으로 접어서 눌러준다.
6. 완성된 모습

넝쿨 만들기
1. 반죽을 끝이 가늘게 길게 밀어 준다.
2. 굵은 부분부터 말아 준다.
3. 스틱에 둘둘 말아 스프링을 만든다.

Chapter 2. 초콜릿

● 꽃 만들기

  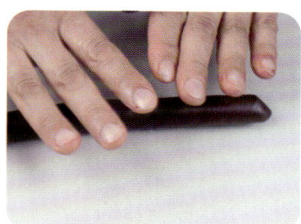 
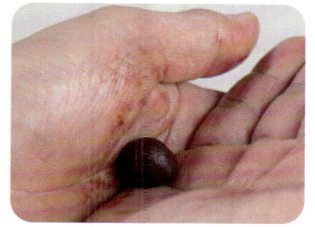 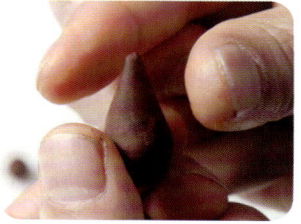 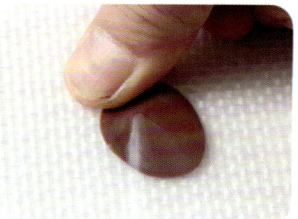 

● 잎사귀 만들기

● 넝쿨 만들기

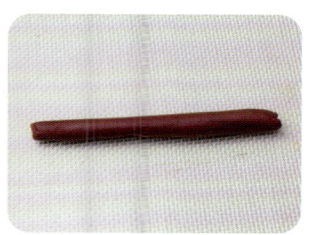  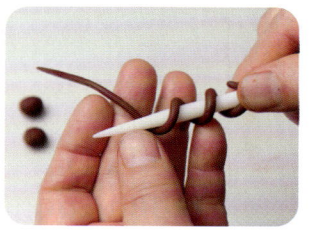 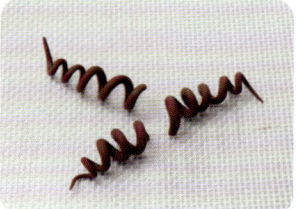

45

15. 주사위 1

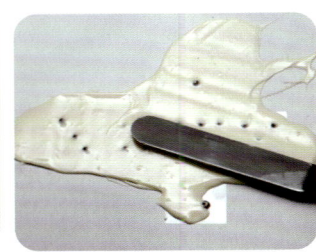
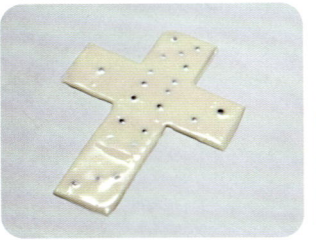

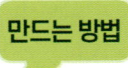 만드는 방법
1. 템퍼링한 다크 초콜릿으로 주사위 눈을 짠다.
2. 어느 정도 굳으면 템퍼링한 화이트 초콜릿을 위에 펼친다.
3. 화이트 주변을 정리한다.
4. 약간 덜 굳었을 때 각을 맞추어 붙인다.
5. 굳으면 각 모서리를 정리한다.

15. 주사위 2

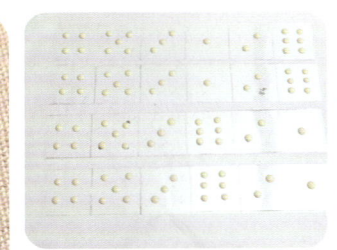
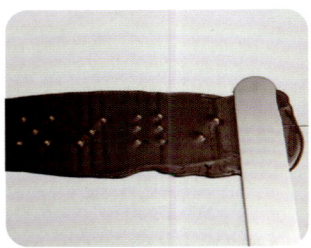

만드는 방법
1. 템퍼링 한 화이트 초콜릿으로 주사위 눈을 짜 놓는다.
2. 어느 정도 굳으면 다크초콜릿을 위에 펼쳐 준다.
3. 5cm로 재단 후 냉각제를 이용하여 조립한다.
4. 굳으면 각 모서리를 깔끔히 정리한다.

Chapter 3
마지팬

---

01. 마지팬 이론
02. 과일(레몬, 복숭아, 체리, 오렌지, 귤, 바나나, 수박)
03. 장미 넝쿨, 잎
04. 동물(말, 소, 호랑이, 다람쥐, 원숭이, 사자, 악어, 루돌프, 강아지, 닭, 앵무새, 아기돼지, 토끼, 코끼리, 팬더곰, 개구리, 여우)
05. 인물(가족, 농부, 셰프, 산타&선물, 신랑&각시)

이 장의 특징

마지팬 이론과 마지팬으로 과일, 장미 넝쿨, 잎, 동물, 인물을 만드는 방법 및 과정을 상세하게 수록하였습니다.

Chapter 3. 마지팬

01. 마지팬 이론

1 마지팬의 유래

① 스트라본(Strabon, B.C 65~A.D 24)이라는 지리학자에 따르면 메소포타미아 북부에 있던 메디아 족 사람들은 말린 과실을 갈아서 과자를 만들거나 반죽한 아몬드로 빵을 만들었다고 한다. 사실 지금도 아랍 각지에서는 이런 형태의 빵이 남아 있다. 바로 마스팽(Massepain)이란 것인데 '빵 덩어리'라는 뜻이다. 아몬드를 반죽해 만든 식품에 대한 기록은 상당히 오래전부터 존재했다.

② 15세기, 30년 전쟁 중이던 독일 마을 뤼베크에서 있었던 일이다. 적군에 완전히 포위되어 마을 안에 먹을 것이 바닥나고 말았다. 시민들은 먹을 것을 찾아다니다가 창고 하나에서 대량의 벌꿀과 아몬드를 찾아냈다. 마르크르라는 빵집에 이것을 가지고 먹을 것을 만들어 보겠다고 했지만 사람들을 그다지 기대하지 않았으나 완성된 음식은 예상외로 정말 맛있었고 이를 먹고 기아에서 벗어날 수 있었다고 한다. 이후에도 사람들은 이 맛을 쉽게 잊지 못했지만 당시에는 아몬드가 너무 고가였기 때문에 쉽게 먹을 수 없었다. 설탕은 당시 고가였을 뿐만 아니라 최고의 사치품이기도 하지만 페이스트로 약용으로 사용하기도 했다.

③ 아몬드가 대중화된 것은 18세기부터이다.
이탈리아 베니스 마을 수호신인 성 마프로 축일에는 아몬드와 벌꿀로 만든 마르치 파니스(마르코의 빵)를 만든다. 이것이 마르치판이 되었다고 한다.

④ 일본에서는 일반적으로 마지팬(Marzipan)이라고 하고, 독일어로는 마르치판, 영어로는 마치팬이라고 한다. 마지팬은 그 자체로 훌륭한 음식이며 그 부드러운 정도는 점토와 비슷하고 색도 입힐 수 있으며 이러한 특성을 이용해 꽃이나 동물모양을 만드는 등 다양한 조형을 즐길 수 있다. 오늘날의 마지팬과 완전히 같은 것은 아니었겠지만 시대와 함께 점차 현재의 모습으로 발전하고 있다고 본다.

2 마지팬의 특징

① 장식물을 만들 마지팬은 세공용으로 판매되는 미세한 제품을 사용하는 경우가 많다.
② 여기에 분당, 물엿, 흰자, 젤라틴 등 재료를 적절히 섞어서 사용하는 것이 좋다.
③ 마지팬에 다양한 색을 섞어서 여러 가지 꽃과 동물 등을 사실적으로 표현되게 만든다.
④ 마지팬이 점토와 같은 가소성과 부드러움 질감을 가지고 있기 때문에 대형 공예나 세심한 표현이 어려우므로, 주로 소형 케이크에 많이 이용되고 있다.

로마지팬	마지팬
아몬드 (건조시킨 것) ·········· 2000g	아몬드 (건조시킨 것) ·········· 1000g
가루설탕 또는 그라뉴당 ·········· 1000g	가루설탕 또는 그라뉴당 ·········· 2000g
물 ·········· 400~600ml	물 ·········· 400~600ml

3 마지팬 반죽

① 아몬드 상태가 좋은 것을 골라 잠길 정도의 물을 붓고 60~70℃에서 익힌다.
② 물을 뺀 다음 껍질 벗겨 물속에 2~3시간 정도 담가 둔다.
　(아몬드를 롤러에서 분쇄 시킬 때 기름이 흘러 나오는 것을 방지)
③ 설탕을 125℃ 까지 시럽을 만든다.
④ 물에 담그어 둔 아몬드의 물기를 제거후, 시럽에 붓고 나무주걱으로 재빠르게 섞는다.
⑤ 점차 농도가 진해져 하얗게 결정체가 형성되어 퐁당처럼 변할 때까지 저어준다.
⑥ 차가운 대리석이나 철판에 펼쳐 놓은 다음, 골고루 완전히 식힌다.
⑦ 완전히 식으면 롤로에 7, 8회 갈아준다.
⑧ 아몬드가 너무 딱딱해도 기름이 흘러 나오기 때문에 시럽을 첨가하여 반죽의 정도를 조절한다.

> **예상문제** **마지팬을 만들 때 필요한 기본 재료는?**
>
> 마지팬은 설탕과 아몬드를 갈아 만든 페이스트로 기본 재료는 아몬드 분말, 설탕, 물이다.

Chapter 3. 마지팬

02. 과일

1) 레몬

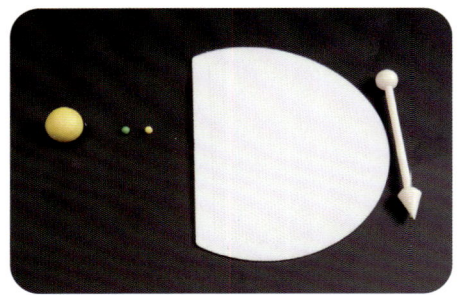

사전 준비

마지팬 노란색, 초록색, 엠보싱 카드, 마지팬 스틱, 식용색소

만드는 방법

1. 마지팬 반죽을 둥글린 후 타원형으로 만들어 끝부분을 손가락으로 뾰족하게 잡는다.
2. 엠보싱 카드를 이용하여 굴려가며 무늬를 만든다.
3. 마지팬 스틱으로 구멍을 내준다.
4. 소량의 초록색 반죽을 둥글려 구멍을 내준 곳에 붙여 마무리한다.

2) 복숭아

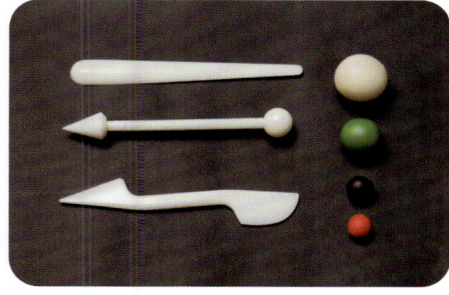

사전 준비

사용할 마지팬 흰색, 초록, 갈색, 빨강, 마지팬도구를 준비한다.

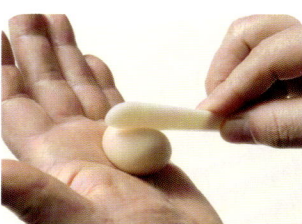

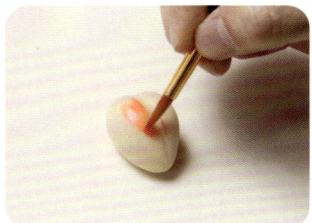

만드는 방법

1. 마지팬 도구를 준비한다.
2. 마지팬 반죽을 25g을 둥글리기 한다.
3. 반죽의 중앙 부분을 마지팬스틱을 이용하여 반을 가르듯이 약간 깊게 눌러 표현한다.
4. 검은색 반죽에 흰색의 마지팬을 감싸 꼭지를 만들어 놓는다.
5. 초록 마지팬 반죽을 이용하여 잎사귀를 만든다.
6. 색소를 이용하여 붓으로 터치 한다.
7. 꼭지와 잎사귀를 붙여 마무리한다.

 마지팬 스틱을 이용하여 잎맥을 그려주거나 나뭇잎 틀을 이용하여 잎맥을 완성한다.
복숭아를 표현할 때 흰색반죽에 빨강반죽을 조금씩 붙여 둥글리기 하여 모양을 낼 수도 있다.

Chapter 3. 마지팬

3) 체리

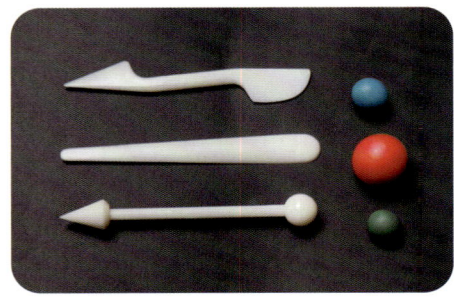

사전 준비

사용할 마지팬에 색소를 미리 혼합하고
마지팬 도구를 준비한다.
빨강, 파랑, 녹색

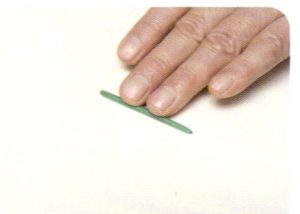 

만드는 방법

1. 마지팬 흰색반죽에 청색과 빨강색으로 체리색을 만들어 준비한다.
2. 반죽을 둥글리기 한다.
3. 중앙 부분에 마지팬스틱을 이용하여 구멍을 내준다.
4. 녹색을 이용하여 꼭지를 만들어 놓는다.
5. 만들어 놓은 꼭지를 붙인다.
6. 잎사귀를 만들어 준비한다.
7. 꼭지 부분에 잎사귀를 붙여 마무리한다.

Chapter 3. 마지팬

4) 오렌지

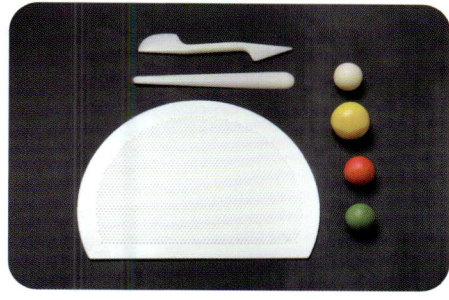

사전 준비

사용할 마지팬에 색소를 미리 혼합하고
마지팬 도구를 준비한다.
흰색, 노랑, 빨강, 초록

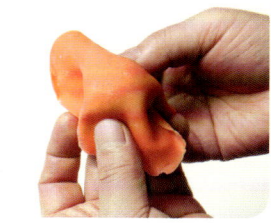

만드는 방법

1. 주황색의 마지팬을 밀어펴기 한 다음 흰색 마지팬 반죽을 밀어 윗면에 놓는다.
2. 오렌지 색을 만들어 둥글리기 한 다음 위에 올려 놓는다.
3. 껍질로 오렌지 속을 감싼다.
4. 마지팬 카드 위에서 살짝 굴려준다.
5. 오렌지 잎사귀를 만든다.
6. 오렌지 꼭지와 잎사귀를 만들어 준비한다.
7. 만들어 놓은 오렌지에 꼭지와 잎사귀를 붙여 마무리한다.

5) 귤

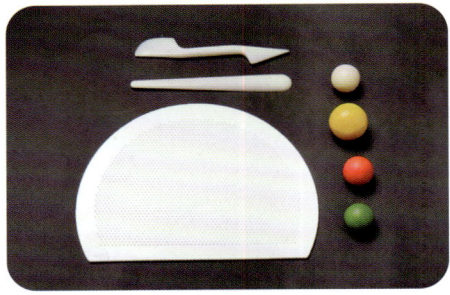

사전 준비

사용할 마지팬에다 색소를 혼합하고 도구를 준비한다.

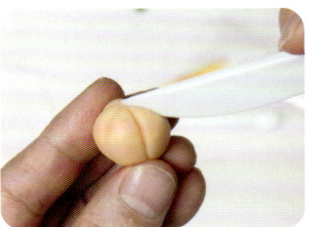

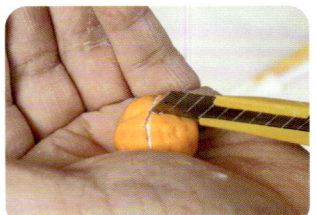

만드는 방법

1. 마지팬을 둥글게 비비고 스틱을 이용하여 줄무늬를 만든다.
2. 마지팬 스틱으로 깊게 모양을 만들어 준다.
3. 만든 귤 속을 슈가파우더에 묻힌다.
4. 슈가 파우다를 진하게 묻힌다.
5. 주황색 마지팬을 마지팬 밀대로 밀어 슈가 파우더를 묻힌 귤 속을 가운데에 놓는다.
6. 마지팬 스틱으로 구멍을 만들어 귤 도면을 표현한다.
7. 위에다 녹색 마지팬을 만들어 잎을 도현하고 붙인다.
8. 칼로 위를 살짝 자른다.
9. 칼로 귤 속이 잘리지 않게 4등분을 한다.
10. 4등분 한 귤 껍질을 벌린다.

Chapter 3. 마지팬

6) 바나나

사전 준비

흰색 마지팬, 노란색 마지팬
그림 붓, 식용색소, 커피액기스

만드는 방법

1. 노란색 마지팬 반죽을 밀대로 밀어 둔다.
2. 흰색 반죽으로 바나나 모양을 만들어 위에 놓는다.
3. 노란색 반죽으로 감싸준다.
4. 칼을 이용하여 껍질을 벗겨준다.
5. 연두색 색소로 텃치 해준다.
6. 마지막으로 커피액기스로 텃치해 준 후 마무리 한다.

7) 수박

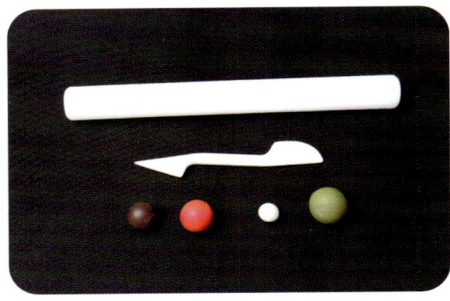

사전 준비

사용할 마지팬에다 색소를 혼합하고 도구를 준비한다.

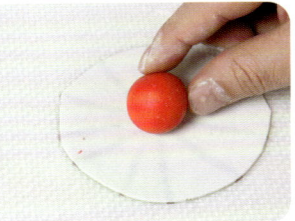 

만드는 방법

1. 녹색마지팬과 흰 마지팬을 납작하게 붙인다.
2. 밀대로 민다.
3. 녹색 마지팬에다 짙은 갈색을 줄무늬를 표현한다.
4. 마지팬 밀대로 민다.
5. 마지팬 스틱으로 둥글게 선을 긋는다.
6. 중앙에 빨간 마지팬을 놓는다.
7. 껍질로 빨간색 마지팬을 감싼다.
8. 감싸고 난 후 남은 부분을 스틱으로 자른다.
9. 스틱으로 윗 부분을 구멍을 낸다.
10. 칼로 수박을 자른다.
11. 짙은 갈색으로 씨앗을 표현하고 빨간 속에 붙인다.

03. 장미 넝쿨, 잎

1) 장미꽃

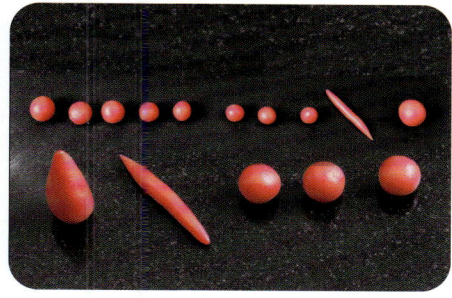

사전 준비

마지팬 빨강색, 마지팬스틱

만드는 방법

1. 마지팬 반죽을 원형으로 굴린 후 손가락으로 꽃심 모양을 만든다.
2. 둥글린 마지팬 반죽을 얇은 비닐위에 놓고 1/2 끝 부분을 얇게 문질러 꽃잎을 만들어 준다.
3. 꽃잎을 손으로 오므려 삼각이 되도록 3개를 붙여 준다.
4. 꽃잎 중앙부분에 홈을 만들어 3,5 홀수로 순서대로 붙여 준다.
5. 마지막 꽃잎 4번째 사이에 5번째 꽃잎을 넣어 마무리 한다.

2) 장미 잎사귀, 넝쿨

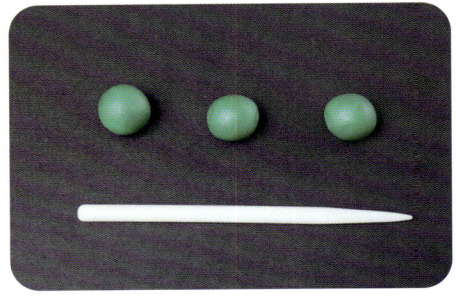

사전 준비

사용할 마지팬에 색소를 혼합하고
마지팬 스틱을 준비한다.
노랑색에 청색을 조금 넣어 초록색을 만든다.

만드는 방법

1. 초록색 마지팬 반죽으로 삼각모양을 만든다.
2. 비닐 위에 반죽을 덮고 손가락으로 얇게 펼친 후 마지팬 스틱으로 무늬를 내준다.
3. 잎사귀 모양을 만들어 준다.
4. 초록색 반죽으로 위는 조금 두껍게, 밑은 점점 가늘게 만든 뒤 사진과 같이 스틱에 감는다.

04. 동물

1) 말

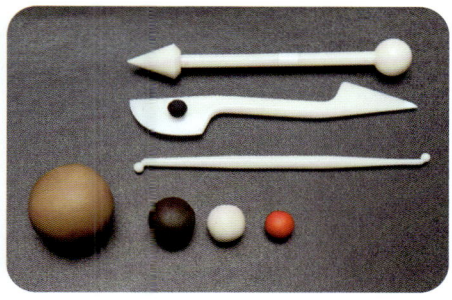

사전 준비

사용할 마지팬에다 색소를 혼합하고 도구를 준비한다.
노랑, 적색, 검정 색소

만드는 방법

1. 갈색 마지팬을 준비하여 몸통을 만든다.
2. 갈색 마지팬에 검정 마지팬을 조금 부쳐서 다리를 만든 다음 접착시킨다.
3. 몸통 뒷 쪽에 스틱을 이용하여 홈을 만든 뒤 꼬리를 가늘게 비벼 만들어 붙인다.
4. 갈색 마지팬으로 머리부분을 만들어 눈, 코, 입, 이를 만들어 붙이고, 귀는 흰색과 투톤으로 만들어 붙인다.
5. 깃털은 가늘게 비벼 붙인뒤 깔끔하게 마무리 한다.

Chapter 3. 마지팬

2) 소

> 🟢 **만드는 방법**

1. 갈색 마지팬 반죽을 준비하여 배 부분은 흰색을 조금 넣어 몸통을 만든다.
   (몸 통을 만들 때 앞부분보다 엉덩이 부분을 조금 더 도톰하게 만들어 준다)
2. 마지팬스틱을 이용해 엉덩이 부분에 자국을 내준다.
3. 갈색 마지팬에 검정 마지팬을 조금 부쳐서 다리를 만든 다음 접착시킨다.
4. 몸통 뒷 쪽에 스틱을 이용하여 홈을 만든 뒤 꼬리를 만들어 붙인다.
5. 머리 부분을 만들어 입쪽에 흰반죽을 붙이고, 눈 부분에 홈을 만들어 준다.
6. 눈 뒤쪽에 뿔 넣을 홈을 만들어 준 후 검은색 반죽으로 눈을 완성한다.
7. 코에 검은 반죽을 이용하여 코뚜러와 코에 구멍을 낸 후 귀와 뿔을 만들어 붙인다.
8. 입 안에 혀를 만들어 붙인다.
9. 검은 색 반죽을 이용하여 소 줄을 만들어 마무리 한다.

Chapter 3. 마지팬

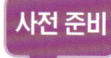 **사전 준비**

사용할 마지팬에다 색소를 혼합하고 도구를 준비한다.
흰색, 노랑, 빨강, 검정색

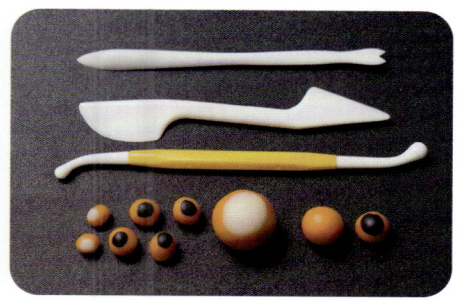

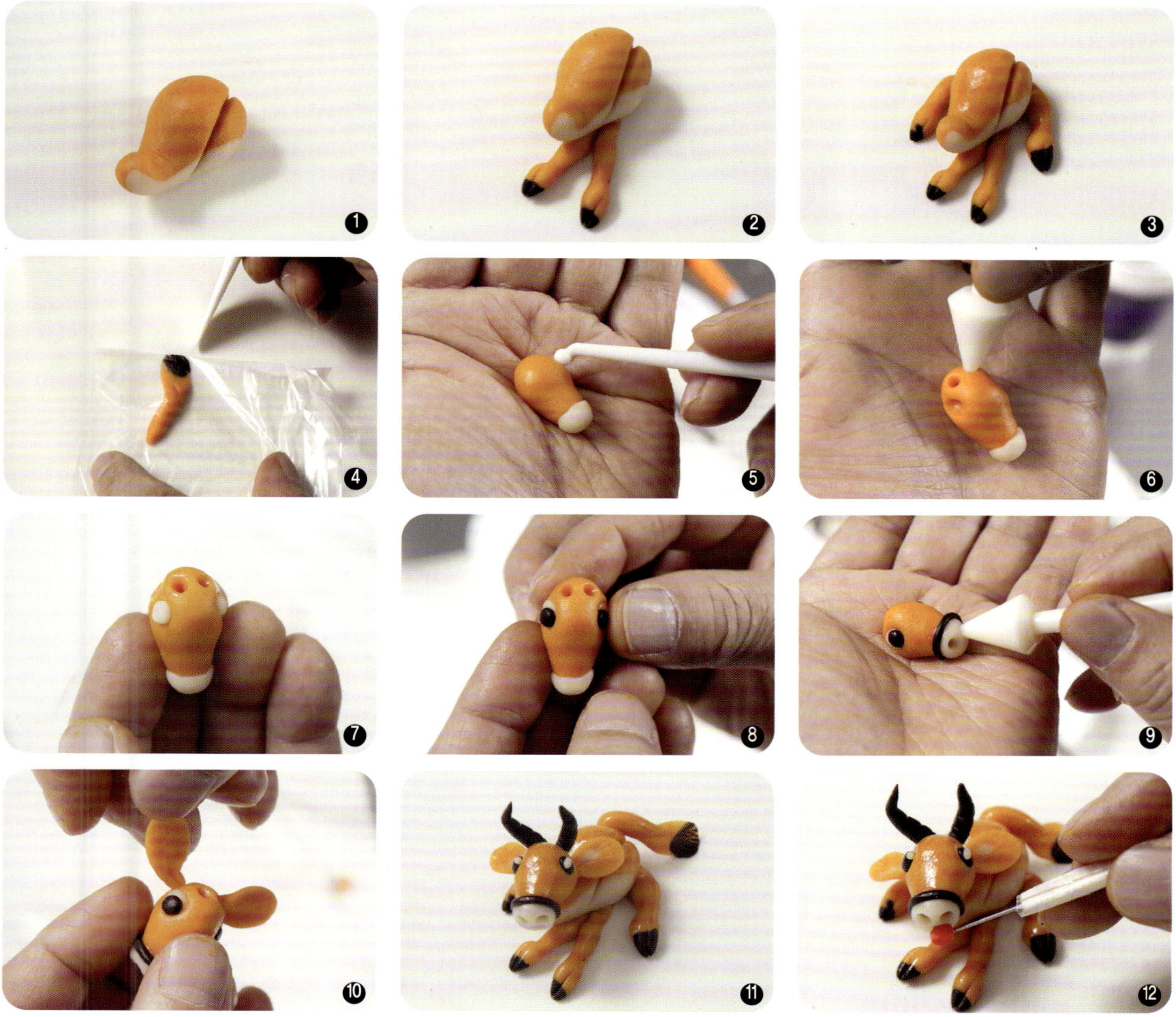

3) 호랑이

> **만드는 방법**

1. 갈색 마지팬에 검은색 마지팬을 길게 만든 뒤 무늬 결을 만들어 붙이고 둥글게 굴린다.
2. 스틱을 이용하여 다리와 뒷발이 있는 부분에 살짝 모양을 낸다.
3. 갈색 마지팬과 검은색 마지팬을 호랑이 무늬가 잘 표현되게 만든다.
4. 길게 비벼준다.
5. 꼬리를 만들어 엉덩이에 홈을 만들어 넣어 붙인다.
6. 흰색 마지팬을 둥글게 만들어 눈에 넣어 스틱으로 눌러 준다.
7. 검은 눈동자와 코 수염, 입등을 표현한다.
8. 검은 마지팬을 이용하여 호랑이 줄 무늬를 만들어 붙인다.
9. 갈색 마지팬으로 귀를 만들어 준다.
10. 흰색 마지팬으로 턱 밑 수염을 만들어 준다.
11. 세세하게 눈동자를 표현하여 마무리한다.

Chapter 3. 마지팬

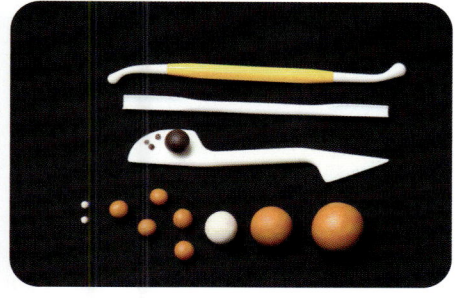

사전 준비

사용할 마지팬에다 색소를 혼합하고 도구를 준비한다.

63

Chapter 3. 마지팬

4) 다람쥐

만드는 방법

1. 흰색 마지팬에 갈색 마지팬을 붙여서 매끄러운 상태로 만들어준다.
2. 긴 항아리 모양으로 비벼 몸통을 만든다.
3. 앞발이 들어갈 부분을 스틱으로 모양을 내준 후 앞 발을 만들어 붙인다.
4. 팔을 만들어 접착 시킨 후 갈색 마지팬을 이용하여 도토리를 만들어 붙인다.
5. 마지팬에 짙은 갈색을 붙여 비빈다.
6. 얼굴 모양을 만들어 눈, 코, 입을 만들고 스틱을 이용하여 귀를 붙인다.
7. 빨강색 마지팬을 이용하여 혀를 만들어 붙인다.
8. 흰색 마지팬에 짙은 갈색을 납작하게 붙여 길게 누른 후 스틱으로 꼬리를 만든다.
9. 꼬리를 붙인 후 초록색 잎사귀를 만들어 포인트를 준다.

다람쥐는 줄무늬가 선명하게 보여야 모양이 나며 머리모양이 깔끔하고 볼이 도톰해야 귀여운 다람쥐가 된다.

Chapter 3. 마지팬

> **사전 준비**

사용할 마지팬에 색소를 혼합하고 도구를 준비한다.
흰색, 짙은 갈색, 초록, 빨강, 주황색

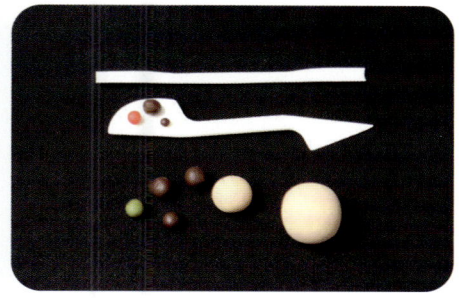

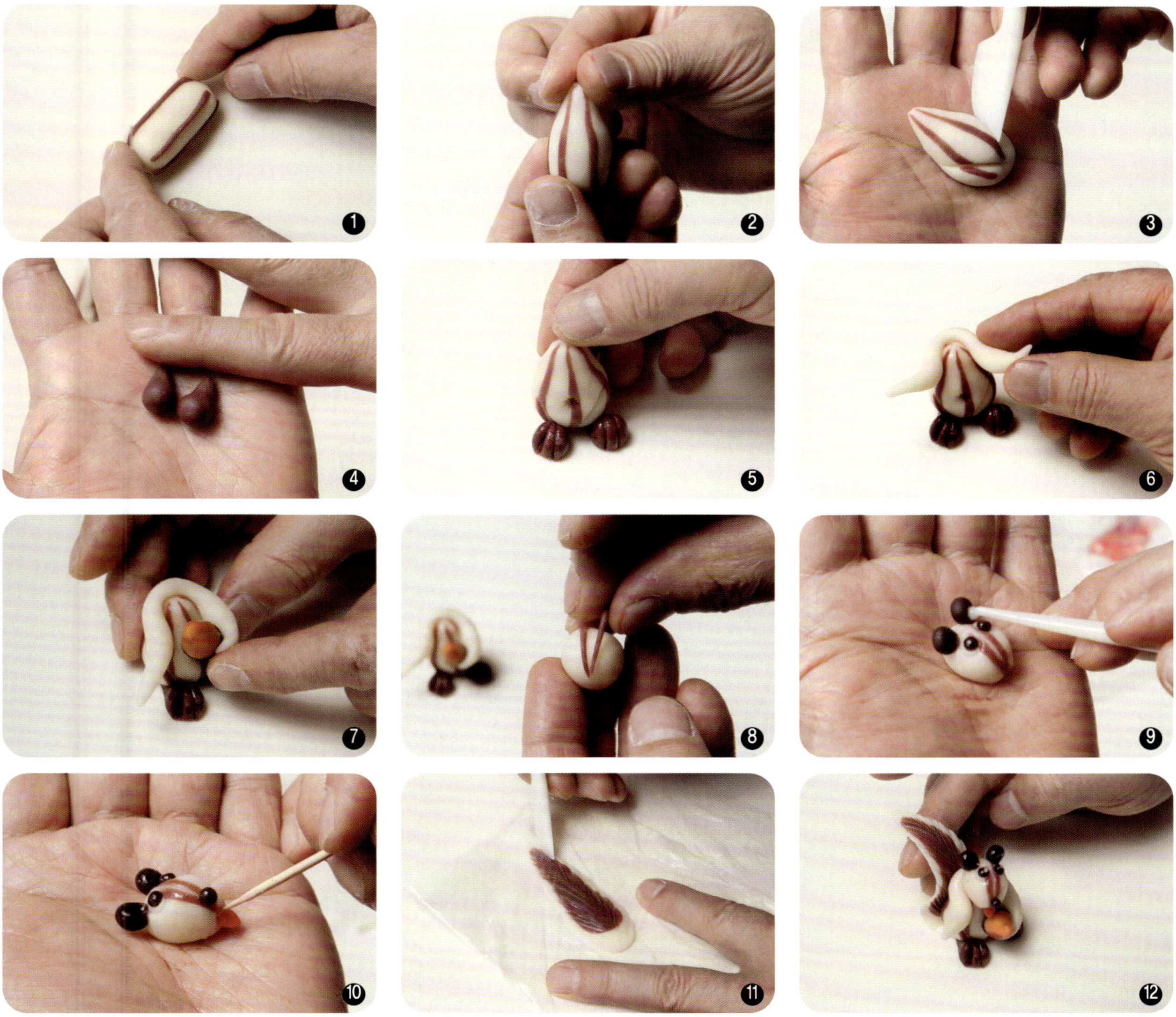

5) 원숭이

> **만드는 방법**

1. 짙은 갈색 마지팬과 흰색 마지팬을 붙여 둥글게 비빈다.
2. 긴 항아리 모양으로 비비고 스틱을 이용하여 배꼽을 표현한다.
3. 짙은 마지팬과 흰색을 이용하여 발을 표현한다.
4. 표현한 발을 붙인다.
5. 흰색 마지팬을 손가락을 표현한다.
6. 짙은 갈색 마지팬을 길게 비비고 구멍을 만들어 손을 끼워 넣는다.
7. 노란색 마지팬으로 바나나 모양을 표현한다.
8. 짙은 갈색 마지팬과 위를 V자로 자른 흰 색 마지팬을 붙여 비빈다.
9. 흰 마지팬을 만들어 눈을 표현한다.
10. 마지팬으로 눈과 귀, 입등을 표현한다.
11. 마지팬을 이용, 꼬리와 모자를 표현해서 붙인다.

Chapter 3. 마지팬

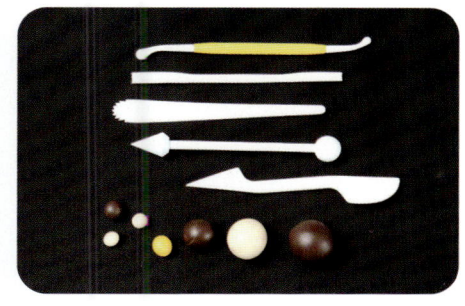

사전 준비

사용할 마지팬에다 색소를 혼합하고 도구를 준비한다.

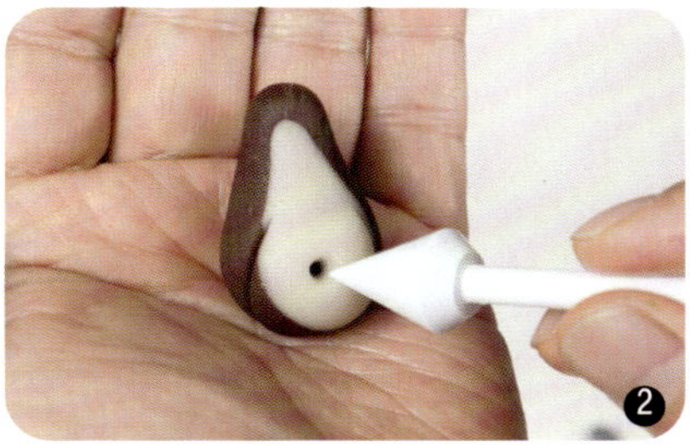

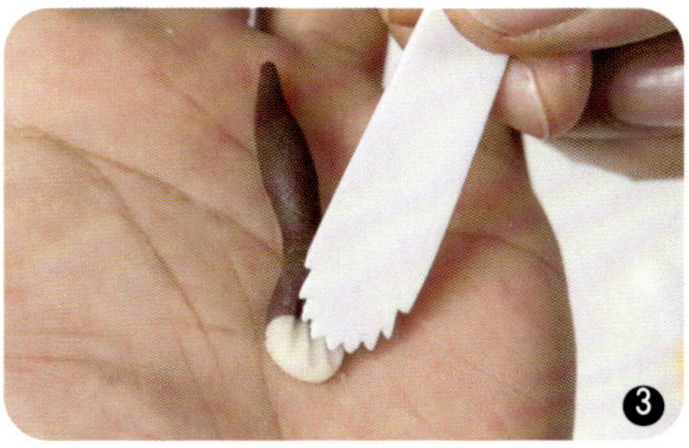

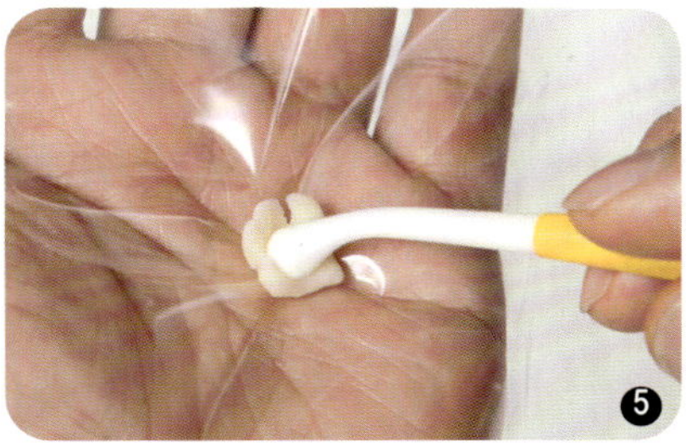

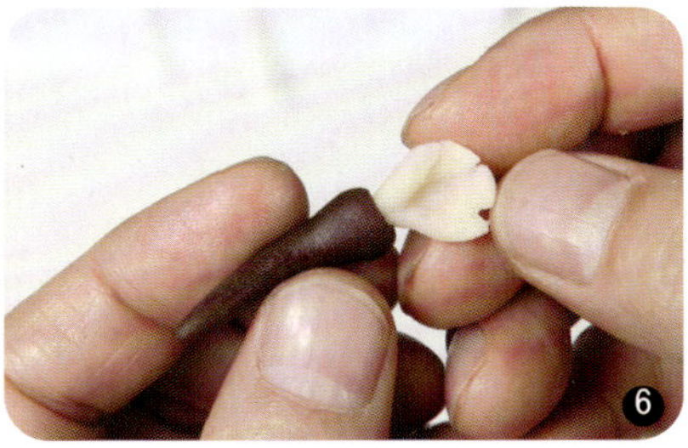

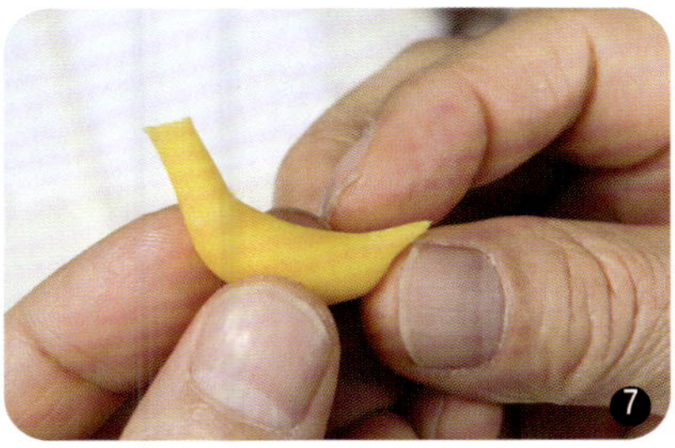

6) 사자

> **만드는 방법**

1. 갈색 마지팬을 둥글게 비빈다.
2. 마지팬 스틱을 이용하여 다리를 두갈래로 만든다.
3. 마지팬 스틱을 사용, 앞발과 뒷다리가 들어갈 부분을 무늬낸다.
4. 스틱으로 앞발을 표현한다.
5. 흰색 마지팬을 둥글게 만들어 눈에 넣어 스틱으로 눌러 준다.
6. 검은 눈동자와 코 수염, 입등을 표현한다.
7. 갈색 마지팬으로 귀를 만들어 준다.
8. 검은색 마지팬을 이용하여 갈퀴를 표현한다.
9. 만든 갈퀴를 사자 얼굴 옆에 붙인다.
10. 눈동자의 세밀한 부분을 표현한다.
11. 입 주변을 세밀하게 표현한다.

Chapter 3. 마지팬

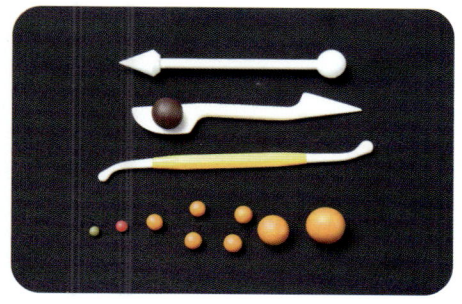

사전 준비

마지팬 반죽에 노란색, 분홍색, 검정색을 섞어 주황색을 만든 다음 도구를 준비한다.

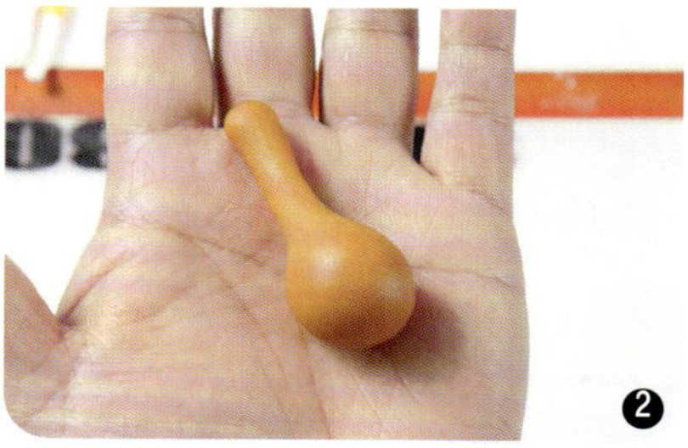

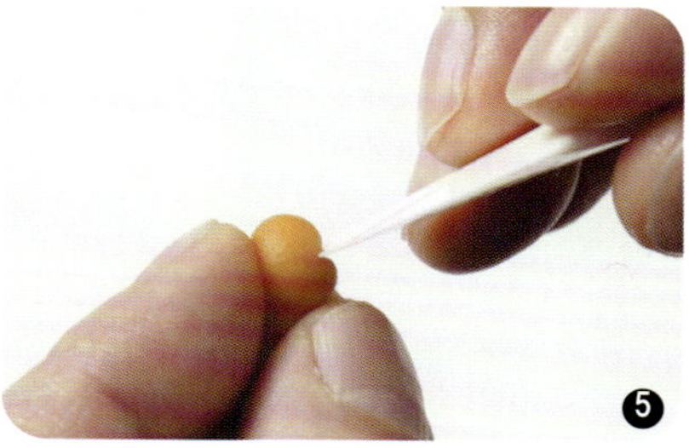

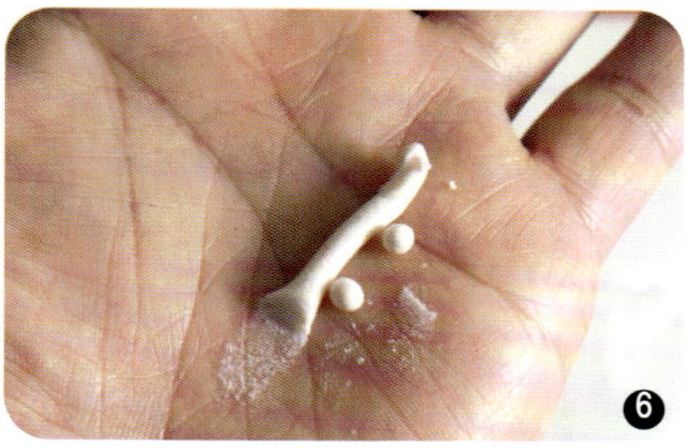

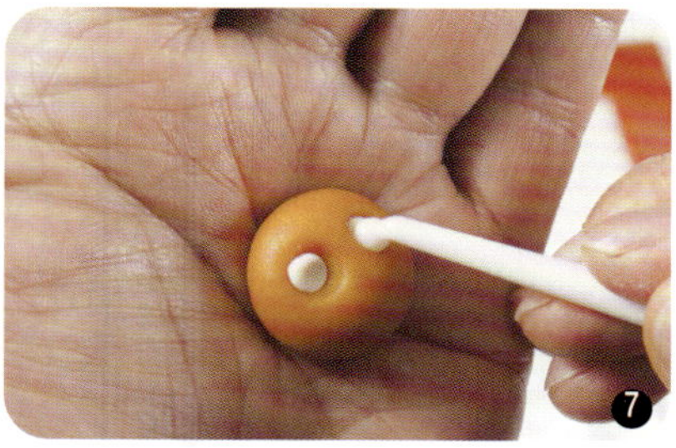

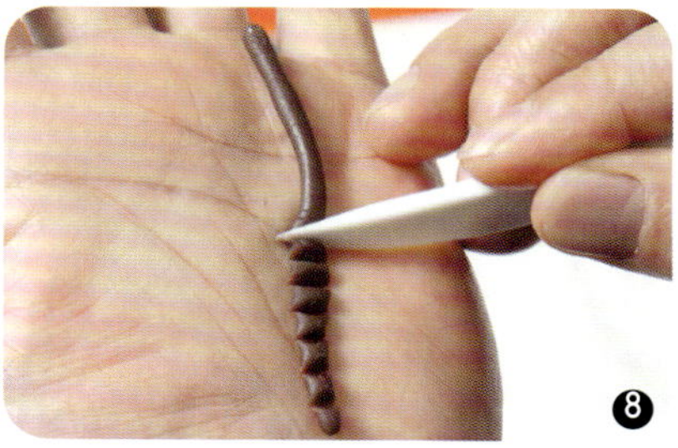

69

7) 악어

> **만드는 방법**

1. 색을 들인 마지팬과 마지팬 도구를 준비한다.
2. 마지팬 도구를 이용하여 몸통을 만든다.
3. 악어 입, 혀를 만들어 붙인 다음 이를 만들어 붙인다.
4. 가위를 이용하여 등 부분을 자른다.
5. 마지팬 칼을 이용하여 손과 발 모양을 만든 다음 붙인다.
6. 마지막으로 코를 붙인 다음 마무리 한다.

Chapter 3. 마지팬

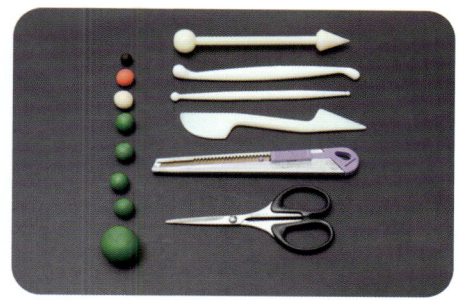

사전 준비

사용할 마지팬에다 색소를 혼합하고 도구를 준비한다.

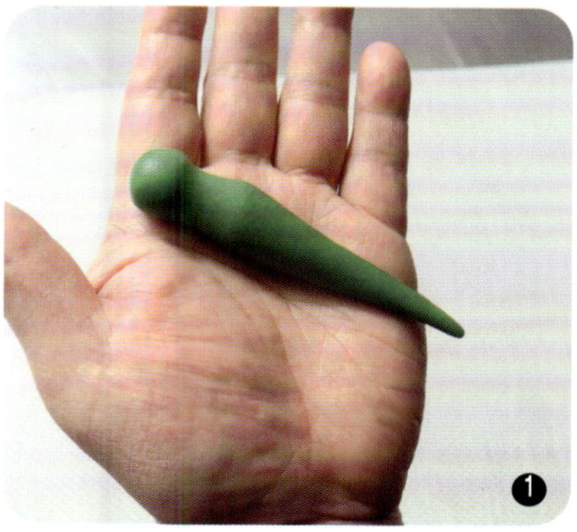

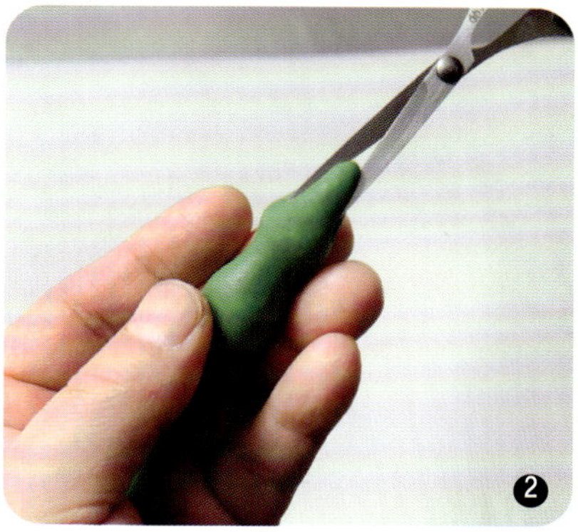

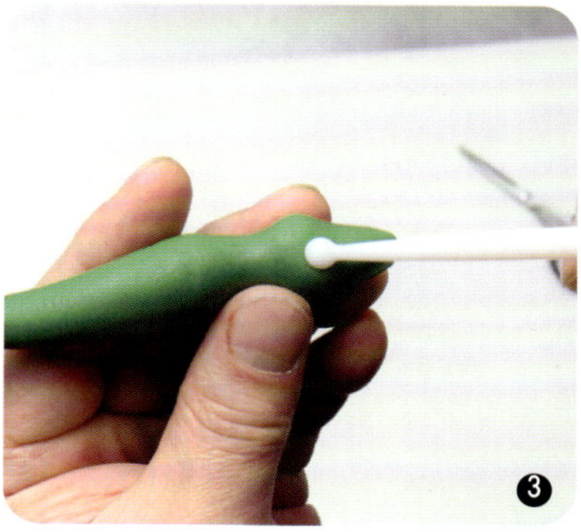

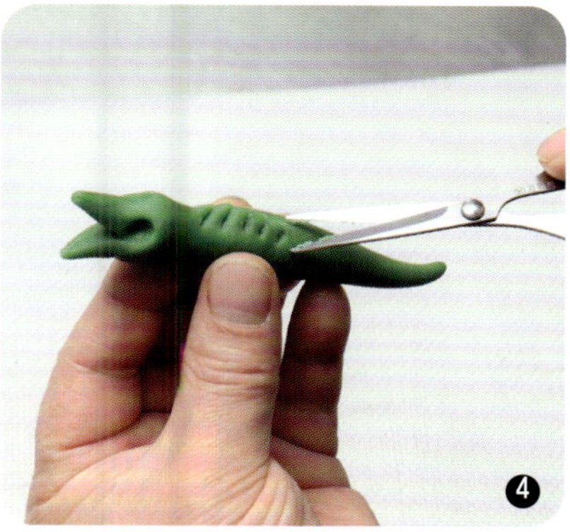

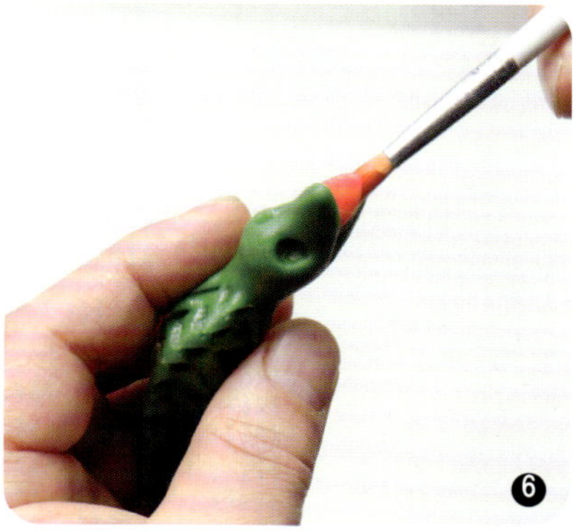

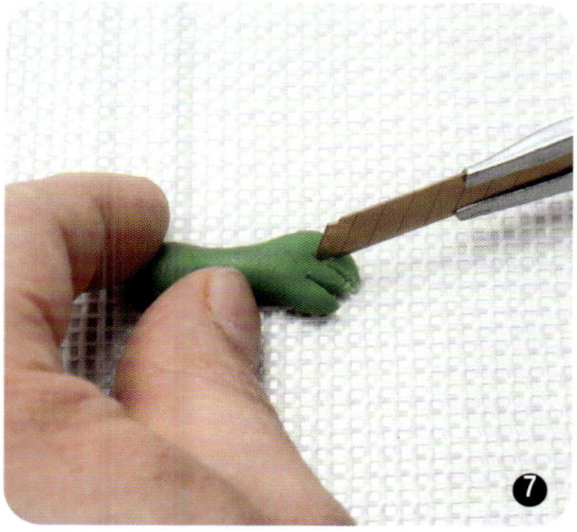

8) 루돌프

> **만드는 방법**

1. 갈색 마지팬에 흰색 물방울 모양을 조금 넣어서 몸통을 만든다.
2. 마지팬스틱을 이용하여 엉덩이 부분에 홈을 내준 다음 앞다리와 뒷다리를 만들어 붙인다.
3. 갈색 마지팬에 머리를 만들어 입과 눈을 표현 한다.
4. 눈 뒤쪽에 마지팬스틱을 이용하여 홈을(뿔 자리) 내준다.
5. 입에 마지팬스틱을 이용하여 이빨을 만들어 붙인 후 눈, 코, 귀를 만들어 붙인다.
6. 루돌프 코에 구멍을 내준다.
7. 루돌프 뿔을 만들어 붙인다.
8. 몸통 뒷 쪽에 스틱을 이용하여 홈을 만든 뒤 꼬리를 만들어 붙인다.
9. 몸통에 머리를 붙인다.

Chapter 3. 마지팬

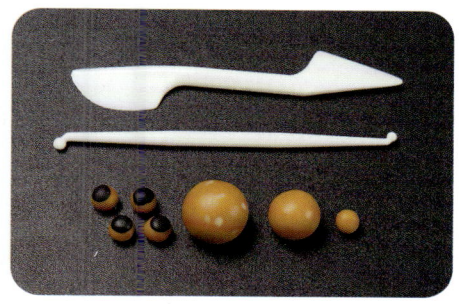

사전 준비

사용할 마지팬에다 색소를 혼합하고 도구를 준비한다.
흰색, 노랑, 빨강, 검정색

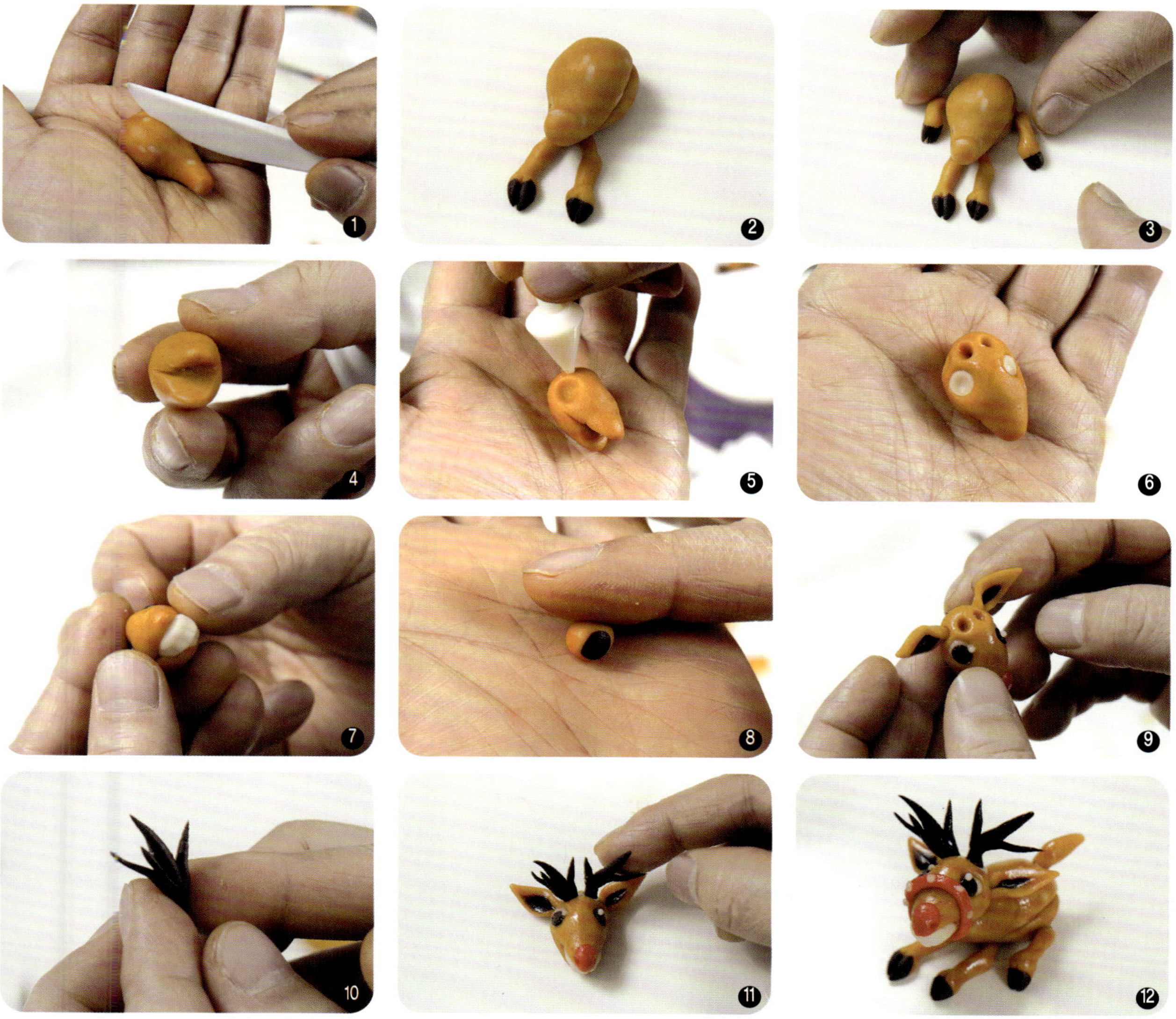

73

Chapter 3. 마지팬

9) 강아지 I

> **만드는 방법**

1. 마지팬에 짙은 갈색 마지팬을 점박이로 떼어 붙이고 둥글게 비빈다.
2. 스틱을 이용하여 자르고 벌려 다리를 표현한다.
3. 꼬리를 만들 부분을 스틱으로 눌러준다.
4. 마지팬으로 스틱을 이용하여 발을 표현한다.
5. 마지팬으로 점박이 문양을 표현 비벼서 꼬리를 만들어 붙인다.
6. 마지팬을 점박이 모양을 만들어 비빈다.
7. 마지팬 스틱으로 입모양을 만든다.
8. 마지팬으로 눈과 코, 입늘 만들어 붙인다.
9. 짙은 갈색을 비닐에 납작하게 만든다.
10. 귀와 혀를 만들어 붙인다.
11. 강아지 이마에 아기자기하게 모자를 만들어 올린다.

Chapter 3. 마지팬

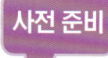
사전 준비

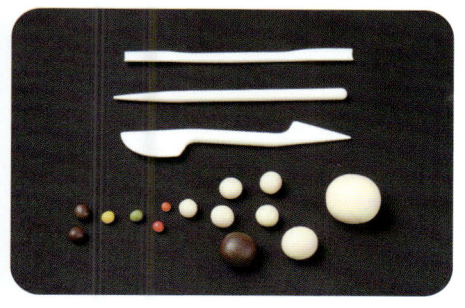

사용할 마지팬에다 색소를 혼합하고 도구를 준비한다.

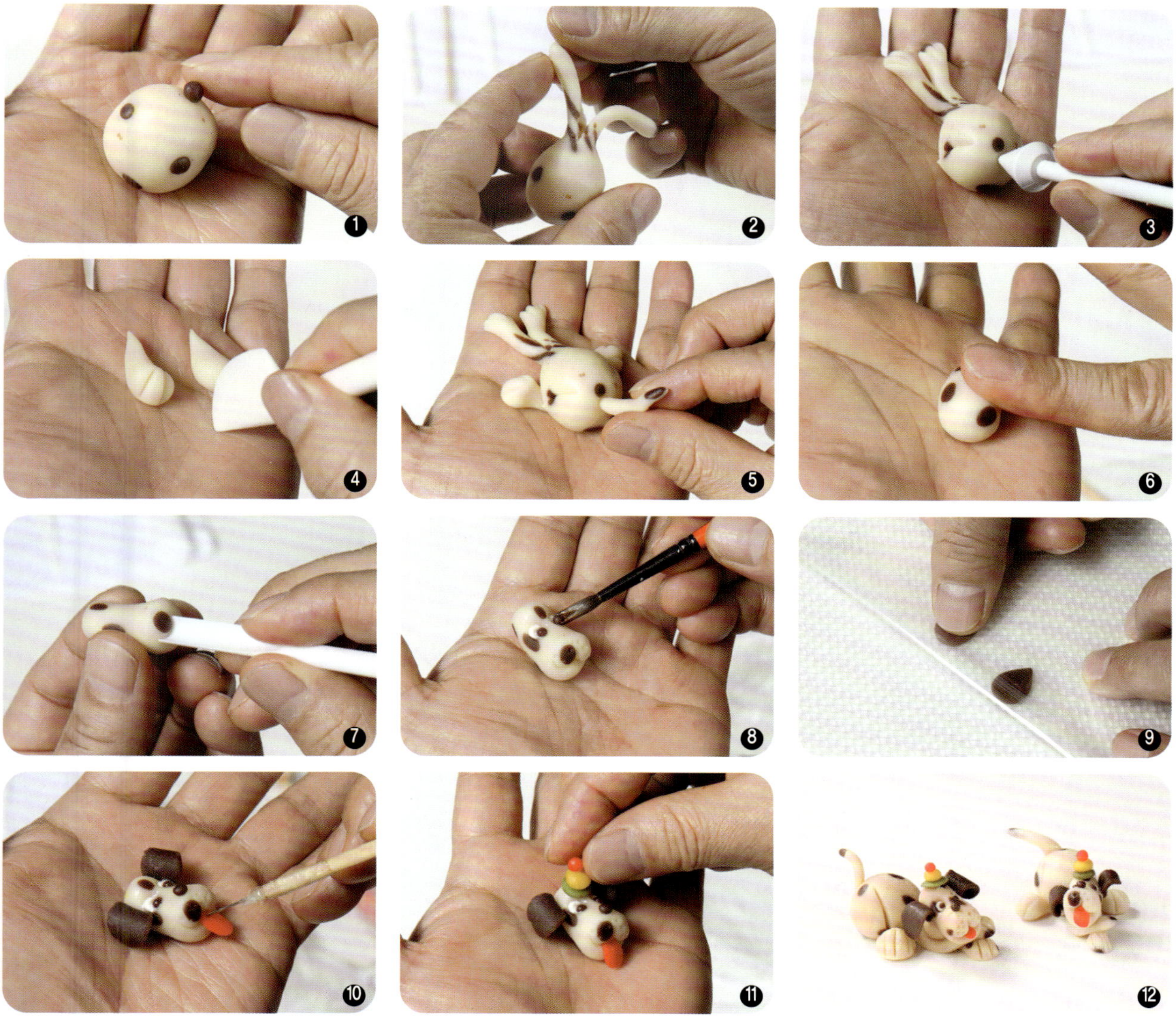

9) 강아지 Ⅱ

만드는 방법

1. 마지팬 반죽을 20g 몸통, 10g 머리 부분으로 나눈다.
2. 20g의 반죽의 3분의 1지점을 손가락으로 문질러 마지팬 스틱을 이용하여 앞다리와 엉덩이 부분으로 나눈다.
3. 소량의 반죽을 긴 물방울 모양으로 만들어 마지팬 스틱을 이용하여 발가락을 표시한 후 뒷다리 부분에 붙인다.
4. 10g의 반죽을 손가락으로 문질러 마지팬 스틱을 이용하여 눈과 입을 만든다.
5. 소량의 흰색, 검은색 반죽을 이용하여 눈과 눈동자를 만들어 붙여준다.
6. 완성된 머리 부분을 몸통에 붙여준 후 분홍색 반죽 소량을 이용하여 혀를 만들어 붙여준다.
7. 흰색 반죽 소량을 이용하여 손가락으로 눌러 납작한 형태의 귀로 만들어 붙여준다.
8. 마지팬 스틱을 이용하여 엉덩이 부분을 눌러준 후 소량의 반죽으로 꼬리를 만들어 붙인다.

 앞다리 부분에도 마지팬 스틱을 이용하여 발가락을 표시해 준다.
코 역시 검은색 반죽을 사용하여 붙여준다. (뾰족한 펜을 이용하여 콧수염을 표현해 준다)

Chapter 3. 마지팬

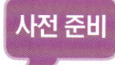
사전 준비

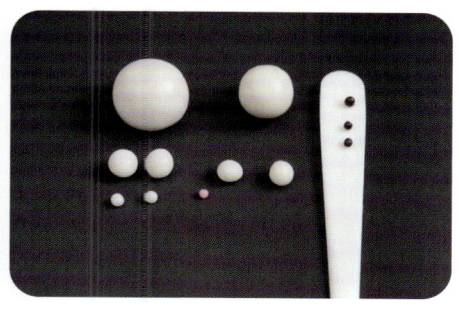

마지팬 흰색, 분홍색, 검은색, 마지팬 스틱

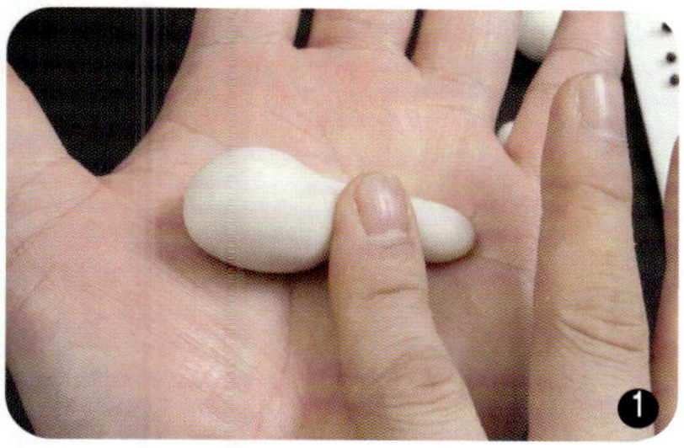

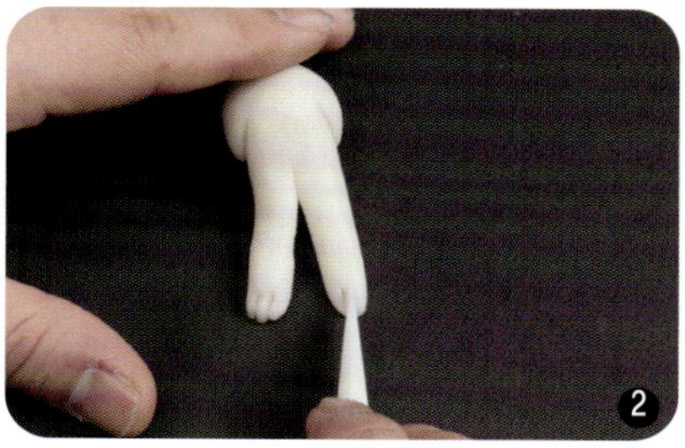

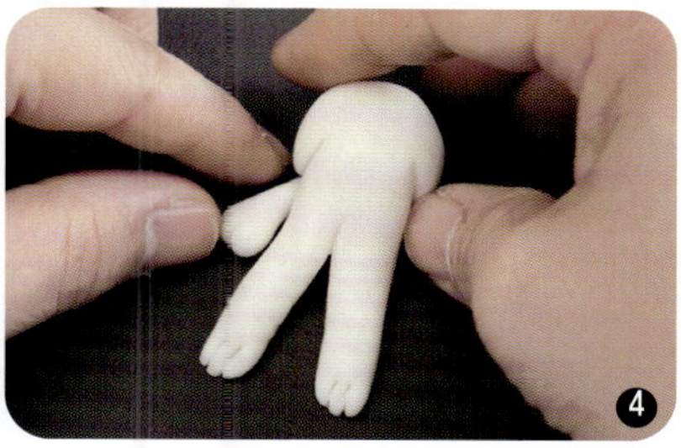

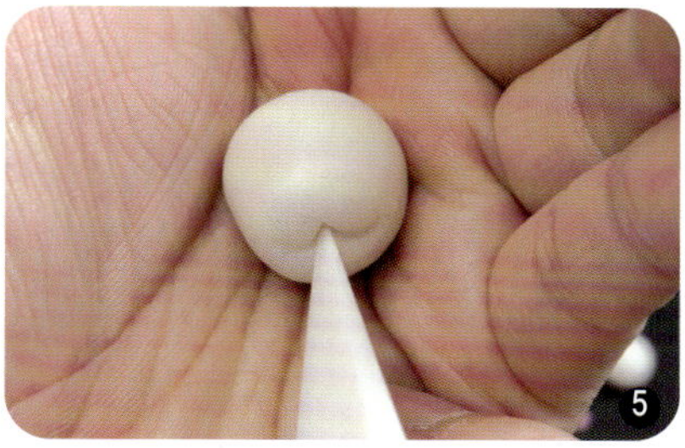

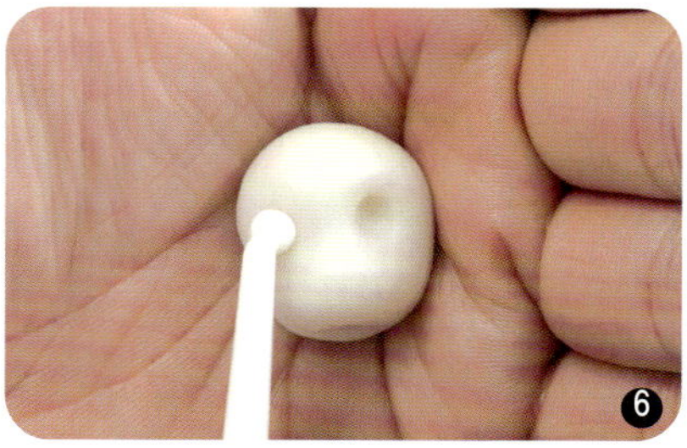

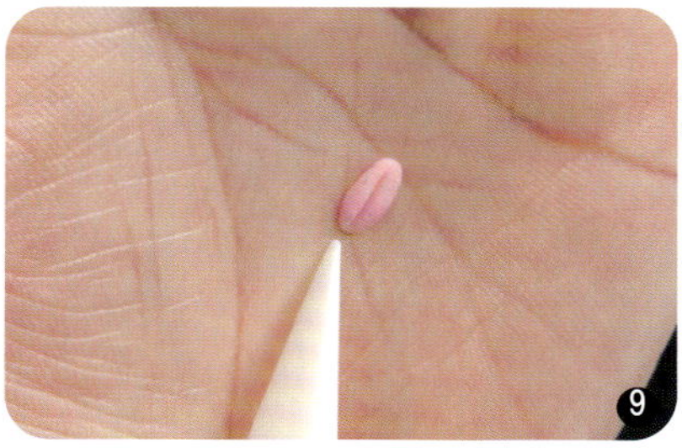

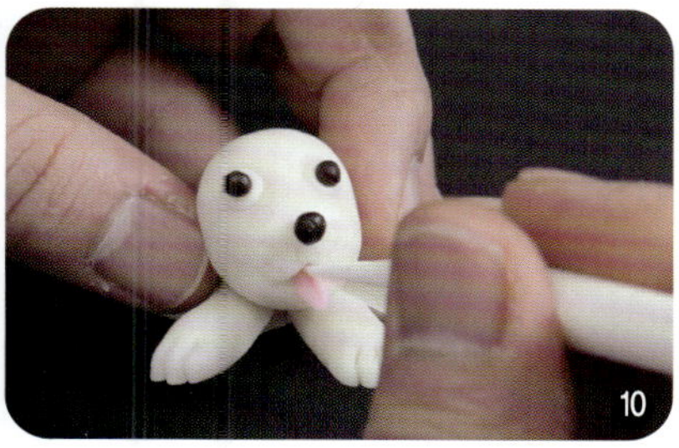

Chapter 3. 마지팬

10) 닭 I

만드는 방법

1. 마지팬 반죽을 30g을 원형으로 굴린 후 두 손바닥 사이에 한쪽을 넣고 문질러 꽃심 모양으로 만든다.
2. 소량의 흰색, 검은색 반죽을 혼합하여 준다.
3. 2번의 반죽을 소량 떼어 물방울 모양으로 밀어 몸통에 붙여준다.
4. 소량 갈색의 반죽으로 부리를 만들어 붙여 준다.
5. 빨간색 반죽을 이용하여 눈과 벼슬, 부리를 만들어 붙인다.
6. 2번의 반죽을 이용하여 날개와 동일하게 꼬리를 밀어 붙여준다.
7. 체를 이용하여 흰색 마지팬 반죽을 둘러 준다.
8. 7번에 체 밑부분에 나온 반죽을 가위로 잘라 몸통에 붙여 깃털을 완성한다.

 날개는 한쪽에 4개씩 붙여 마무리 한다.

Chapter 3. 마지팬

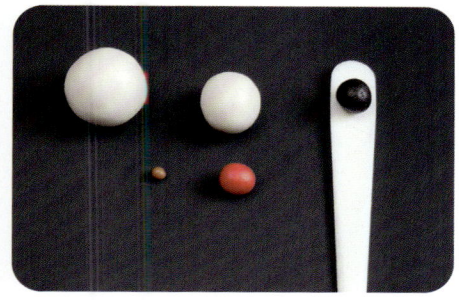

사전 준비

사용할 마지팬에 색소를 혼합하고 마지팬 도구를 준비한다.
빨강, 흰색, 검정색 색소

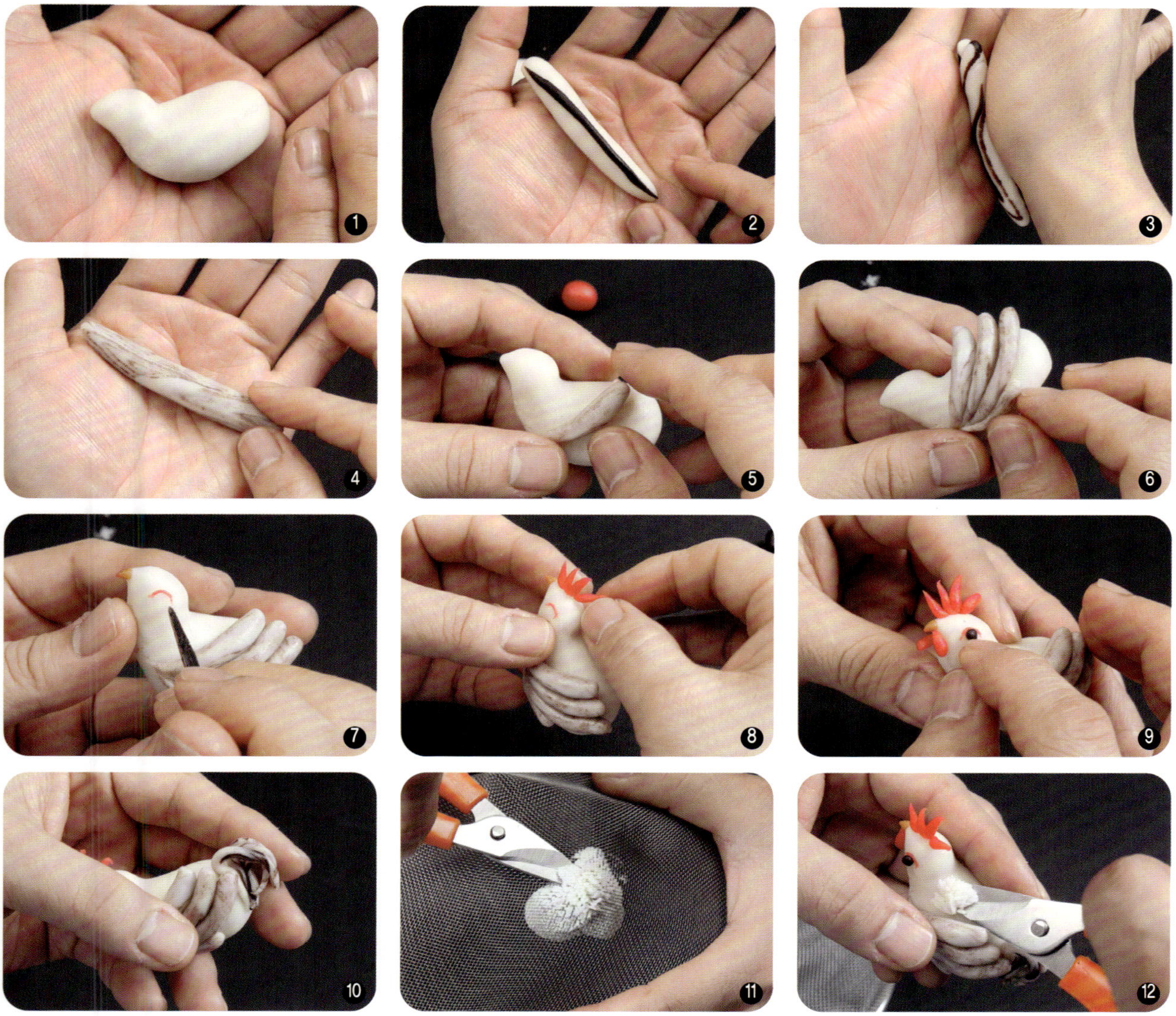

Chapter 3. 마지팬

10) 닭 Ⅱ

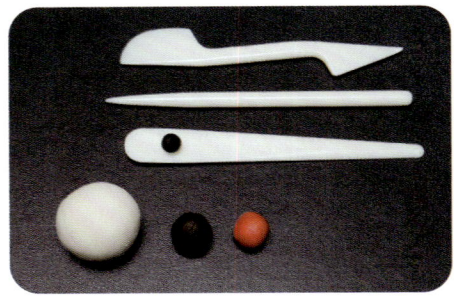

사전 준비

사용할 마지팬에 색소를 혼합하고 마지팬 도구를 준비한다.
빨강, 흰색, 검정색 색소

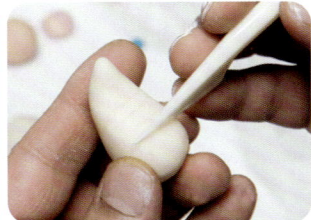

만드는 방법

1. 색 입힌 마지팬과 마지팬 도구를 준비한다.
2. 마지팬으로 몸통을 만든다.
3. 꼬리 날개를 표현하여 붙인다.
4. 눈을 표현한다.
5. 만든 마지팬을 이용하여 마무리 한다.

11) 앵무새

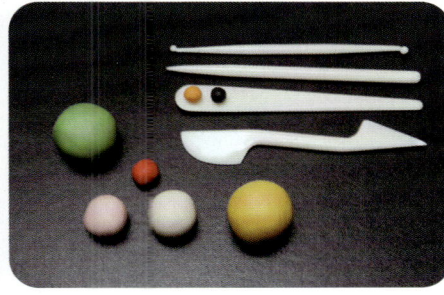

사전 준비

사용할 마지팬에 색소를 혼합하고 마지팬 도구를 준비한다.
빨강, 파랑, 노랑, 검정 색소

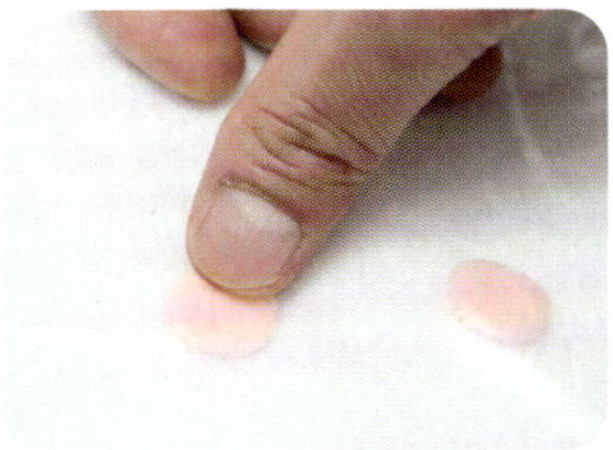

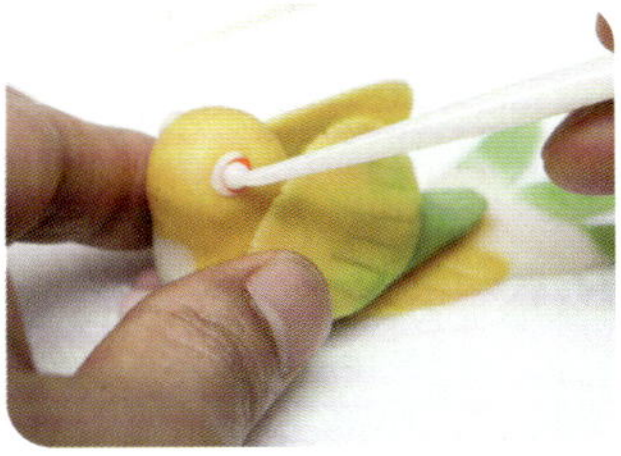

만드는 방법

1. 색 입힌 마지팬과 마지팬 도구를 준비한다.
2. 색 입힌 마지팬을 붙여서 비빈다.
3. 날개와 꼬리를 표현한다.
4. 머리 깃털을 표현한다.
5. 만든 마지팬을 이용하여 마무리 한다.

12) 아기돼지

> 만드는 방법

1. 마지팬을 얇게 비닐을 감싸서 누른다.
2. 마지팬과 핑크 마지팬을 붙여서 긴 항아리로 만들고 다리가 들어갈 부분을 스틱으로 모양낸다.
3. 핑크 마지팬으로 발을 표현해서 붙이고 스틱으로 배꼽을 표현한다.
4. 목 부분에 아기자기하게 장식물을 만들어 붙인다.
5. 핑크 마지팬을 길게 비빈 후 스틱을 이용하여 팔을 만든다.
6. 만든 팔을 붙인다.
7. 핑크 마지팬으로 둥글게 비비고 작은 핑크 마지팬으로 돼지 코를 표현한다.
8. 마지팬 스틱을 이용하여 눈썹과 눈을 표현하고 흰 마지팬을 눈를 만들어 넣는다.
9. 검은색 마지팬으로 눈동자를 비벼 넣는다.
10. 핑크 마지팬으로 귀를 만들어 붙이고 스틱으로 입을 만든다.
11. 리본을 만들어 조화롭게 붙인다.

Chapter 3. 마지팬

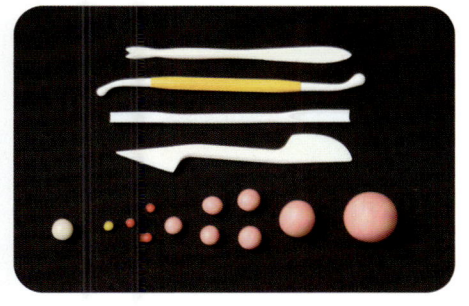

사전 준비

사용할 마지팬에다 색소를 혼합하고 도구를 준비한다.

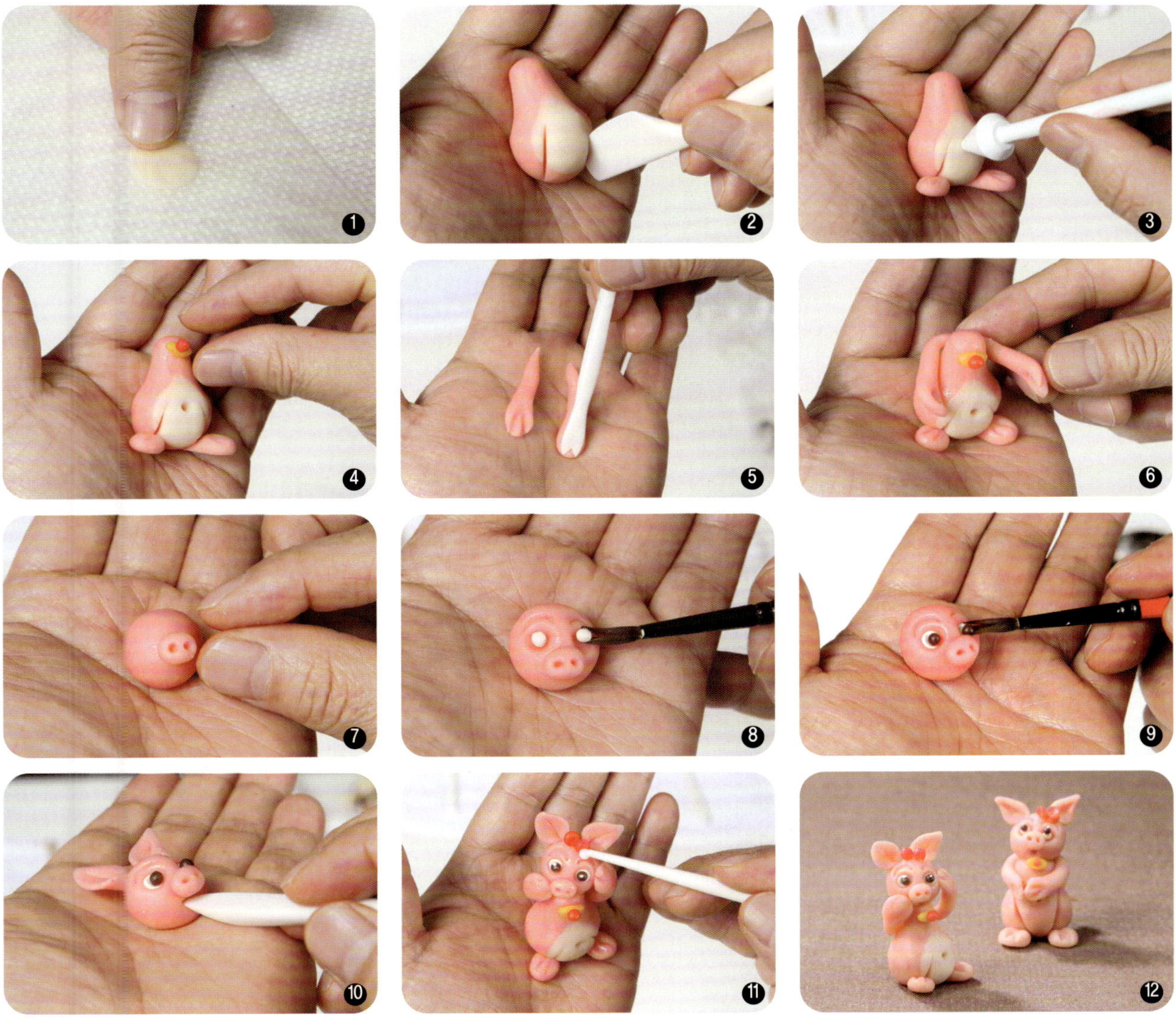

13) 토끼

> **만드는 방법**

1. 흰 마지팬을 목이 긴 항아리 모양을 만든뒤 발을 붙일 부분을 스틱으로 모양을 만든다.
2. 흰 마지팬을 길게 비빈 뒤 발가락을 만든다.
3. 발가락을 만든 뒤 목 부분을 아기자기하게 만들어 붙인다.
4. 주황 마지팬과 녹색 마지팬으로 당근을 만든다.
5. 만든 당근을 옆에다 붙인다.
6. 흰 마지팬을 길게 비비고 손가락을 만든다.
7. 흰 마지팬을 둥글게 비미면서 스틱으로 잘라서 귀를 만들고 빨간 색 마지팬으로 귀 속을 모양낸다.
8. 마지팬 스틱으로 눈과 눈썹을 표현한다.
9. 코와 눈동자를 만들어 붙인다.
10. 고운체을이용해서 노란색 마지팬을 내린다.
11. 내린 마지팬을 토끼 이마에 붙인다.

Chapter 3. 마지팬

사전 준비

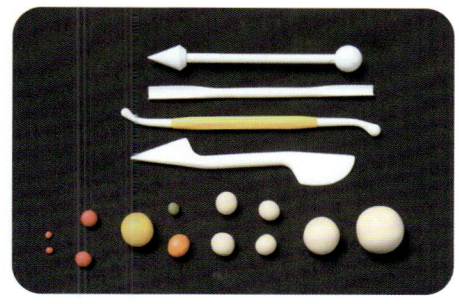

사용할 마지팬에다 색소를 혼합하고 도구를 준비한다.

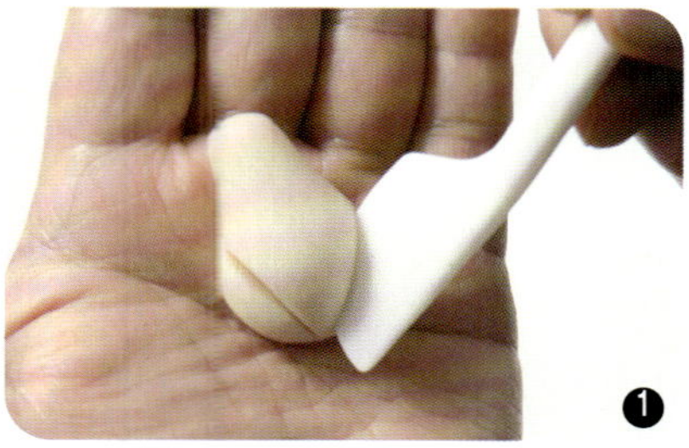

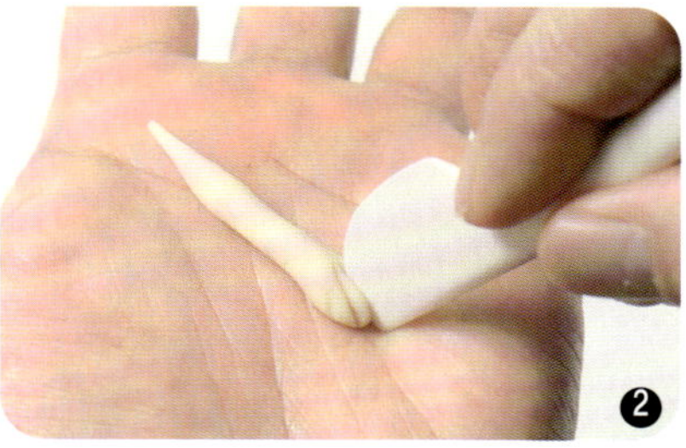

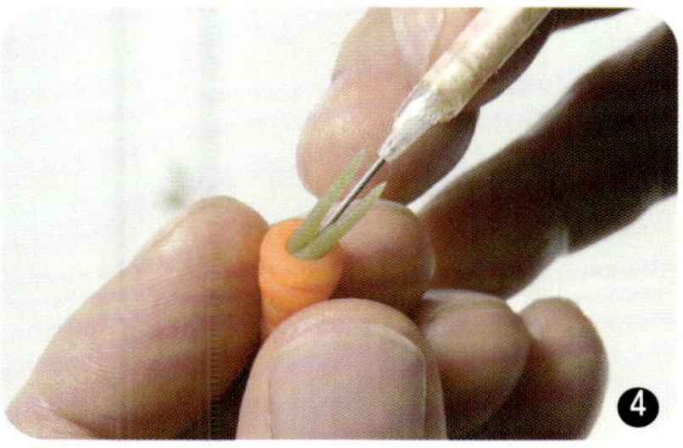

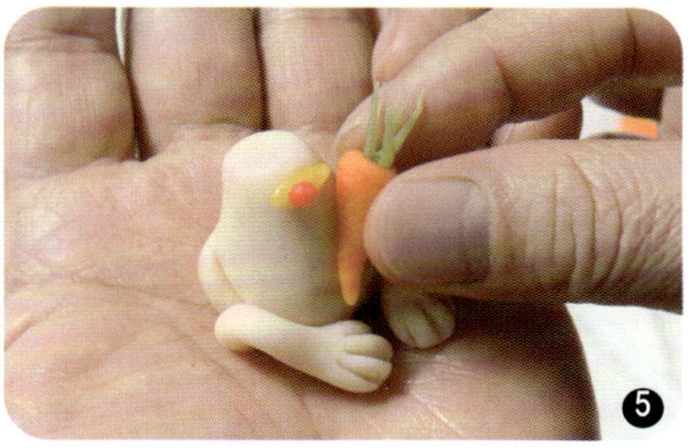

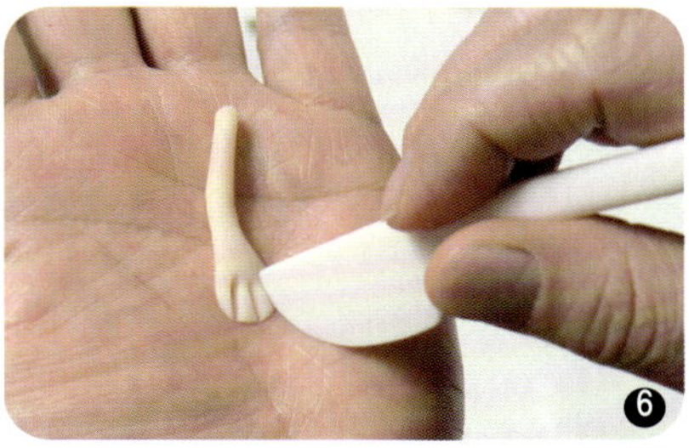

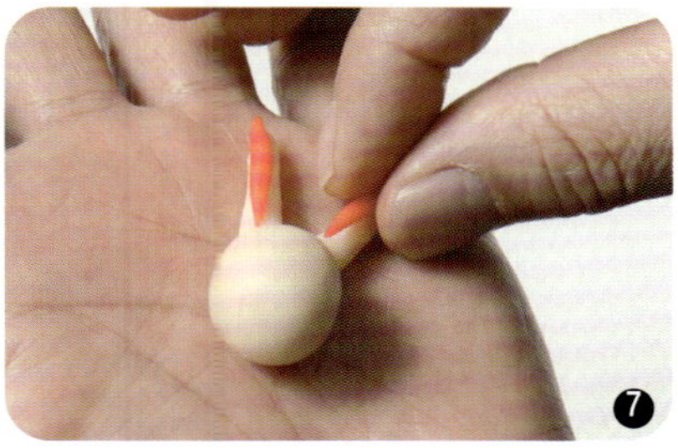

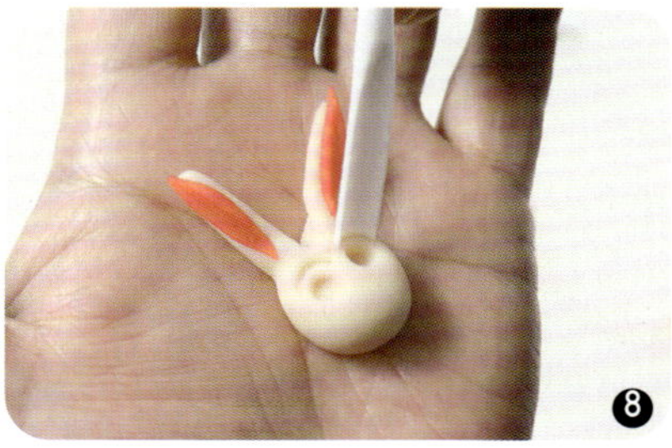

14) 코끼리

만드는 방법

1. 보라색 마지팬을 목이 긴 도자기 모양을 만들어 발이 들어 갈 부분을 스틱으로 자국을 낸다.
2. 보라색 마지팬에 작은 흰색 마지챈을 붙여 비빈다.
3. 앞발을 붙이고 스틱으로 구멍내어 붙인다.
4. 보라색 마지팬에 흰색 마지팬을 붙여 길게 비빈다.
5. 보라색 마지팬으로 머리와 스틱으로 코 윗잔 등을 표현한다.
6. 마지팬 도구를 사용 입을 표현한다.
7. 흰색 마지팬을 이용하여 눈을 표현한다.
8. 조금 땐 보라색 마지팬으로 비닐에 눌러서 귀를 만든다.
9. 스틱으로 입을 만들고 빨간 마지팬으로 입을 만들어 붙인다.
10. 흰 마지팬을 비벼서 코끼리 상아를 표현해서 붙인다.
11. 보라색 마지팬으로 꼬리를 만들어 붙인다.

Chapter 3. 마지팬

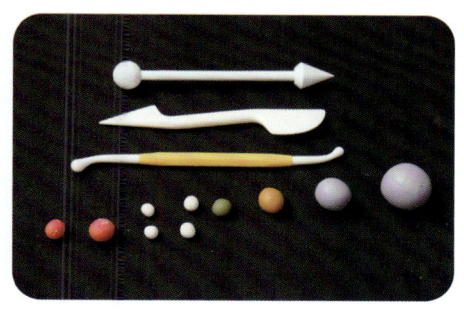

사전 준비

사용할 마지팬에다 색소를 혼합하고 도구를 준비한다.

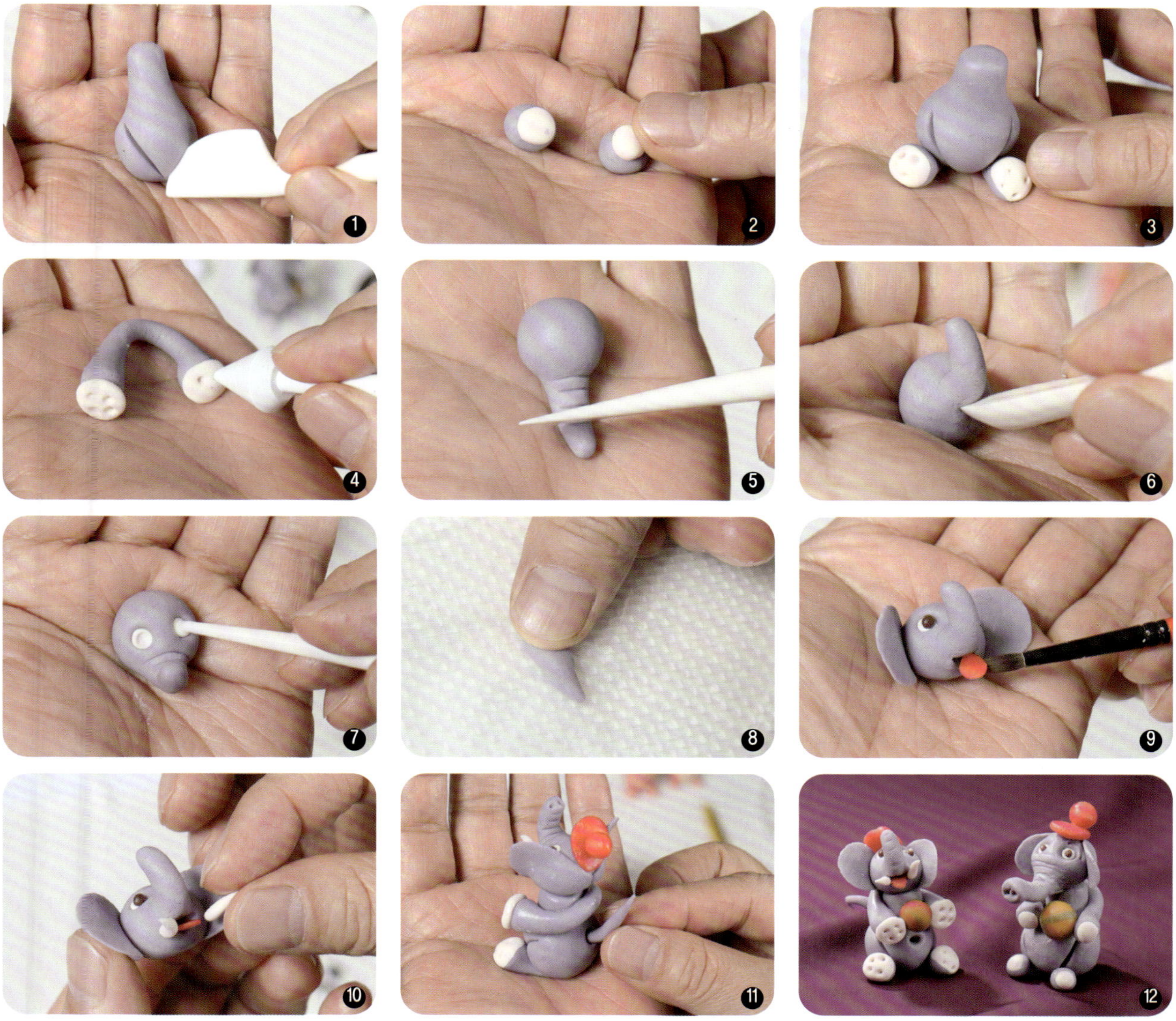

87

Chapter 3. 마지팬

15) 팬더곰

만드는 방법

1. 흰 마지팬을 목이 긴 도자기 모양을 만들어 발이 들어 갈 부분을 스틱으로 자국을 낸다.
2. 검은색 마지팬을 길게 비벼 발가락은 스틱을 이용하여 표현한다.
3. 팔도 검은색 마지팬을 이용하여 길게 비벼준 후 손을 만들어 붙인다.
4. 목 부분에 아기자기하게 장식물을 만들어 붙인다.
5. 흰색 마지팬을 둥글게 만든 후 조그마하게 뗀 검은 마지팬을 붙여 둥글게 비빈다.
6. 코를 만들고 흰색 마지팬으로 눈을 표현한다.
7. 검은 마지팬으로 작게 둥글게 비벼 작은 눈동자를 표현한다.
8. 코와 입을 표현한다.
9. 검은색 마지팬으로 귀를 표현한다.
10. 녹색 마지팬으로 나뭇잎을 표현하여 이마에 붙인다.
11. 검은색 마지팬과 갈색 마지팬으로 공을 만든다.

Chapter 3. 마지팬

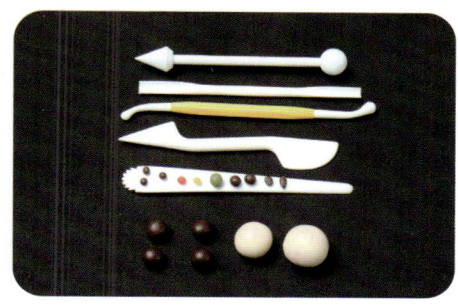

사전 준비

사용할 마지팬에다 색소를 혼합하고 도구를 준비한다.

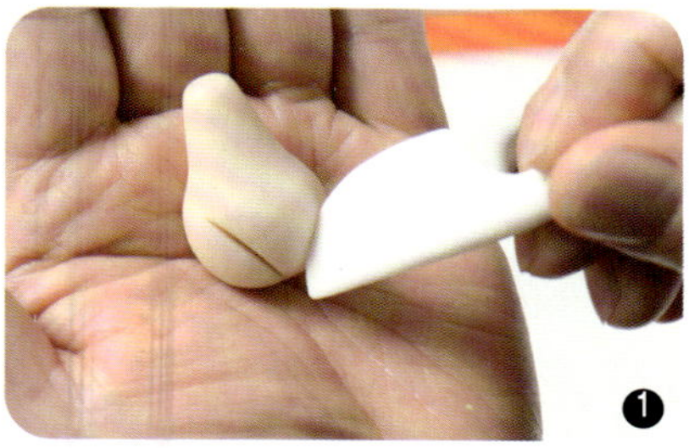

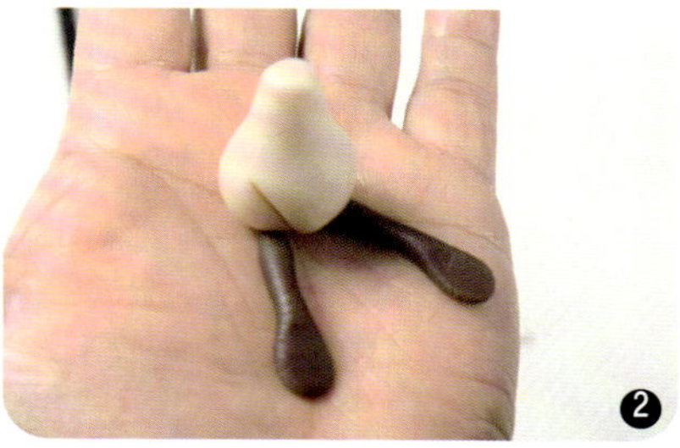

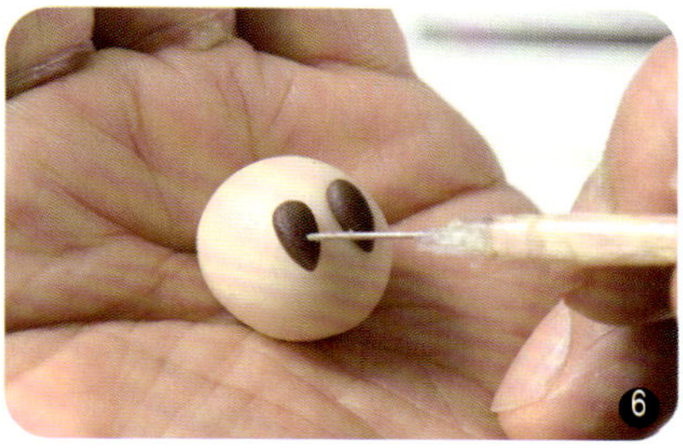

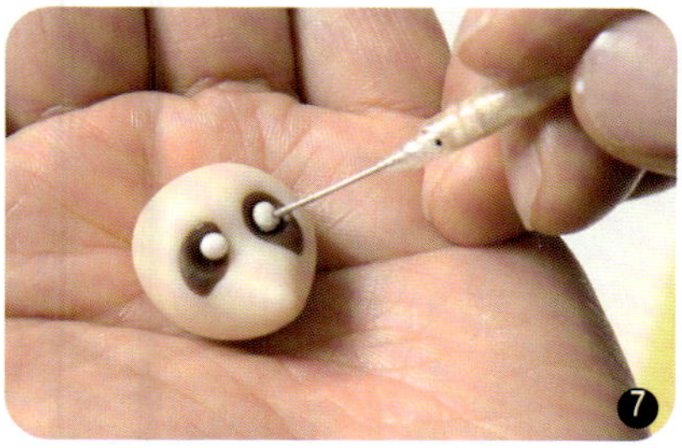

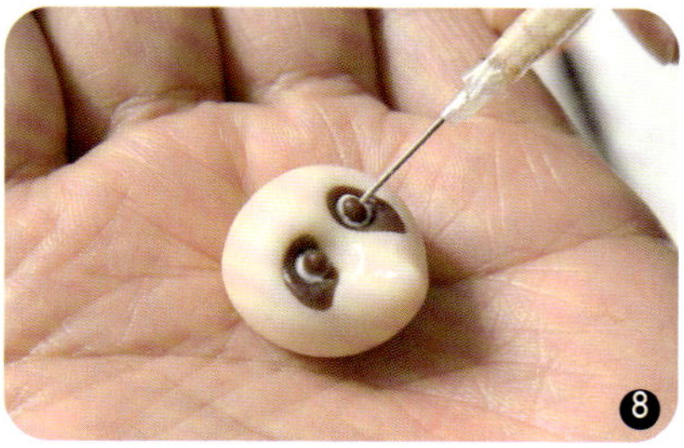

89

Chapter 3. 마지팬

16) 개구리

> **만드는 방법**

1. 녹색 마지팬과 흰 마지팬을 붙여서 둥글게 만든다.
2. 위가 잘록한 모양으로 만든다.
3. 스틱으로 입을 만든다.
4. 배꼽과 녹색 마지팬으로 발을 만들어 붙인다.
5. 녹색 마지팬으로 눈을 만들어 붙인다.
6. 흰색 마지팬으로 눈동자를 만들어 붙인다.
7. 스틱으로 코를 찍는다.
8. 입에다 빨간 마지팬으로 혀를 만들어 붙인다.
9. 눈에다 흰 마지팬으로 눈망울을 만든다.
10. 녹색 마지팬을 길게 밀어서 손바닥을 만든다.
11. 만든 손바닥을 조화롭게 붙인다.

Chapter 3. 마지팬

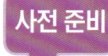 **사전 준비**

사용할 마지팬에다 색소를 혼합하고 도구를 준비한다.

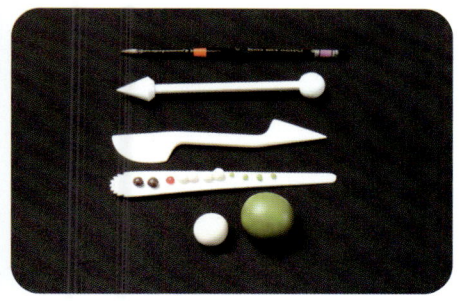

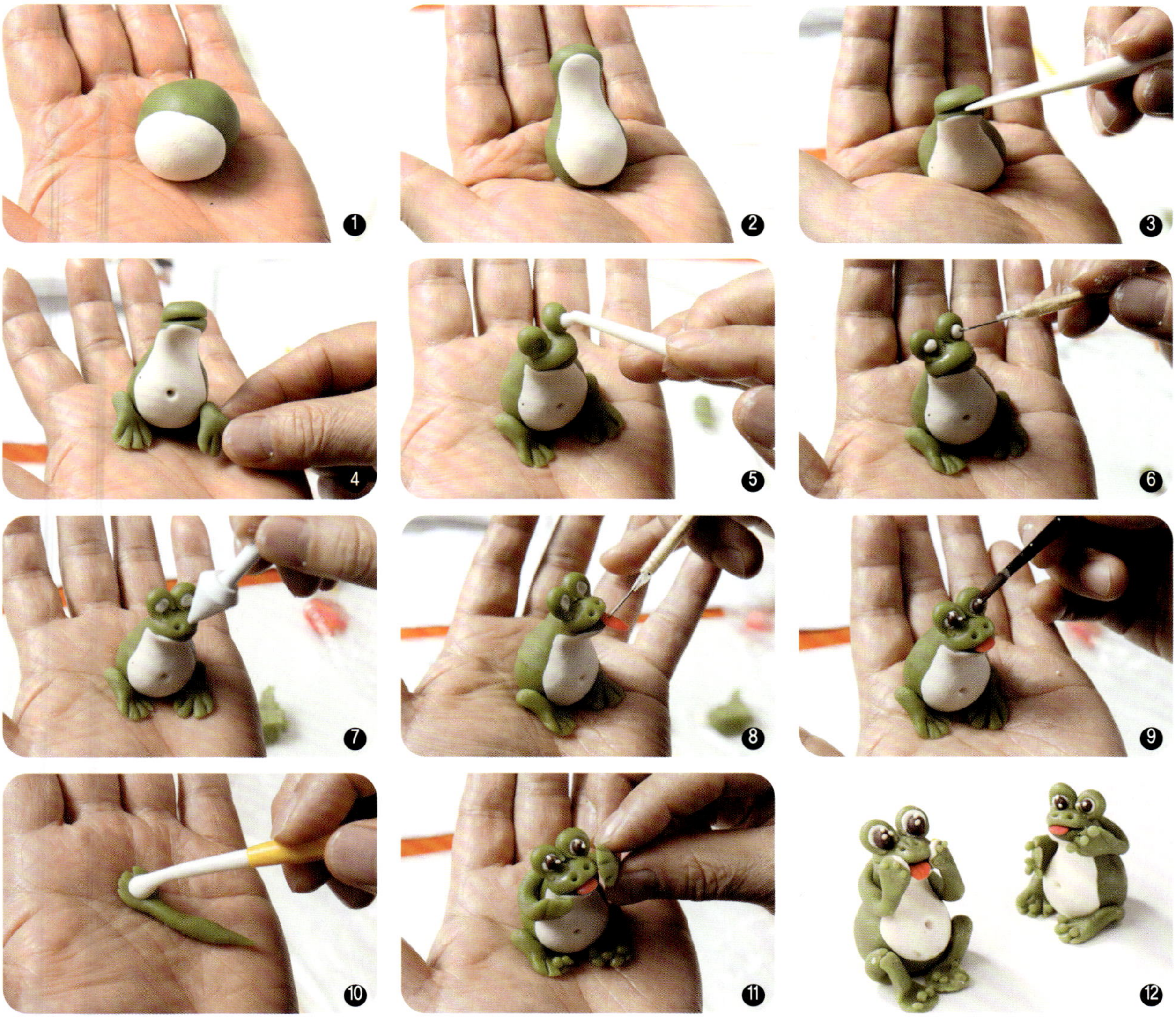

Chapter 3. 마지팬

17) 여우

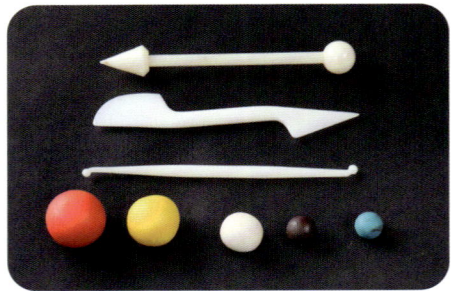

사전 준비

노랑, 빨강, 흰색, 검정, 파랑색을 이용하여
주황색의 마지팬 반죽과 마지팬스틱을 준비한다.

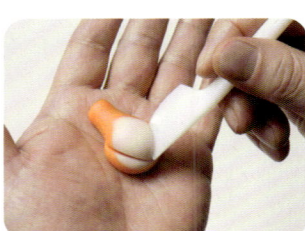

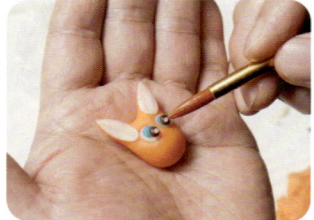

만드는 방법

1. 주황색의 마지팬을 준비한다.
2. 몸통은 주황색의 마지팬에 흰색을 조금 붙여서 배 모양을 만든 후 다리 부분에 자국을 내준다.
3. 앞발을 넣을 구멍을 내준 후 마지팬 스틱으로 앞발을 표현한 다음 뒷다리와 같이 붙인다.
4. 마지팬 반죽을 흰색과 투톤으로 꼬리를 만들어 붙여준다.
5. 반죽을 손으로 문질러 머리를 만든 후 눈, 코 잎을 표현한 다음 귀를 붙인다.
6. 완성된 머리를 몸통에 붙여준다.

05. 인물

1) 가족

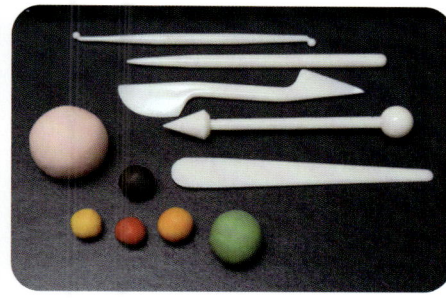

사전 준비

사용할 마지팬에다 색소를 혼합하고 도구를 준비한다.
검정, 노랑, 빨강, 초록

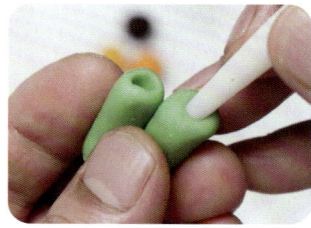
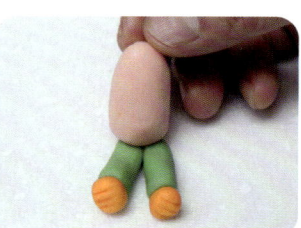

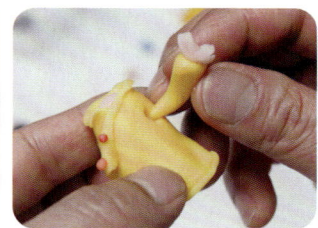
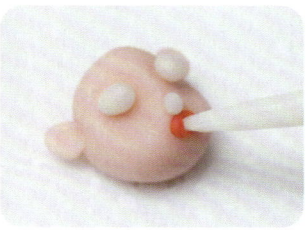

만드는 방법

1. 색 입힌 마지팬과 마지팬 도구를 준비한다.
2. 마지팬으로 다리를 만든다.
3. 몸통을 만들고 옷을 입힌다.
4. 마지팬을 이용하여 얼굴의 윤곽을 표현을 한다.
5. 만든 마지팬을 이용하여 마무리 한다.

Chapter 3. 마지팬

2) 농부

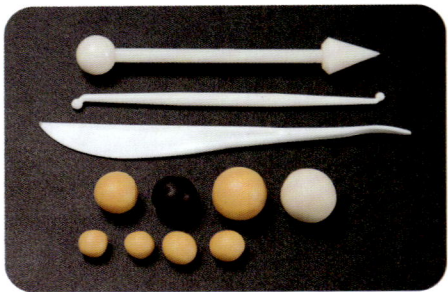

사전 준비

사용할 마지팬에다 색소를 혼합하고 도구를 준비한다.

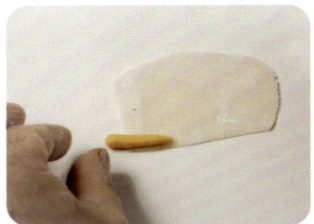
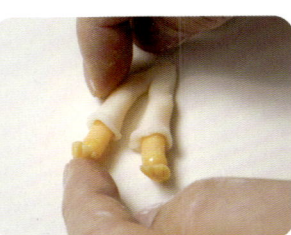
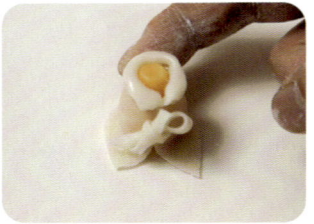

만드는 방법

1. 흰색 마지팬을 얇게 밀어 다리를 감싼다.
2. 만들어 놓은 다리에 발을 만들어 붙인다.
3. 몸통을 만들어 밀어편 마지팬에 몸통을 감싸고 겉옷을 표현한다.
4. 다리위에 몸통을 붙인다.
5. 살색 마지팬에 얼굴모양을 만든 다음 눈, 코, 입, 귀, 머리, 상투, 머리띠를 만들어 붙인다.
6. 몸통 위에 머리를 올린다.

3) 셰프

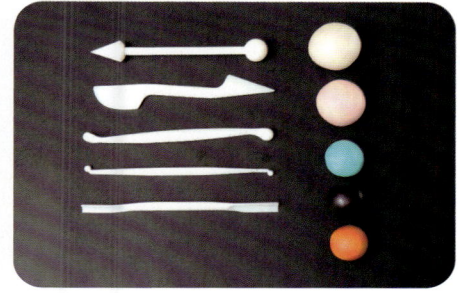

사전 준비

사용할 마지팬에 색소를 혼합하고 마지팬 도구와 검정, 연한 파랑, 흰색, 진한 주황색 반죽을 미리 준비한다.

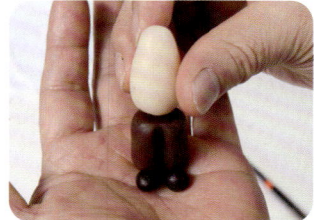
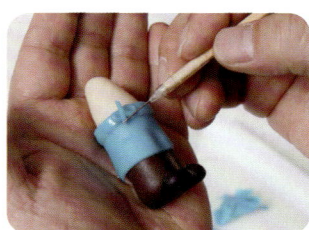
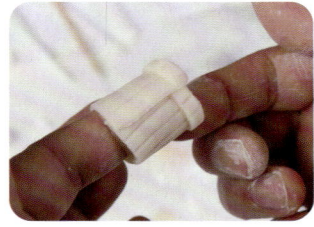
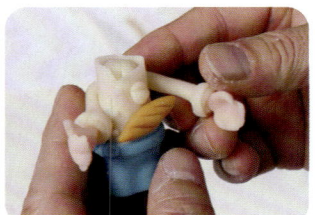
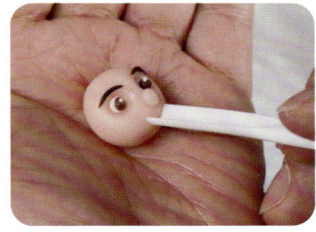

만드는 방법

1. 짙은 갈색으로 만든 마지팬을 반으로 모양낸다.
2. 검은색 마지팬으로 발을 만들고 상체를 만든다.
3. 파란색 앞치마를 두른다.
4. 이음매 부분의 매듭을 스틱으로 마무리한다.
5. 흰 마지팬을 밀어서 줄무늬를 낸 뒤 모자를 표현한다.
6. 모자를 원형으로 붙인다.
7. 흰 마지팬을 밀고 그 위에 소매 모양의 마지팬을 만들어 말아준다.
8. 손을 만들어 끼워 주고 몸통 부분에다 끼워준다.
9. 살색 마지팬에 얼굴, 눈썹, 코, 입, 눈동자를 만들어 표현한다.
10. 머리카락을 한 올 한 올 만들어 붓을 이용하여 붙인다.
11. 만든 위생모를 머리 위로 올린다.

Chapter 3. 마지팬

4) 산타&선물

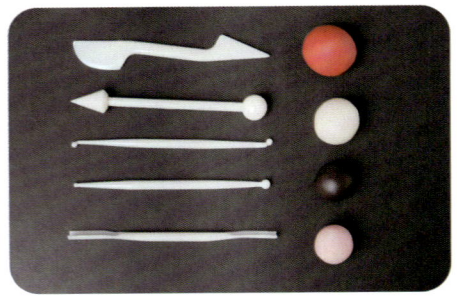

사전 준비

사용할 마지팬에다 색소를 혼합하고 도구를 준비한다.
빨강, 파랑, 노랑, 검정, 흰색

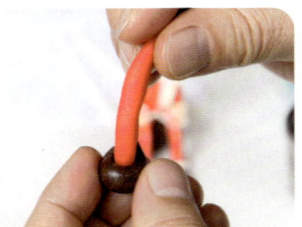
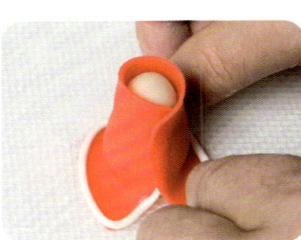
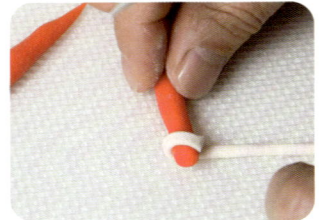
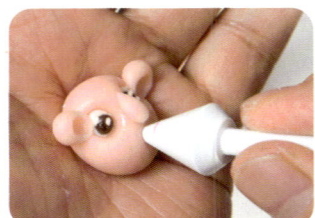

만드는 방법

1. 얼굴, 몸통, 다리, 팔, 손, 눈, 귀, 수염, 신발, 모자의 반죽을 미리 준비한다.
2. 검은색으로 신발을 만든 다음 홈을 만들어 빨간 마지팬을 길게 비벼 다리를 신발에 접착한다.
3. 살색으로 마지팬 반죽을 만든 후 몸통을 만들어 빨간색 마지팬을 얇게 밀어 산타 옷을 표현한다.
4. 몸통에 구멍을 만들어 놓는다.
5. 길게 민 빨간색 마지팬에 흰색의 마지팬을 얇게 밀어서 재단 후 말아 준다.
6. 양쪽 손을 만든 후 팔에 구멍을 낸 후 접착 한다.
7. 모자 모양의 반죽을 잘 다듬어 홈을 만든 후 끝선을 흰 마지팬으로 마무리한다.
8. 살색 마지팬을 둥글게 비벼 눈, 코, 입, 귀를 만든다.
9. 흰색 마지팬으로 수염을 만들어 붙인 후 모자를 씌운다.
10. 몸통에 머리를 얹어 중심을 잡아 세워 완성한다.

4) 신랑&각시

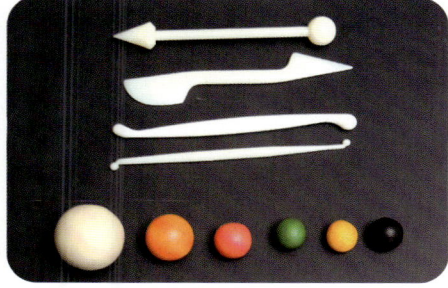

사전 준비

사용할 마지팬에 색소를 혼합하고 도구를 준비한다.
흰색, 오렌지, 빨강, 연두, 노랑, 검정

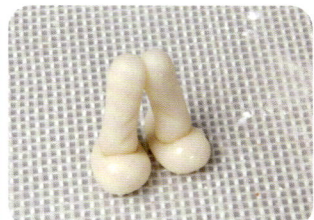
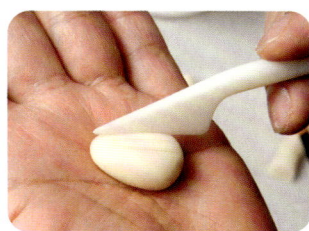

만드는 방법

1. 흰색 마지팬을 얇게 밀어 신발과 다리를 만들어 접착한다.
2. 몸통에 마지팬 도구로 자국을 내준다.
3. 자국을 낸 몸통에 나비넥타이를 만들어 붙인다.
4. 몸통 크기에 맞게 칼로 커팅한 후 몸통에 옷을 입힌다.
5. 살색 마지팬에 얼굴, 눈, 코, 입, 귀를 만들어 표현한다.
6. 몸통에 머리를 올린다음 깔끔히 마무리한다.

Chapter 4
제과기능장 실기 케이크 품목 13과제

1. 1/2 케이크 / 2. 초콜릿 스펀지케이크 Ⅰ
3. 초콜릿 데코레이션 케이크 / 4. 초콜릿 무스케이크 Ⅰ
5. 초콜릿 무스케이크 Ⅱ / 6. 뉴욕 치즈케이크 / 7. 초콜릿케이크 Ⅰ
8. 초콜릿 무스케이크 Ⅲ / 9. 초콜릿 스펀지케이크 Ⅱ
10. 커피 스펀지케이크 / 11. 화이트 초콜릿케이크
12. 오페라케이크 / 13. 초콜릿케이크 Ⅱ

이 장의 특징

"최신" 제과기능장 실기 케이크 품목 13과제를
상세하게 정리해놓았습니다.

제과기능장 실기시험

수험자 유의사항

1) 지참준비물은 사용 전에 시험위원의 확인을 받아야 합니다.
   ※ 전원(전기)이 필요한 도구는 수험자간 형평성 및 전력공급제한의 사유로 인해 사용할 수 없습니다. 단, 제과제빵 시 일반적으로 사용되는 건전지용 소도구는 감독위원의 허가를 득한 경우에 한하여 사용이 가능하오니, 시험시작 전(교육 시간)에 감독위원에게 사용가능 여부를 확인 받은 후 사용하시기 바랍니다.
2) 수험자 인적사항은 검정색 필기구만 사용하여야 합니다. 그 외 연필류, 유색 필기구 등은 사용이 금지됩니다.
3) 완료된 작품은 시험위원이 지정한 장소에 진열합니다.
4) 작품평가 중 상품가치가 없다고 판단되는 항목은 0점 처리합니다.
5) 시험 전과정 위생수칙을 준수하고 안전사고 예방에 유의합니다.

> ○ 시작 전 간단한 가벼운 몸 풀기(스트레칭) 운동을 실시한 후 시험을 시작하십시오.
> ○ 위생복(상하의, 하의는 흰색 앞치마로 대체 가능), 위생모를 착용하여야 하며, 시험장비, 제과제빵도구를 사용할 때에는 안전사고 예방에 유의합니다.
> ○ 감독위원(본부요원)의 지시에 따라 실기작업에 임하며, 각 과정별 세부작업은 안전사항 및 위생수칙을 준수하여 작업하여야 합니다.
> ○ 위생복장의 상태 및 개인위생(장신구, 두발·손톱의 청결 상태, 손씻기 등)의 불량 및 정리 정돈 미흡 시 위생항목 감점처리 됩니다.

6) 다음 사항에 대해서는 채점 대상에서 제외하니 특히 유의하시기 바랍니다.
   가) 기권
      (1) 수험자 본인이 수험 도중 시험에 대한 포기 의사를 표시하는 경우
   나) 실격
      (1) 상품성이 없을 정도로 타거나 익지 않은 경우
      (2) 수량, 모양, 반죽 제조법(공립법을 별립법으로 하는 등)을 준수하지 않았을 경우
      (3) 지급된 재료 이외의 재료를 사용한 경우
      (4) 시험 중 시설·장비의 조작 또는 재료의 취급이 미숙하여 위해를 일으킬 것으로 감독위원 전원이 합의하여 판단한 경우
      (5) 위생복(상하의, 하의는 흰색 앞치마로 대체 가능), 위생모를 착용하지 않은 경우
   다) 미완성
      (1) 시험시간 내에 작품을 제출하지 못한 경우
7) 의문 사항이 있으면 감독위원에게 문의하고, 감독위원의 지시에 따릅니다.

> ※ 국가기술자격 시험문제는 저작권법상 보호되는 저작물이고, 저작권자는 한국산업인력공단입니다. 시험문제의 일부 또는 전부를 무단 복제, 배포, (전자)출판하는 등 저작권을 침해하는 일체의 행위를 금합니다.
> 〈국가기술자격 부정행위 예방 캠페인 : "부정행위, 묵인하면 계속됩니다."〉

국가기술자격 실기시험문제

자격종목	제과기능장	과 제 명	① 1/2 케이크

1. 요구사항

※ 지급된 재료 및 시설을 사용하여 아래 작업을 완성하시오.

(1) 버터스펀지케이크의 재료를 각각 계량하시오.
(2) 2호 팬, 4호 팬 각각 한 개씩 제조하시고 2호는 평가용으로 제출하시오.
 - 반죽은 공립법으로 제조하시오.
 - 반죽온도는 24℃를 기준으로 하시오.
 - 샌드를 포함한 높이는 7±0.05cm로 만드시오.
(3) 초콜릿 가나슈
 - 코팅용으로 제조하여 사용하시오.
 - 케이크표면 1/2을 도면과 같이 초콜릿 가나슈로 코팅하시오.
(4) 버터크림
 - 케이크 샌드용, 아이싱용 크림을 만드시오.
 - 버터스펀지케이크를 3단으로 자르고 시트에 시럽을 바른 후 케이크 표면 1/2를 도면과 같이 버터크림으로 샌드 및 아이싱하시오.
(5) 마지팬
 - 마지팬으로 **호랑이, 다람쥐**를 각각 1개씩 만드시오(각 30g 미만).
(6) 머랭
 - 머랭을 이용하여 **장미꽃(2송이)과 잎사귀(5장), 줄기(2개)**를 만드시오.
(7) 초콜릿 플라스틱
 - 초콜릿 플라스틱을 이용하여 1/2 케이크의 경계면에 3cm 높이의 **물결무늬 중앙분리대**를 만드시오.
 - 초코릿 플라스틱 **장미꽃(2송이), 잎사귀(5장), 줄기(2개)**를 만드시오.
(8) 초콜릿
 - 초콜릿을 이용하여 글씨판을 가로 10cm, 세로 3cm 로 만들고 화이트초콜릿으로 **"축하합니다"**라고 쓰시오.
 - 화이트, 다크초콜릿을 이용하여 **케이크 옆면 장식물**을 자유롭게 5개를 만들어 케이크 옆면에 붙이오(단, 전체적인 디자인을 고려하여 조화롭게 표현하시오).
(9) 마카롱(레드)
 - 직경 4cm 크기의 케이크 옆 면 장식용 마카롱을 15개 제조하시오.
 - 5개는 옆면에 장식하고, 10개는 평가용으로 제출하시오.

재료명	%(비율)	g(중량)
박력분	100	300
설탕	100	300
달걀	200	600
소금	1	3
버터	25	75
합 계	426	1278

Chapter 4. 제과기능장 실기 케이크 품목 13과제

자격종목	제과기능장	과제명	① 1/2 케이크

2. 데커레이션 케이크 도면

〈가〉: 머랭 장미꽃(2송이), 잎사귀(5장), 줄기(2개) 장식
〈나〉: 초코릿 플라스틱 장미꽃(2송이), 잎사귀(5장), 줄기(2개) 장식
〈다〉: 마지팬 동물(호랑이, 다람쥐)
〈라〉: 초콜릿 싸인판 "축하합니다"
〈마〉: 초콜릿 플라스틱으로 만든 중앙분리대
〈바〉: 초콜릿 장식물 5개 장식(버터크림 아이싱 측면)
〈사〉: 마카롱(레드) 5개 장식(가나슈 코팅 측면)

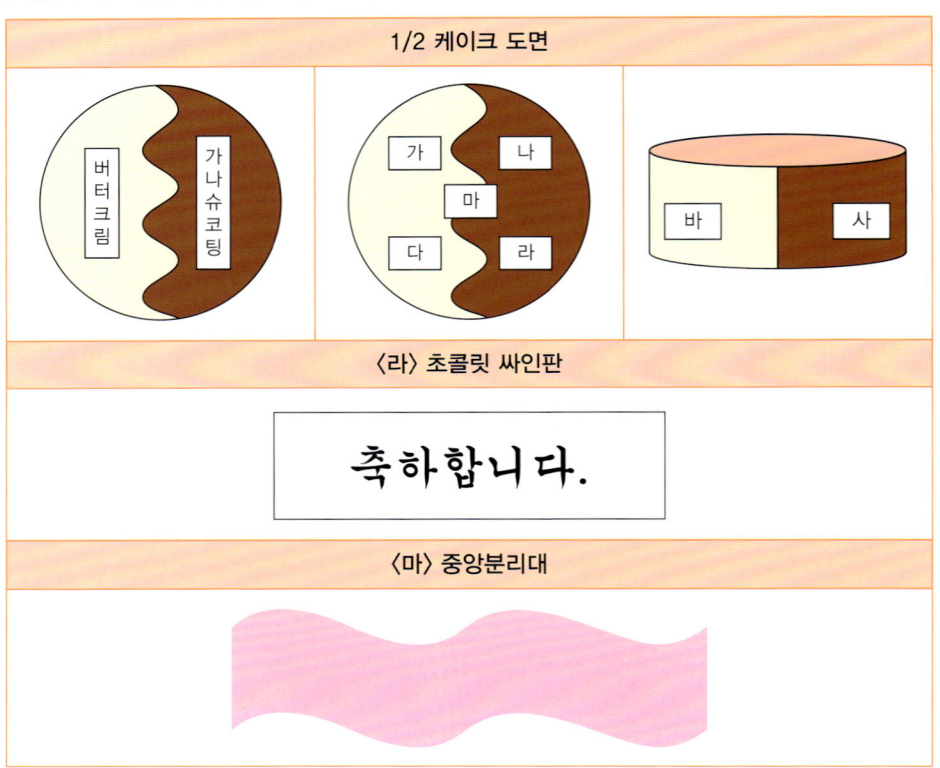

사전준비

- 케이크시트 2호, 4호 ⇨ 각1
- 초콜릿 가나쉬 ⇨ 준비
- 버터크림 ⇨ 샌드용, 아이싱용
- 시럽 ⇨ 준비
- 마지팬 다람쥐, 호랑이 (30g 이내) ⇨ 각1
- 머랭 ⇨ 장미꽃 2송이, 잎사귀 5장, 줄기 2개
- 초콜릿 플라스틱 ⇨ 물결 중앙분리대1
- 초콜릿 플라스틱 ⇨ 장미꽃 2송이, 잎사귀 5장, 줄기 2개
- 초콜릿 싸인판 가로10cm, 세로3cm ⇨ 화이트초콜릿 "축하합니다" 1
- 초콜릿 장식물(화이트, 다크이용) ⇨ 5개
- 마카롱(레드) 직경4cm ⇨ 15개

Chapter 4. 제과기능장 실기 케이크 품목 13과제

자격종목	제과기능장	과 제 명	① 1/2 케이크

만드는 방법

1. 버터크림으로 샌드한 버터스펀지 케이크에 물결무늬 분리대를 초코로 만들어 중앙에 위치시키고 가나쉬로 반 코팅한다.
2. 머랭으로 만든 장미와 잎을 버터크림 위에 장식하고 넝쿨을 표현한다.
3. 가나쉬로 코팅한 위에 초코 장미꽃과 잎사귀와 줄기를 올리고 마지팬(호랑이, 다람쥐)을 버터크림 위에 초코 사인판으로 장식한다.
4. 레드 마카롱을 가나쉬로 코팅한 데다 조화롭게 장식한다.
5. 버터크림 부분에 다크와 화이트를 이용한 장식물을 장식하고 레드 마카롱을 평가용으로 한다.

국가기술자격 실기시험문제

| 자격종목 | 제과기능장 | 과 제 명 | ② 초콜릿 스펀지케이크 I |

1. 요구사항

※ 지급된 재료 및 시설을 사용하여 아래 작업을 완성하시오.

초콜릿 스펀지케이크

(1) 초콜릿 스펀지케이크의 재료를 각각 계량하여 사용하시오.
(2) 초콜릿 스펀지케이크 시트를 제조 방법에 따라 만드시오.
   - 배합표를 이용하여 초콜릿 스펀지케이크 반죽을 만들어 4호팬에 패닝하고, 1개는 데커레이션용으로, 나머지 1개는 평가용으로 제출하시오.
   - 반죽온도는 23℃를 기준으로 하시오.
(3) 초콜릿버터크림
   - 샌드용, 아이싱용으로 만드시오.
(4) 가나쉬
   - 코팅용, 도안 선긋기 용으로 만드시오.
(5) [장식1] 초콜릿 플라스틱
   - **장미꽃** 만들기 용도로 만드시오.
(6) [장식2] 마지팬
   - 마지팬으로 **원숭이, 사자, 악어 3가지**를 1개씩 만드시오.
(7) 초콜릿
   - [장식3] 싸인판 1개("summer festival")와 장식용으로 **부채모양 장식 8개**,
   [장식4] **야자수 나무**(8 cm 정도, 8 ± 1cm 범위) 2개를 만드시오.

[초콜릿스펀지 케이크]

재료명	비율(%)	중량(g)
달걀	160	800
설탕	100	500
소금	1.2	6
박력분	85	425
코코아	15	75
바닐라향	0.8	4
버터	18	90
합계	380	1,900

자격종목	제과기능장	과 제 명	② 초콜릿 스펀지케이크 I

2. 데커레이션 도면 및 요구사항

(1) 초콜릿 스펀지케이크 시트는 3단으로 자른 후 시럽을 바르고 초콜릿버터크림으로 3단 샌드하시오.
(2) 모든 면을 초콜릿 버터크림으로 아이싱 한 후, 가나쉬 코팅하시오.
 (코팅 후 6 ± 0.5cm 높이가 되게 하시오.)
(3) 옆면은 부채모양(*첨부A 참조) 초콜릿을 만들어 8개를 균일한 간격으로 장식하시오.
(4) ①번 위치에 초콜릿 플라스틱 장미꽃 5송이, 잎사귀 7개, 줄기 2개를 장식하시오.
(5) ②번 위치에 초콜릿으로 만든 야자수 나무(*첨부 B참조) 2그루를 장식하시오.
(6) ③번 위치에 마지팬으로 만든 원숭이, 사자, 악어를 만들어 장식하시오.
(7) ④번 위치에 초콜릿 싸인판에 버터크림으로 "summer festival"이라고 쓰시오.
(8) 케이크의 가장자리는 가나쉬를 이용하여 도안(❀)을 표현하시오(선긋기).
(9) 완성된 케이크는 높이 장식물 포함 15cm 이내로 만드시오.

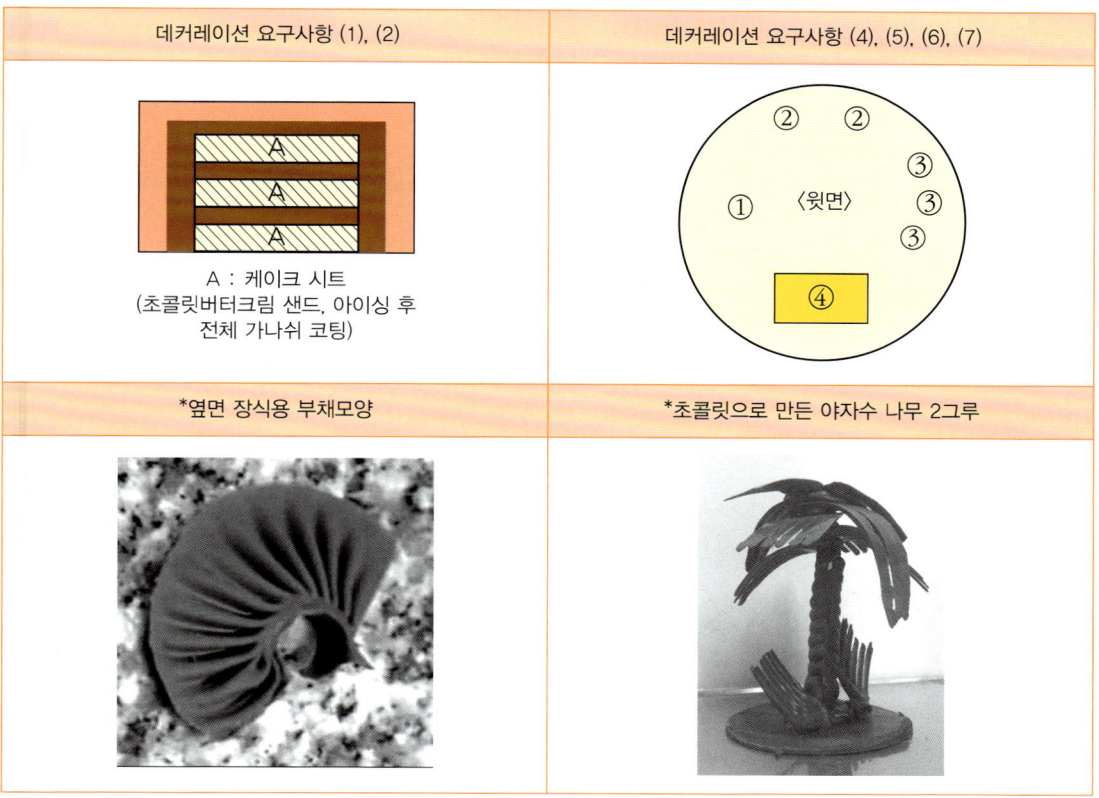

사전준비

- 초콜릿 스펀지 시트 4호 ⇨ 2개 ⇨ 시럽준비
- 초코 버터크림 준비
- 가나쉬 크림 준비
- 초콜릿 부채 ⇨ 8개
- 초콜릿 야자수 ⇨ 2개
- 초콜릿 플라스틱 ⇨ 장미꽃 5송이, 잎사귀 7개, 줄기 2개
- 마지팬 (원숭이, 사자, 악어) ⇨ 각 1마리(30g이내)
- 초콜릿 싸인판(버터크림을 이용) ⇨ "summer festival" 1개

| 자격종목 | 제과기능장 | 과 제 명 | ② 초콜릿 스펀지케이크 Ⅰ |

만드는 방법

1. 초콜릿 버터크림으로 샌드한 초콜릿 스펀지케이크에 가나슈로 코팅한 후 가나슈로 주어진 도안으로 표현한다.
2. 초콜릿 장미꽃과 잎사귀 줄기를 만들어 윗면에 장식한다.
3. 다크 초콜릿으로 야자수를 만든다.
4. 만든 야자수를 케이크 윗면에 올리고 다크 사인판과 마지팬(원숭이, 사자, 악어)을 만들어 장식한다.
5. 조화롭게 진열 장식한다.

국가기술자격 실기시험문제

자격종목	제과기능장	과 제 명	③ 초콜릿 데코레이션 케이크

1. 요구사항

※ 지급된 재료 및 시설을 사용하여 아래 작업을 완성하시오.

초콜릿 스펀지케이크(별립법)

(1) 초콜릿 스펀지케이크의 재료를 계량하여 사용하시오.
(2) 초콜릿 스펀지케이크 시트의 제조방법은 별립법으로 만드시오.
  - 배합표를 이용하여 초콜릿 스펀지케이크 반죽을 만들어 4호팬 2개 패닝하고, 1개는 데코레이션용으로, 나머지 1개는 평가용으로 제출하시오.
  - 반죽온도는 24℃를 기준으로 하시오.
(3) 초콜릿버터크림(배합 자유)
  - 샌드용, 아이싱용으로 만드시오.
(4) 가나쉬(배합 자유)
  - 코팅용, 도안 선 긋기 용으로 만드시오.
(5) [장식1] 초콜릿 플라스틱(배합 자유)
  - **장미꽃** 만들기 용도로 만드시오.
(6) [장식2] 마지팬
  - 마지 팬으로 "가족(아빠, 엄마, 어린이 또는 아기의 각 공예품 1개씩)"을 만드시오(각각 30g 이내).
(7) [장식3] 초콜릿 공예(규격 내 자유)
  - **싸인판**(3cm× 6cm) 1개, **소형공예 집**(밑판가로10cm× 밑판세로8cm× 높이8cm)을 만드시오.
(8) [장식4] 초코 마카롱(배합 자유, 크기 및 모양 자유)
  - 케이크 장식용 **초코 마카롱을 20개(낱개)**를 만들어 8개는 케이크 옆면에 장식하고, 12개는 평가용으로 제출하시오.

[초콜릿스펀지 케이크]

재료명	비율(%)	중량(g)
달걀	160	800
설탕	100	500
소금	1	5
박력분	50	250
코코아	16	80
바닐라오일	1	5
버터	15	75
우유	15	75
합계	358	1790

| 자격종목 | 제과기능장 | 과제명 | ③ 초콜릿 데코레이션 케이크 |

2. 데커레이션 도면 및 요구사항

(1) 초콜릿 스펀지케이크 시트는 3단으로 자른 후 시럽을 바르고 초콜릿버터크림으로 3단 샌드를 하시오.
(2) 모든 면을 초콜릿 버터크림으로 아이싱을 한 후 가나쉬 초콜릿으로 전체코팅을 하시오(코팅을 한 후 높이를 6cm± 0.5cm가 되게 하시오.).
(3) 옆면에는 초코 마카롱(그림 A 참고)을 만들어 8개를 균일하게 장식하시오.
(4) (그림 B 참고)①번 위치에 초콜릿 장미꽃 2송이와 잎사귀 6장, 줄기 2개를 장식하시오.
(5) ②번 위치에 초콜릿으로 만든 집(자유 공예, 크기10cm×8cm×8cm)을 장식하시오.
(6) ③번 위치에 마지 팬으로 만든 30g 이내의 "아빠, 엄마, 어린이(또는 아기)" 하나씩 만들어 장식하시오.
(7) ④번 위치에 초콜릿 싸인판(6cm×3cm)에 화이트초콜릿으로 "My lovely family"라고 쓰시오.
(8) 케이크의 가장자리는 가나쉬를 이용하여 자유로이 도안을 표현하시오(선긋기).
(9) 완성된 케이크는 장식물 포함 15cm 이내 높이로 만드시오.

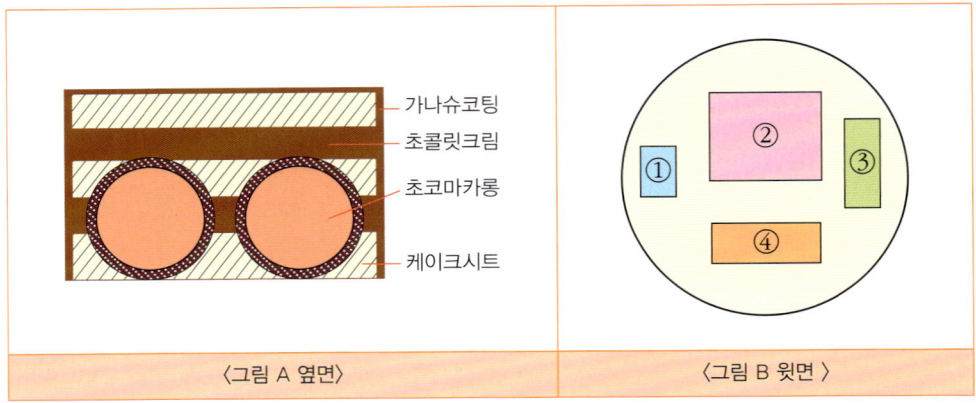

〈그림 A 옆면〉   〈그림 B 윗면〉

사전준비

- 초콜릿 스펀지케이크 4호 (별립법) ⇨ 2개
- 시럽준비
- 초콜릿버터크림 제조 (자유배합)
- 가나쉬크림 (자유배합) ⇨ 코팅용, 도안 선 긋기용
- 초콜릿 플라스틱 ⇨ 장미꽃 (2송이, 잎사귀 6장, 줄기 2개)
- 마지팬 가족(아빠, 엄마, 아기) ⇨ 각 1개씩 (30g 이내)
- 초콜릿 싸인판 (3cm x 6cm) ⇨ 1개
- 초콜릿 집(밑판 가로 10cm x 밑판 세로 8cm x 높이 8cm) ⇨ 1개
- 초코 마카롱 20개 (낱개) ⇨ 8개 케이크 옆면, 12개 (평가용)

Chapter 4. 제과기능장 실기 케이크 품목 13과제

| 자격종목 | 제과기능장 | 과 제 명 | ③ 초콜릿 데코레이션 케이크 |

🗨 만드는 방법

1. 초콜릿 크림으로 만든 초콜릿 케이크에 가나쉬로 코팅하고 가나쉬로 가장자리를 자유롭게 도안하여 장식한다.
2. 초콜릿으로 만든 공예용 집과 초콜릿 장미꽃과 잎사귀와 넝쿨을 만들어 장식한다.
3. 초콜릿 사인판에 화이트 초콜릿으로 글귀를 쓰고 장식한다.
4. 마지팬으로 아빠, 엄마, 아기를 만들어 조화롭게 배열 장식한다.
5. 초코 마카롱으로 옆면을 조화롭게 장식한다.

국가기술자격 실기시험문제

| 자격종목 | 제과기능장 | 과 제 명 | ④ 초콜릿 무스케이크 Ⅰ |

1. 요구사항

※ 지급된 재료 및 시설을 사용하여 아래 작업을 완성하시오.

초콜릿 무스케이크(Mousse au chocolat)

(1) 초콜릿제노와즈(Génoise au chocolat)의 재료를 계량하여 사용하시오.

[초콜릿제노와즈 배합]

재료명	비율(%)	중량(g)
박력분	90	450
코코아파우더	10	50
설탕	100	500
달걀	170	850
합계	370	1850

(2) 초콜릿제노와즈를 만드시오.
  - 공립법으로 제조하시오.
  - 3호(직경 21 cm) 케이크 3개를 구워 1개는 작품용으로 사용하고, 2개는 평가용으로 제출하시오.
    *시험장의 팬 보유 수량에 따라 평가용은 감독위원이 팬의 호수(2호 또는 4호) 조정 가능
(3) 30°Be(보메)용 시럽을 제작하시오.
(4) [장식1] 초콜릿마카롱(Macaron au chocolat)을 제작하시오.
  - 자유배합으로 하되, 직경 30±5mm, 16개(낱개) 제작하시오.
  - 마카롱 껍질은 자유롭게 장식하시오.
  - 16개 중 8개는 케이크 옆면 장식, 2개는 윗면 장식, 나머지는 가나쉬를 샌드(충전)하여 평가용으로 제출하시오.
(5) 주어진 재료를 이용하여 초콜릿무스(Mousse au chocolat)를 제작하시오.
(6) 가나쉬(Ganach)를 제작하시오.
  - 코팅용 가나쉬와 충전용 가나쉬를 자유배합으로 제작하시오.
(7) [장식2] 초콜릿 장식을 제작하시오.
  - 화이트, 다크초콜릿을 이용하여 직경 7cm, 높이 7cm 정도(±1cm 범위)의 리본을 만들고, 리본 꼬리를 2개 붙여 장식하시오.
  - 초콜릿 사인판으로 "Meilleurs Boulanger–Pâtissier de Corée"를 쓰시오.
(8) [장식3] 초콜릿 봉봉(Bonbons au chocolat)을 6개만 제작하여 제출하시오.

자격종목	제과기능장	과 제 명	④ 초콜릿 무스케이크 I

(9) [장식4] 마지팬으로 동물 3가지(호랑이, 다람쥐, 앵무새)를 만들어 장식하시오.
(10) 평가용 초콜릿마카롱과 초콜릿 봉봉, 마지팬을 따로 제출하시오.

2. 데커레이션 도면 및 요구사항

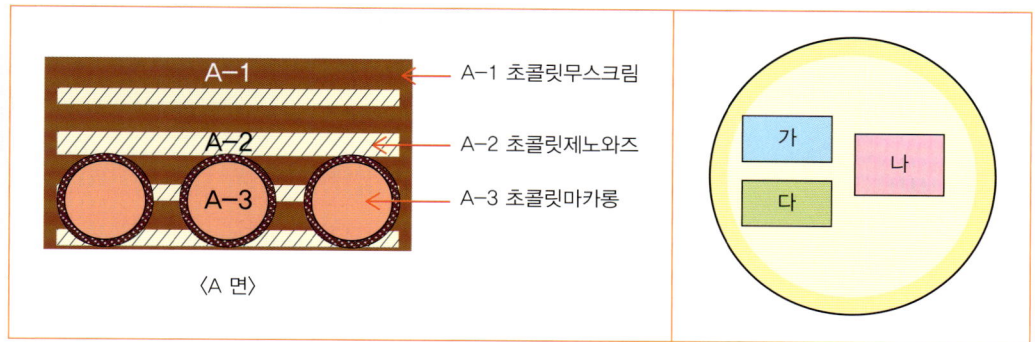

가. 데커레이션 요구사항

[옆면 요구사항]

(1) 초콜릿제노와즈는(A-2) 10mm 두께로 절단하고 30° 보메시럽을 칠하시오.
(2) 〈A-1〉과 같이 초콜릿무스크림을 샌드(Filling)하고 아이싱(Icing)하시오.
(3) 가나쉬로 초콜릿 무스케이크를 코팅하시오.
  (단, 장식물을 제외한 케이크의 **전체높이는 80±5mm**로 제작하시오.)
(4) 〈A-3〉(초콜릿마카롱)은 케이크 옆면에 적당한 간격으로 8개를 붙이시오.

[윗면 요구사항]

(1) 케이크의 가장자리는 가나쉬를 이용하여 도안을 자유롭게 표현하시오.
(2) 〈가〉는 초콜릿마카롱 2개를 조화롭게 장식하시오.
(3) 〈나〉는 초콜릿 장식물을 조화롭게 장식하시오.
(4) 〈다〉는 초콜릿 판에 "Meilleurs Boulanger-Pâtissier de Corée"를 쓰시오.

사전준비

- 초콜릿시트(3호)공립법 ⇨ 3개 (30도 보메 시럽준비)
- 초코마카롱 (직경 3 ± 5mm) ⇨ 16개 8개 (옆면 장식), 2개 (윗면장식), 나머지는 샌드하여 제출)
- 초콜릿 무스 제조
- 가나쉬 크림 ⇨ 코팅용, 마카롱 충전용
- 초콜릿 리본(직경7cm, 높이7cm(± 1cm 범위)) ⇨ 1개, 리본꼬리 2개
- 초콜릿 싸인판("Meilleurs Boulanger- Patissier de Coree") ⇨ 1개
- 초콜릿 봉봉 ⇨ 6개
- 마지팬 (호랑이, 다람쥐, 앵무새 30g 이내) ⇨ 각 1개

| 자격종목 | 제과기능장 | 과 제 명 | ④ 초콜릿 무스케이크 Ⅰ |

   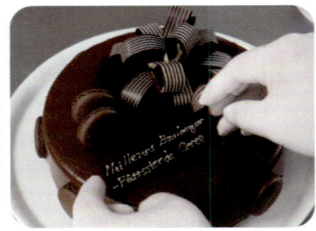

만드는 방법

1. 초콜릿 무스크림을 충전한 초콜릿 제노와즈를 가나쉬로 코팅하여 초코 마카롱으로 옆면에 장식한다.
2. 윗면 가장자리에 가나쉬를 이용하여 자유롭게 표현한다.
3. 화이트와 다크초콜릿을 이용하여 직경 7cm, 높이 7cm정도의 리본을 만들어 장식한다.
4. 초코마카롱과 다크초콜릿으로 만든 사인판에 요구하는 글귀를 적어 굳혀 조화롭게 장식한다.
5. 조화롭게 만든 케이크와 가나쉬로 샌드한 초코마카롱, 초콜릿 봉봉, 마지팬(호랑이, 다람쥐, 앵무새)을 조화롭게 장식한다.

국가기술자격 실기시험문제

| 자격종목 | 제과기능장 | 과 제 명 | ⑤ 초콜릿 무스케이크 Ⅱ |

1. 요구사항

※ 지급된 재료 및 시설을 사용하여 아래 작업을 완성하시오.

초콜릿 무스케이크(Mousse au Chocolat)

(1) 초콜릿제노와즈(Génoise au chocolat)의 재료를 각각 계량하여 사용하시오.
(2) 초콜릿제노와즈 제법은 본인이 선택하여 제조하시오.
  - 배합표를 이용하여 원형 4호팬 1개(데커레이션용), 3호팬 1개(평가용)으로 제출하시오.
(3) [장식1] 랑그드샤(langue de chat/배합자유) 반죽으로 장미 2송이, 잎사귀 5개를 만들어 제출하시오.
(4) 초콜릿무스(Mousse au Chocolat/배합자유)를 만드시오.
(5) 초콜릿글라사주(Chocolat Glacage/배합자유)를 만들어 초콜릿 무스케이크를 코팅하시오.
(6) [장식2] 가나쉬(Ganach)(배합자유)
  - 충전용 가나쉬, 장미꽃, 아이싱용을 포함하여 다목적으로 만드시오.
(7) [장식3] 초콜릿 장식을 만드시오.
  - 5 × 5 × 5cm 크기 주사위 1개, 3 × 3 × 3cm 크기의 주사위 1개를 만드시오(디자인 자유).
  - 다크초콜릿을 이용하여 사인판("달콤한 인생", 가로 10 × 세로 3 cm)을 만드시오.
  - 4 × 4cm의 장식물 8개를 만드시오(화이트, 다크초콜릿 이용).
(8) [장식4] 봉봉 초콜릿(Bonbons au chocolat) 12개를 만들어 제출하시오.

[초콜릿제노와즈 배합]

비율(%)	재료명	중량(g)
90	박력분	315
10	코코아파우더	35
100	설탕	350
170	달걀	595
370	합계	1,295

Chapter 4. 제과기능장 실기 케이크 품목 13과제

| 자격종목 | 제과기능장 | 과 제 명 | ⑤ 초콜릿 무스케이크 Ⅱ |

2. 데커레이션 도면 및 요구사항

(1) 초콜릿제노와즈는 3단으로 절단하고 시럽과 초콜릿무스크림을 넣으시오.
(2) 가나쉬로 초콜릿 무스케이크를 아이싱하시오.
(3) 초콜릿글라사주로 무스케이크를 코팅하시오(코팅된 케이크의 높이는 8 ㎝이하).
(4) (그림B 참고)①에 가나쉬로 장미꽃 2송이, 잎사귀 5개를 조화롭게 표현하여 장식하시오.
(5) (그림A 참고)케이크의 옆면에는 초콜릿장식 8개를 균일하게 장식하시오.
(6) ②번 위치에 초콜릿으로 만든 주사위를 장식하시오.
(7) ③번 위치에 사인판에 화이트초콜릿으로 "달콤한 인생"을 쓰시오.
(8) 케이크의 가장자리는 가나쉬를 이용하여 자유롭게 표현하시오(선긋기).
(9) 완성된 케이크는 (장식물 포함 15cm 이내) 높이로 만드시오.
(10) 완성된 랑그드샤와 봉봉 초콜릿 12개를 케이크 받침에 진열하여 제출하시오.

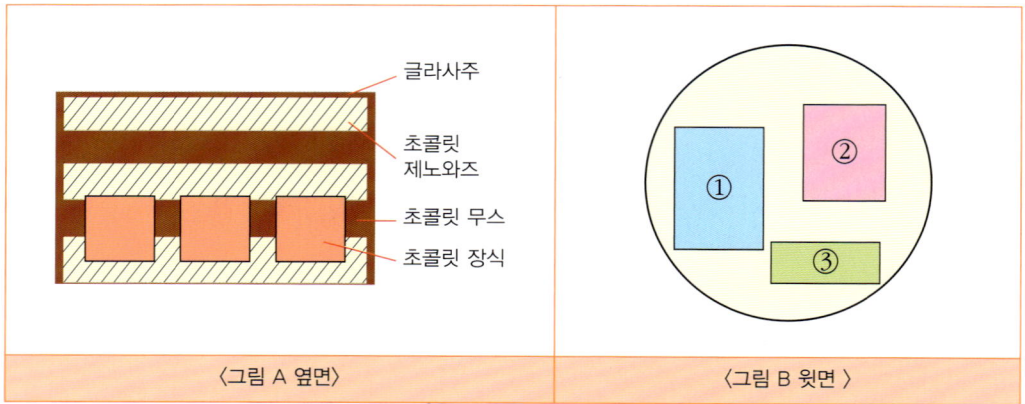

〈그림 A 옆면〉　　　〈그림 B 윗면〉

사전준비

- 초콜릿 제노와즈(제법 본인선택) ⇨ 4호 1개, 3호(평가용)1개
- 시럽 준비
- 랑그드샤 (자유배합) 장미꽃 ⇨ 장미꽃 2송이, 잎사귀 5개 (제출용)
- 초콜릿 무스크림
- 초콜릿 글라사주
- 가나쉬 크림, 장미꽃, 아이싱(다목적용)
- 초콜릿 장식물 : 주사위(5x5x5cm, 3x3x3cm) ⇨ 각 1개
- 다크초콜릿 이용 싸인판 가로 10cm x 세로3cm ("달콤한 인생")
- 초콜릿 장식물 4 x 4cm (화이트,다크초콜릿 이용) ⇨ 8개
- 초콜릿 봉봉 ⇨ 12개 (제출용)

자격종목	제과기능장	과 제 명	⑤ 초콜릿 무스케이크 Ⅱ

만드는 방법

1. 초콜릿 제노와즈로 만든 초콜릿 무스를 초코글라사주로 코팅한다.
2. 가나쉬로 장미꽃과 잎사귀를 장식하고 화이트와 다크초콜릿을 이용하여 만든 주사위를 조화롭게 장식한다.
3. 케이크의 가장자리에 가나쉬로 도안을 자유롭게 표현한다.
4. 다크초콜릿으로 만든 사인판에 사인해서 장식하고 다크와 화이트 초콜릿으로 만든 옆면 장식물을 장식한다.
5. 초콜릿 무스케이크와 제출용 봉봉 초콜릿과 랑그드샤로 만든 장미 2송이와 잎사귀 5개를 만들어 장식하여 표현한다.

국가기술자격 실기시험문제

| 자격종목 | 제과기능장 | 과 제 명 | ⑥ 뉴욕 치즈케이크 |

1. 요구사항

※ 지급된 재료 및 시설을 사용하여 아래 작업을 완성하시오.

뉴욕 치즈케이크(New York Cheese Cake)

(1) 뉴욕 치즈케이크의 재료를 각각 계량하여 사용하시오.
(2) 반죽방법은 자유롭게 만들고 원형팬 3호, 1호 각각 1개씩 만드시오.
   - 케이크 바닥(배합자유)은 곡물쿠키를 이용하여 만들고 팬에 패닝한다.
   - 치즈케이크 반죽을 적당량 패닝하고 굽되, 케이크 윗면은 색을 내지 않는다.
   - 3호는 데커레이션용으로, 1호는 평가용으로 제출하시오.
(3) 화이트가나쉬(배합자유)를 코팅용으로 만드시오.
(4) [장식1] **마카롱**(배합자유)
   - 마카롱은 지름 4cm로 8개(낱개)를 만들어 **4개는 초콜릿 마카롱, 4개는 바닐라 마카롱(화이트가나쉬 샌드)** 으로 만드시오.
   - 각각 4개의 마카롱 중 2개씩은 평가용으로 별도로 제출하고, 2개씩은 케이크 데커레이션으로 사용하시오 (초콜릿 마카롱 4개 중 2개는 평가용, 2개는 장식용, 바닐라마카롱 4개 중 2개는 평가용, 2개는 장식용)
(7) [장식2] 초콜릿공예
   - **다크초콜릿으로 부채모양 6개**를 만드시오.
   - **화이트초콜릿 사인판**(3 × 10cm)을 만드시오.
(8) [장식3] 머랭(배합자유)
   - **투톤(two-tone) 장미 3송이, 넝쿨 3개, 잎사귀 5장**을 만드시오.
   - **강아지, 닭, 둥지 안 병아리를 각각 2마리**를 만들어 제출하시오.
(9) 마지팬
   - **원숭이, 앵무새, 사자 3종류를 각 1마리씩** 만들어 제출하시오(개당 무게는 30g미만).

[뉴욕 치즈케이크 배합표]

비율(%)	재료명	중량(g)
110	크림치즈	600
30	계 란	164
30	설 탕	150
2	박력분	10
50	사워크림	270
50	생크림	270
272	합계	1,464
-	곡물쿠키	200

| 자격종목 | 제과기능장 | 과 제 명 | ⑥ 뉴욕 치즈케이크 |

2. 데커레이션 도면 및 요구사항

(1) 치즈케이크 코팅
  – 화이트 가나쉬를 만들어 치즈케이크를 자유롭게 코팅하시오(코팅된 케이크의 높이는 6 ± 0.5 cm 이내).
(2) 〈그림 B 윗면〉 ①에 초콜릿 마카롱 2개, 바닐라마카롱 2개를 조화롭게 장식하시오.
(3) 〈그림 B 윗면〉 ②에 머랭 장미 3송이, 넝쿨 3개와 잎사귀 5장을 장식하시오.
(4) 〈그림 B 윗면〉 ③에 화이트초콜릿 사인판에 "I Love New York"를 다크초콜릿으로 쓰시오.
(5) 〈그림 A 앞면〉 ④에 다크초콜릿으로 만든 부채 6개를 균일한 간격으로 조화롭게 장식하시오.
(6) 케이크의 가장자리는 가나쉬를 이용하여 자유롭게 도안을 표현하시오.(선긋기)
(7) 평가용 마카롱, 머랭동물, 마지팬은 케이크 받침에 조화롭게 진열하여 제출하시오.

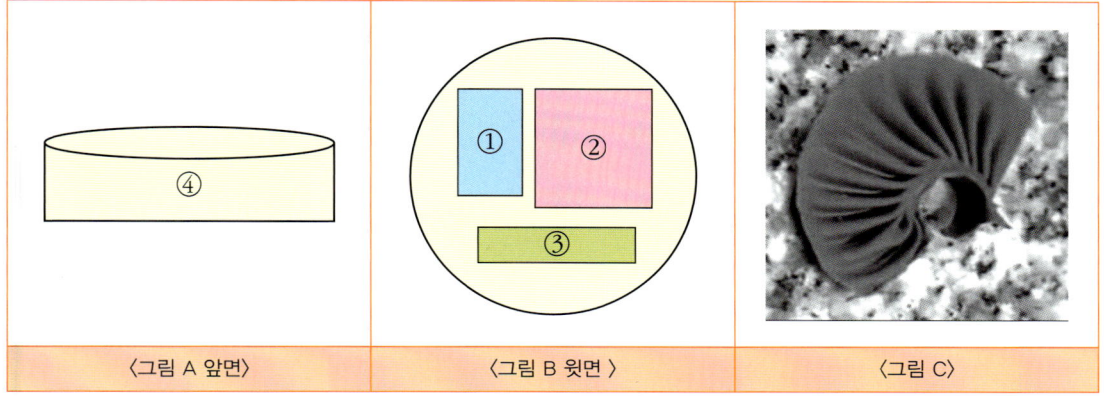

〈그림 A 앞면〉　　〈그림 B 윗면〉　　〈그림 C〉

사전준비

- 뉴욕 치즈케이크 3호, 1호 ⇨ 각 1개
- 화이트 가나쉬(코팅용)
- 마카롱(자유배합) 지름 4cm ⇨ 화이트마카롱 4개, 초코마카롱 4개 (2개씩은 윗면 장식용)
- 머랭: 장미꽃 3송이, 넝쿨 3개, 잎사귀 5장
- 머랭 동물 : 둥지 안 병아리, 닭, 강아지 ⇨ 각각 2마리
- 마지팬 : 원숭이, 앵무새, 사자 각 1마리(30g) 미만 (제출용)
- 화이트 초콜릿 싸인판 : "I Love New York" (다크 초콜릿 사용)
- 다크 초콜릿 부채(옆면 장식용) : 6개

Chapter 4. 제과기능장 실기 케이크 품목 13과제

자격종목	제과기능장	과 제 명	⑥ 뉴욕 치즈케이크

 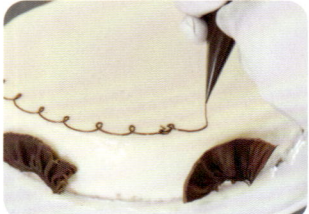  

만드는 방법

1. 구운 뉴욕 치즈케이크를 냉각한 뒤 화이트 가나쉬로 코팅하고 케이크 옆면에다 부채모양 만들어 6개를 붙인다.
2. 가나쉬를 이용하여 자유롭게 도안한다.
3. 만든 바닐라, 초코 마카롱을 보기좋게 진열시키고 말린 머랭 장미를 조화롭게 배열하고 넝쿨과 잎사귀를 장식한다.
4. 화이트 초콜릿 사인 판에 다크 초콜릿으로 사인하여 조화롭게 장식한다.
5. 제출용 머랭(강아지, 닭, 둥지안 병아리)과 마지팬(원숭이, 앵무새, 사자)을 만들고 케이크를 조화롭게 장식한다.

국가기술자격 실기시험문제

| 자격종목 | 제과기능장 | 과 제 명 | ⑦ 초콜릿케이크 Ⅰ |

1. 요구사항

※ 지급된 재료 및 시설을 사용하여 아래 작업을 완성하시오.

초콜릿케이크

(1) 초콜릿 스펀지케이크의 재료를 각각 계량하시오.
(2) 초콜릿 스펀지케이크 제법은 본인이 선택하여 제조하시오.
   - 배합표를 이용하여 원형 4호팬에 패닝하고, 1개는 데커레이션용으로, 나머지 1개는 평가용으로 제출하시오.
   - 반죽온도는 24℃를 기준으로 하시오.
(3) 초콜릿버터크림(배합자유)
   - 샌드용, 아이싱용, 도안용으로 만드시오.
(4) 가나쉬(배합자유)
   - **코팅용, 장미꽃을 포함하여 다목적용**으로 만드시오.
(5) 시럽 만들기(배합자유)
(6) [장식1] 마지팬
   - **마지팬으로 말, 사자, 여우 각 1개씩** 30g 미만으로 만드시오.
(7) 초콜릿 및 공예
   - [장식2] **연꽃**을 아름답게 제작하여 제출하시오(가로 10 cm, 높이 8 cm 이내).
   - [장식3] **싸인판**(3cm × 12cm)을 만드시오.
(8) [장식4] 마카롱(직경 4cm)
   - **마카롱 18개(낱개)**를 만들어 레드마카롱 8개는 데커레이션으로 케이크 옆면에 장식하고, 10개는 가나쉬로 샌드(5개)하여 제출하시오.

[초콜릿 스펀지케이크 배합표]

비율(%)	재료명	중량(g)
160	달걀	520
100	설탕	325(326)
1.2	소금	3.9(4)
85	박력분	273(272)
15	코코아파우더	52
0.8	바닐라향	2.6(3)
18	버터	58.5(58)
380	합계	1,235

*짝수 단위 저울 사용 시 괄호( )의 중량으로 계량

| 자격종목 | 제과기능장 | 과제명 | ⑦ 초콜릿케이크 I |

2. 데커레이션 도면 및 요구사항

(1) 스펀지케이크를 3단 절단하고 시럽과 초콜릿버터크림을 넣으시오.
(2) 가나쉬로 케이크를 코팅하고 케이크 옆면을 레드마카롱으로 장식하시오〈그림 B〉.
(3) 가나쉬 코팅 완료된 케이크는 8cm 이하로 만드시오.
(4) ①번 위치에 가나쉬 반죽을 이용하여 장미꽃 5송이, 잎사귀 7개, 넝쿨 3개를 짜서 조화롭게 표현하여 장식하시오.
(5) ②번 위치에 마지팬 동물(말, 사자, 여우, 다람쥐)를 나열하시오.
(6) ③번 위치에 싸인판(3cm × 12cm)을 올리시오.
   싸인판에는 버터크림으로 "Jardin Zoologique"라고 쓰시오.
(7) 케이크 윗면 가장자리에 가나쉬로 도안을 자유롭게 표현하시오(선긋기).
(8) 완성형 케이크는 장식물 포함 15cm 이내 높이로 만드시오.
(9) 연꽃 초콜릿 공예와 샌드한 마카롱 5개는 케이크 받침에 진열하여 제출하시오.

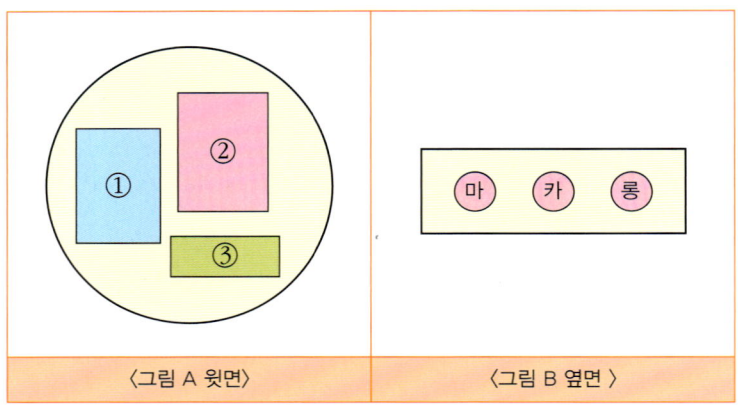

〈그림 A 윗면〉　　〈그림 B 옆면〉

사전준비

- 초콜릿 프펀지케이크 ⇨ 2개
- 시럽준비
- 초콜릿 버터크림(배합 자유) : 샌드용, 아이싱용, 도안용
- 가나쉬크림 (배합 자유) : 코팅용, 장미꽃 용
- 마지팬 : 말, 사자, 여우 ⇨ 각 1개 (30g 미만)
- 초콜릿 연꽃 : 가로10cm, 높이 8cm,이내 (제출용)
- 초콜릿 싸인판 : 12cm x4cm : "Jardin Zoologique"
- 마카롱(레드) : 8개(데커레이션용), 10개⇨ (샌드하여 제출)

Chapter 4. 제과기능장 실기 케이크 품목 13과제

자격종목	제과기능장	과 제 명	⑦ 초콜릿케이크 Ⅰ

만드는 방법

1. 초콜릿 스펀지케이크를 만들어 초콜릿 버터크림으로 샌드후 가나쉬로 코팅한 후 레드마카롱으로 옆면을 장식한다.
2. 가나쉬로 윗면에다 자유롭게 표현한다.
3. 가나쉬로 장미꽃 5송이와 잎사귀7개 넝쿨3개를 짜서 조화롭게 표현 장식한다.
4. 마지팬으로 만든 말, 여우를 올리고 초콜릿 사인판으로 조화롭게 장식한다.
5. 데코한 케이크와 초콜릿으로 만든 연꽃공예와 레드마카롱을 가나쉬로 샌드하여 조화롭게 장식 표현한다.

국가기술자격 실기시험문제

자격종목	제과기능장	과 제 명	⑧ 초콜릿 무스케이크 Ⅲ

1. 요구사항

※ 지급된 재료 및 시설을 사용하여 아래 작업을 완성하시오.

초콜릿 무스케이크

(1) 초콜릿 스펀지케이크의 재료를 각각 계량하시오.
(2) 초코 스펀지케이크를 만드시오.
  - 공립법으로 제조하시오.
  - 4호팬에 케이크 2개를 구워 1개는 작품용으로 사용하고, 1개는 평가용으로 제출하시오
    (단, 시험장의 팬 보유 수량에 따라 평가용 케이크의 팬은 감독위원이 별도로 지정할 수 있습니다.).
(3) [장식1] 초코마카롱을 제작하시오.
  - 자유배합으로 하고 케이크 크기를 고려하여 마카롱을 제조하시오.
  - 낱개 12개는 케이크 옆면 장식용으로 사용하고, 낱개 6개는 가나쉬를 샌드 (충전)하여 샌드된 3개를 평가용으로 제출하시오.
(4) 주어진 재료를 이용하여 초콜릿무스를 제작하시오.
(5) 가나쉬와 초콜릿 글라사주를 제작하시오.
  - 선 긋기용 가나쉬와 마카롱 충전용 가나쉬, 코팅용 초콜릿 글라사주를 자유 배합으로 제작하시오.
(6) 케이크 크기를 고려하여 조화롭게 어울리도록 초콜릿 장식을 제작하시오.
  - [장식2] 다크&화이트 스트라이프 리본 1개를 제작하시오.
  - [장식3] 플라스틱 꽃 3송이, 잎사귀 7개를 제작하시오.
  - [장식4] 싸인용 화이트 초콜릿 판에 "Congratulation"을 적어서 제작하시오.

[초콜릿 스펀지케이크 배합표]

비율(%)	재료명	중량(g)
160	달걀	800
100	설탕	500
1.2	소금	6
85	박력분	425
15	코코아	75
18	버터	90
379.2	합계	1896

| 자격종목 | 제과기능장 | 과 제 명 | ⑧ 초콜릿 무스케이크 Ⅲ |

2. 데커레이션 도면 및 요구사항

(1) 초코 스펀지 시트는 3단으로 자른 후 시럽을 바르고 초콜릿무스를 제조하시오.
(2) 모든 면을 초콜릿 글라사주로 코팅 하시오.
   (코팅 후 5 ± 0.5 cm 높이가 되게 하시오.)
(3) 옆면은 초코 마카롱을 제조하여 12개를 균일한 간격으로 장식하시오.(첨부 A)
(4) ①번 위치에 다크 화이트 스트라이프 리본 1개를 장식하시오.(첨부 B)
(5) ②번 위치에 초콜릿 플라스틱 장미꽃 3송이, 잎사귀 7개를 장식하시오.
(6) ③번 위치에 화이트 싸인판에 가나쉬로 "Congratulation"이라고 쓰시오.
(7) 케이크의 가장자리는 가나쉬를 이용하여 도안을 자유롭게 표현하시오.(선긋기)
(8) 평가용으로 샌드된 마카롱 3개를 따로 제출하시오.

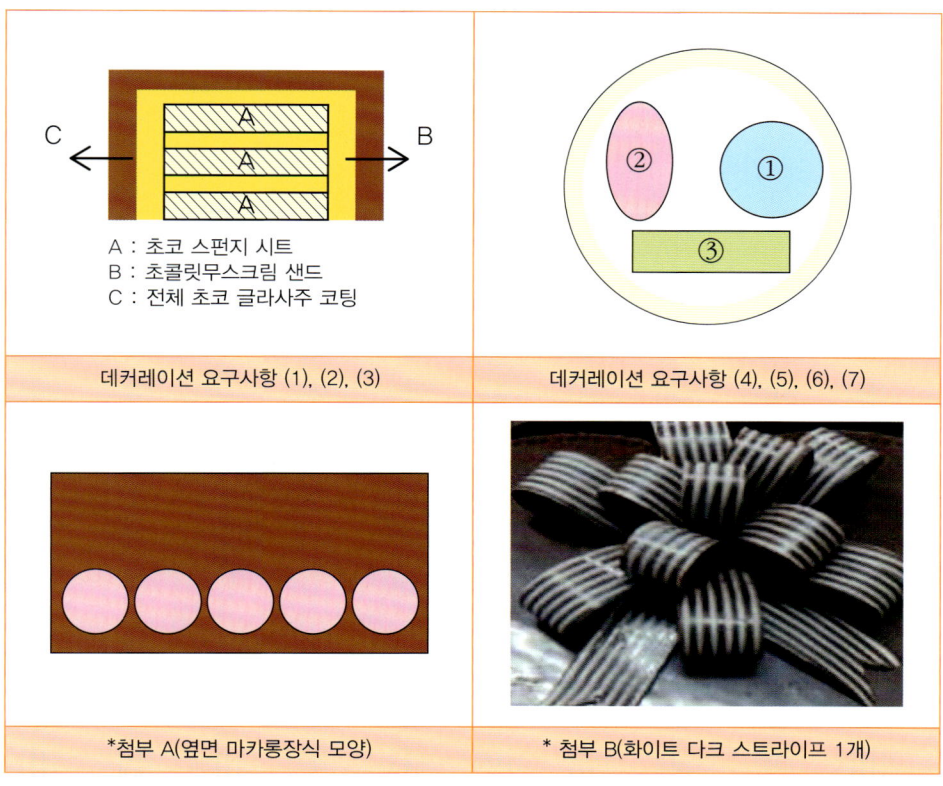

사전준비

- 마카롱 ⇨ 15개
- 초콜릿리본 ⇨ 1개
- 싸인판 ⇨ 1개
- 초콜릿 플라스틱 꽃 ⇨ 3송이
- 잎사귀 ⇨ 7개

Chapter 4. 제과기능장 실기 케이크 품목 13과제

| 자격종목 | 제과기능장 | 과 제 명 | ⑧ 초콜릿 무스케이크 Ⅲ |

 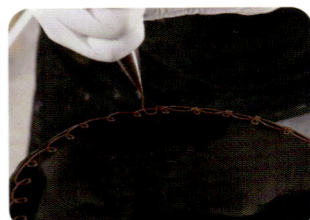  

만드는 방법

1. 초코 스펀지 시트를 3단으로 자른 후 시럽을 바르고 초콜릿무스를 제조하여 냉동시킨다.
2. 냉동된 무스케이크에 글라사주로 코팅한 다음 옆면에 마카롱 12개를 균일하게 붙인 뒤 자유롭게 도안을 한다.
3. 미리 준비한 리본을 올려놓는다.
4. 플라스틱 장미꽃, 잎사귀를 장식한 다음 초콜릿 싸인판에 "Congratulation" 쓰고 장식한다.

국가기술자격 실기시험문제

자격종목	제과기능장	과 제 명	⑨ 초콜릿 스펀지케이크 Ⅱ

1. 요구사항

※ 지급된 재료 및 시설을 사용하여 아래 작업을 완성하시오.

초콜릿 스펀지케이크(별립법)

(1) 초콜릿 스펀지케이크의 재료를 각각 계량하시오.
(2) 초콜릿 스펀지케이크 시트의 제조방법은 별립법으로 만드시오.
   - 배합표를 이용하여 초콜릿 스펀지케이크 반죽을 만들어 4호팬 2개 패닝하고, 1개는 데커레이션용으로, 나머지 1개는 평가용으로 제출하시오.
   - 반죽온도는 24℃를 기준으로 하시오.
(3) 버터크림(배합 자유)
   - 샌드용, 도안 선 긋기용, 사인용, 아이싱용으로 만드시오.
(4) [장식1] **버터꽃**(배합 자유)
   - **장미꽃** 만들기 용도로 만드시오.
(5) [장식2] 사인판
   - **사인용 화이트초콜릿 판**을 만드시오.
     단, 케이크의 크기를 고려하여 조화롭게 제작하시오.
(6) [장식3] 마지팬
   - **마지팬으로 복숭아, 체리, 오렌지를 각 1개씩** 만드시오.
(7) [장식4] **초콜릿 봉봉**(Bonbons au chocolat)
   - **10개**(12g 이내)를 제작하여 제출하시오.

[초콜릿 스펀지케이크 배합표]

비율(%)	재료명	중량(g)
320	달걀	800
200	설탕	500
2	소금	5
100	박력분	250
32	코코아	80
2	바닐라오일	5
30	버터	75
30	우유	75
716	합계	1790

| 자격종목 | 제과기능장 | 과 제 명 | ⑨ 초콜릿 스펀지케이크 Ⅱ |

2. 데커레이션 도면 및 요구사항

(1) 초콜릿 스펀지케이크 시트는 3단으로 자른 후 시럽을 바르고 버터크림으로 3단샌드를 하시오.
(2) 모든 면을 버터크림으로 아이싱 하시오.
   (버터크림 아이싱 후 높이는 7 cm(±0.5 cm)로 하시오.).
(3) 그림B 윗면 ① 위치에 버터 장미꽃 5송이, 잎사귀 11개 그리고 줄기를 조화롭게 장식하시오(장미꽃은 분홍색으로 그라데이션 하시오.).
(4) ②번 위치에 마지팬(복숭아, 체리, 오렌지)을 장식하시오.
(5) 초콜릿 판에 "HAPPY BIRTHDAY"를 쓰고 ③번 위치에 장식하시오.
(6) 케이크의 가장자리는 버터크림을 이용하여 자유로이 도안을 표현하시오(선긋기).
(7) 케이크 옆면의 바닥장식은 버터크림을 이용하여 조화롭게 자유로이 장식하시오.
(8) 완성된 케이크는 장식물 포함 14cm 이내 높이로 만드시오.

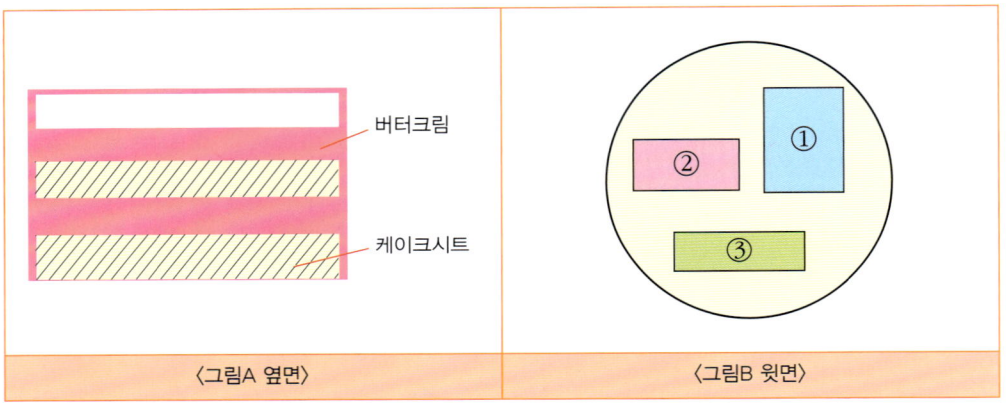

〈그림A 옆면〉   〈그림B 윗면〉

사전준비

- 마지팬 : 복숭, 체리, 오렌지 ⇨ 각 1개
- 화이트 초콜릿 싸인판("HAPPY BIRTHDAY") ⇨ 1개
- 장미꽃 (그라데이션) ⇨ 5송이
- 잎사귀 ⇨ 11개
- 줄기 ⇨ 1~2개
- 봉봉 초콜릿 ⇨ 10개

Chapter 4. 제과기능장 실기 케이크 품목 13과제

자격종목	제과기능장	과 제 명	⑨ 초콜릿 스펀지케이크 Ⅱ

만드는 방법

1. 버터크림을 만들어 시트에 시럽을 바르고 3단 샌드하여 깔끔하게 아이싱 한다.
   (버터크림 아이싱 후 높이는 7cm(±0.5cm))
2. 옆면의 바닥장식은 버터크림을 이용하여 자유로이 장식한다.
3. 케이크의 가장자리는 버터크림을 이용하여 자유로이 도안을 표현한다.
4. 장미꽃은 분홍색으로 (그라데이션)해서 5송이와 잎사귀11개, 줄기를 조화롭게 장식한다.
5. 마지팬 복숭아, 체리, 오렌지를 조화롭게 배열 장식한다.
6. 마지막으로 싸인판("HAPPY BIRTHDAY")을 올리고 마무리한다.

*완성 케이크는 14cm 이내로 한다.

국가기술자격 실기시험문제

| 자격종목 | 제과기능장 | 과 제 명 | ⑩ 커피 스펀지케이크 |

1. 요구사항

※ 지급된 재료 및 시설을 사용하여 아래 작업을 완성하시오.

커피 스펀지케이크

(1) 커피 스펀지케이크의 재료를 각각 계량하시오.
(2) 커피 스펀지케이크를 제조 방법에 따라 만드시오.
   - 배합표를 이용하여 커피스펀지케이크 반죽을 만들어 3호팬에 패닝하고, 1개는 데커레이션용으로, 나머지 1개는 평가용으로 제출하시오(단, 시험장의 팬 보유 수량에 따라 평가용 케이크의 팬은 감독위원이 별도로 지정할 수 있습니다.).
   - 반죽온도는 23℃를 기준으로 하시오.
(3) 다크커피가나슈
   - 인스턴트 커피를 넣어 코팅용으로 만드시오.
(4) 버터크림
   - 이탈리안 머랭을 이용하여 버터크림을 만드시오.
   - 인스턴트 커피를 넣어 샌드용, 아이싱용 크림을 만드시오.
(5) 초콜릿 장식물(각 4개)
   - 다크 초콜릿을 이용하여 원형(지름 4cm), 화이트 초콜릿을 이용하여 원형(지름 3cm), 밀크초콜릿을 이용하여 원형(지름 2cm)의 장식물을 붙여서 하나의 장식물로 만드시오.

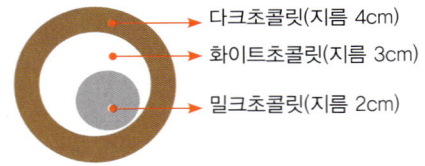
- 다크초콜릿(지름 4cm)
- 화이트초콜릿(지름 3cm)
- 밀크초콜릿(지름 2cm)

(6) 누가(Nougat)
   - 넛트류와 건과류가 들어간 누가를 만드시오(건조 크랜베리, 통아몬드, 파스타치오 사용).
   - 2개는 데커레이션용으로, 4개는 평가용으로 제출하시오.
(7) 시럽
   - 커피스펀지케이크 샌드용 시럽을 만드시오.

[커피스펀지케이크 배합표]

비율(%)	재료명	중량(g)
166.7	계란	400
100	설탕	240
100	박력분	240
33.3	버터	80
5	인스턴트 커피	12
5	물	12
410	합계	984

자격종목	제과기능장	과 제 명	⑩ 커피 스펀지케이크

2. 데커레이션 도면 및 요구사항

(1) 커피 스펀지케이크를 3단으로 자른 후 시트에 시럽을 바르고 커피크림으로 샌드 하고 아이싱하시오.

(2) 케이크 표면 1/2을 가나슈로 그림과 같이 코팅하고 케이크 밑 부분에 다크, 화이트, 밀크초콜릿으로 미리 제작한 원형(지름 4 cm)의 얇은 초콜릿장식물을 만들어 코팅면에 5개를 붙여 장식하시오.

(3) 가나슈 코팅 후, 케이크의 높이는 8cm 이하로 하시오.

(4) [장식1] 〈가〉는 커피크림으로 만든 장미꽃과 나뭇잎을 진열하시오.
 - 장미꽃 3송이, 나뭇잎 5개 만들어 넣으시오.

(5) [장식2] 〈나〉는 초콜릿으로 나비(Butterfly)를 만들어 올리시오(크기 자유).
 - 다크 초콜릿과 화이트 초콜릿을 이용하여 나비 모양 장식품 2개(2마리)를 제작하시오.

(6) [장식3] 〈다〉는 누가(Nougat)를 만들어 올리시오.
 - 원형(지름 4cm, 두께 1.5cm)로 절단면에 내용물이 보이도록 제작하시오.

(7) [장식4] 옆면에 작은 원 장식물 4개를 붙이시오.

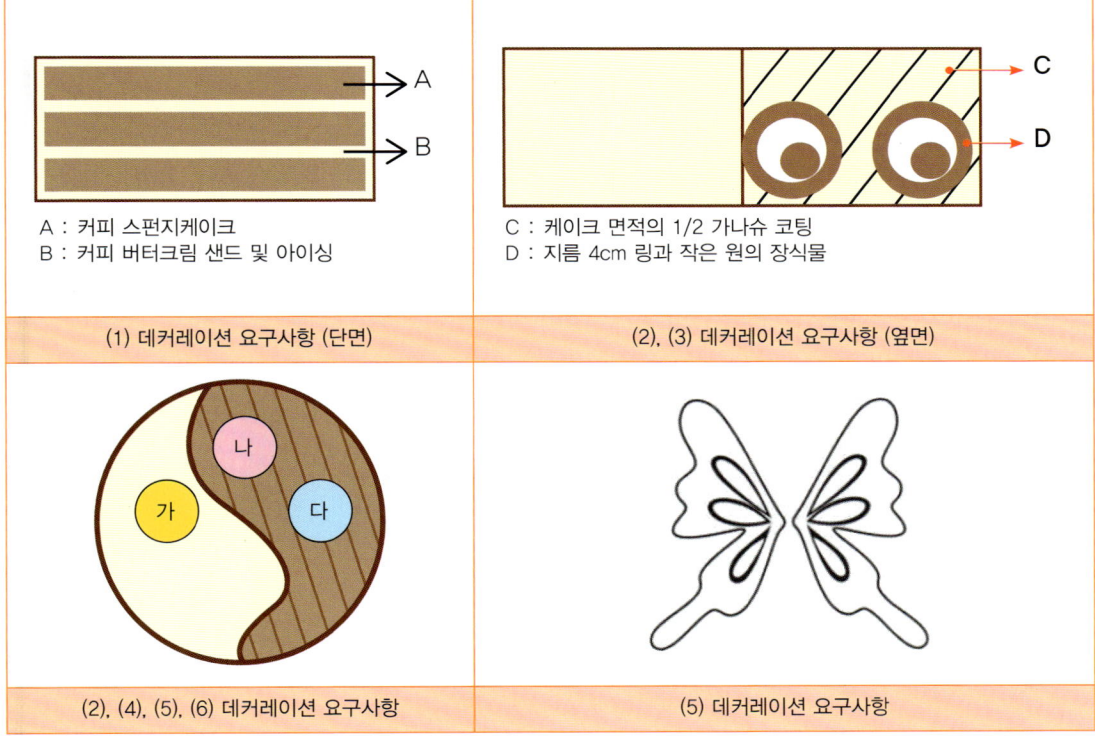

사전준비

- 누가(크랜베리, 통아몬드, 피스타치오) ⇨ 6개
- 초콜릿 장식물(4cm) 다크4cm, 화이트3cm, 밀크2cm
 ⇨ 지름 4cm 5개
- 장미꽃 ⇨ 3송이
- 나뭇잎 ⇨ 5개
- 초콜릿 나비 (中, 小) ⇨ 2개 자유

Chapter 4. 제과기능장 실기 케이크 품목 13과제

자격종목	제과기능장	과 제 명	⑩ 커피 스펀지케이크

만드는 방법

1. 커피 스펀지케이크를 3단으로 자른 후 시트에 시럽을 바르고 커피크림을 샌드하고 깔끔하게 아이싱 한다.
2. 케이크 표면 1/2을 무스필름을 이용하여 가나슈로 코팅한다.
3. 옆면 가나슈 코팅면에 초콜릿 장식물(4cm) 5개를 붙인다.
4. 커피크림을 이용하여 장미꽃 3송이와 잎사귀 5개로 장식한다.
5. 미리 준비한 누가와 초콜릿으로 만든 나비로 조화롭게 장식한다.

국가기술자격 실기시험문제

자격종목	제과기능장	과제명	⑪ 화이트 초콜릿케이크

1. 요구사항

※ 지급된 재료 및 시설을 사용하여 아래 작업을 완성하시오.

화이트 초콜릿케이크

(1) 재료를 계량하시오.
(2) 4호 팬 2개 제조하고 1개는 평가용으로 제출하시오.
  - 반죽은 공립법으로 제조하시오(반죽온도는 24℃를 기준으로 하시오.).
(3) 버터크림
  - 샌드용, 아이싱용, 장식용 천사, 장미꽃, 잎사귀, 줄기에 사용할 크림을 만드시오.
(4) 마지팬
  - 소 1마리, 농부 1명을 전체적으로 조화롭게 만드시오.
(5) 초콜릿
  - 초콜릿을 활용하여 **수레**를 만드시오.
    - 수레 사이즈: 가로8 cm, 세로6 cm, 높이6 cm(바퀴 포함), 수레손잡이: 길이 5 cm
    - 수레 제조 시 "자, 칼, 원형틀(상용틀, 수레바퀴 제작용)"을 사용하여 "잘라서 제작하는 방법"으로 작업하여야 하며, 출제의도 및 수험자간 형평성을 위하여 "빨대를 비롯한 파이프 형태의 몰드(특수 제작된 몰드 또는 틀)"는 사용을 금합니다.
  - 초콜릿을 활용하여 **사인판**을 만드시오. (사인판 사이즈: 가로 10 cm, 세로 3 cm)
(6) 코팅용
  - 화이트초콜릿 + 식용유를 이용하여 코팅용 화이트초콜릿을 만드시오.

[화이트 초콜릿케이크 배합표]

비율(%)	재료명	중량(g)
100	박력분	450
100	설탕	450
200	달걀	900
1	소금	4.5(4)
25	버터	112
426	합계	1916.5(1916)

*저울 사용 시 괄호( )의 중량으로 계량

2. 데커레이션 도면 및 요구사항

(1) 화이트케이크 시트는 3단으로 자른 후 시럽을 바르고 화이트버터크림으로 3단 샌드하시오.
(2) 모든 면을 화이트버터크림으로 아이싱 한 후, 화이트초콜릿으로 코팅하시오.
  (코팅 후 **6 ± 0.5cm** 높이가 되게 하시오.)

Chapter 4. 제과기능장 실기 케이크 품목 13과제

| 자격종목 | 제과기능장 | 과 제 명 | ⑪ 화이트 초콜릿케이크 |

(3) [장식1] 케이크 옆면에 화이트버터크림을 이용(색소사용 가능)하여 천사의 모습을 균일한 간격으로 자연스럽게 6개를 완성하시오.

(4) [장식 2] ①번 위치에 버터크림을 이용한 투톤(two-tone) 장미꽃 5송이, 잎사귀 10개, 줄기 3개를 짜시오.

(5) [장식3-1] ②번 위치에 다크초콜릿으로 만든 수레(참조 A)를 올리시오.

(6) [장식3-2] ③번 위치에 마지팬으로 만든 소와 농부를 만들어 장식하시오. (소, 농부, 수레가 어우러지게 하시오.).

(7) [장식4] ④번 위치에 다크초콜릿을 이용하여 글씨판을 가로 10cm, 세로 3cm로 만들고, 화이트버터크림으로 "농부의 아침"이라고 쓰시오.

(8) 케이크의 가장자리는 다크초콜릿과 버터크림을 이용하여 초콜릿크림을 만들어 자유로이 도안을 표현하시오(선긋기).

(9) 완성된 케이크는 높이 **장식물 포함 15cm 이내**로 만드시오.

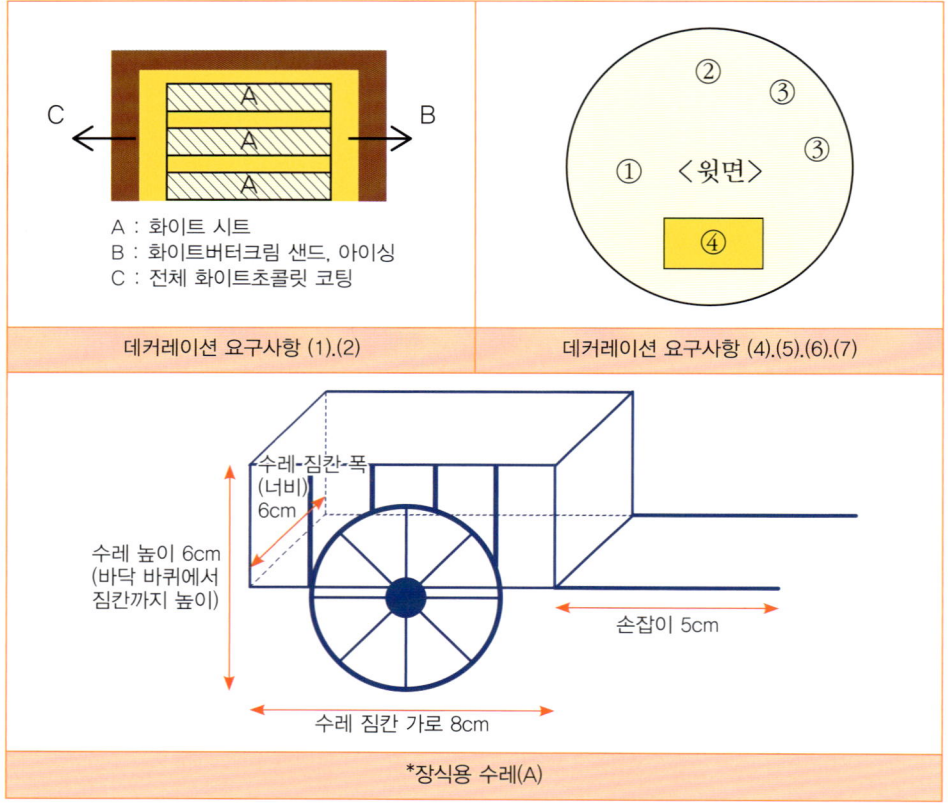

사전준비

- 스펀지시트(공립법) : 2개
- 시럽 준비
- 화이트버터크림(샌드용, 아이싱, 천사, 장미꽃, 잎사귀, 줄기)
- 마지팬 : 소개, 농부1명
- 초콜릿 수레 : (가로 8cm, 세로 6cm, 높이 6cm(바퀴 포함), 수레손잡이 5cm)
- 초코 사인판 : 가로 10cm, 세로 3cm("농부의 아침") 화이트버터크림 이용
- 톤 장미꽃 : 장미꽃 5송이, 잎사귀 10개, 줄기 3개

Chapter 4. 제과기능장 실기 케이크 품목 13과제

자격종목	제과기능장	과 제 명	⑪ 화이트 초콜릿케이크

만드는 방법

1. 화이트 스펀지시트를 3단으로 자른 후 시럽을 바르고 버터크림으로 3단 샌드 한다.
2. 화이트 버터크림으로 아이싱 한 후 화이트초콜릿으로 코팅한다.
3. 케이크 옆면에 천사의 모습을 균일한 간격으로 짜준다.
4. 케이크 가장자리에 초코크림을 이용해 자유로이 도안을 한다.
5. 케이크 윗면에 투톤 장미꽃5송이를 짠 다음 잎사귀 10개, 줄기 3개를 짜준다.
6. 미리 준비한 수레, 소, 농부를 조화롭게 장식한다.
7. 농부에 아침 사인판을 장식하고 마무리 한다.

국가기술자격 실기시험문제

자격종목	제과기능장	과 제 명	⑫ 오페라케이크

1. 요구사항

※ 지급된 재료 및 시설을 사용하여 아래 작업을 완성하시오.

오페라 케이크

(1) 조콩드의 재료를 계량하시오.
(2) 조콩드 3장을 제조하시오.
  - 조콩드는 전통적인 방법으로 제조하시오.
  - 반죽 온도는 23℃를 기준으로 하시오.
  - 조콩드를 재단하여 6장으로 21×21 cm 크기(버터크림 샌드)의 오페라 케이크로 제조하시오.
  - 재단하고 남은 케이크는 평가용으로 제출하시오.
(3) 초콜릿 글라사쥬
  - 코팅용으로 제조하여 사용하시오 (동물성 생크림, 설탕, 코코아, 초콜릿, 젤라틴 등 이용)
(4) 마지팬
  - 마지팬으로 호랑이, 다람쥐, 말 3가지를 1개씩 만드시오.
(5) 머랭
  - 머랭을 이용하여 장미꽃 3송이, 장미잎 10장을 만드시오.
(6) 초콜릿
  - 데커레이션 장식용으로 초콜릿 리본을 만드시오.

[조콩드 배합표]

비율(%)	재료명	중량(g)
69	아몬드가루	552
31	박력분	248
27.5	계란	220
34.5	노른자	276
17	설탕A	136
10	버터	80
69	흰자	552
17	설탕B	136
275	합계	2,200

Chapter 4. 제과기능장 실기 케이크 품목 13과제

자격종목	제과기능장	과 제 명	⑫ 오페라케이크

2. 데커레이션 도면 및 요구사항

(1) 오페라 케이크를 샌드하여 높이 6 ± 0.5 cm(전체높이 12 cm 이내)로 만드시오.
(2) 시트에 시럽을 바르고 버터크림으로 샌드하고, 아이싱은 윗면만 하시오.
(3) A면에 초콜릿 글라사쥬로 코팅하시오.
(4) B면 단면이 보이도록 커트(cut)하시오.
(5) [장식1] 마지팬으로 만든 호랑이, 다람쥐, 말을 30g 미만으로 만들어 각각 1개씩 별도로 제출하시오.

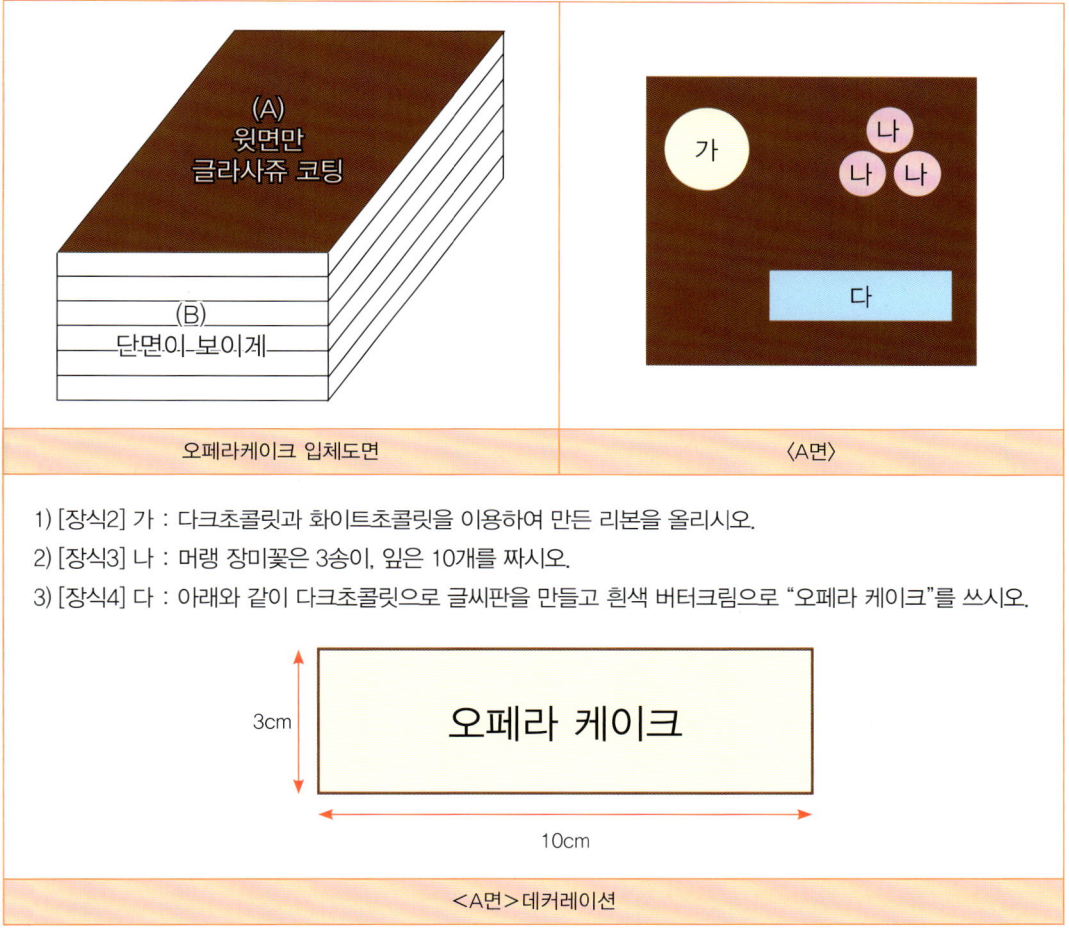

1) [장식2] 가 : 다크초콜릿과 화이트초콜릿을 이용하여 만든 리본을 올리시오.
2) [장식3] 나 : 머랭 장미꽃은 3송이, 잎은 10개를 짜시오.
3) [장식4] 다 : 아래와 같이 다크초콜릿으로 글씨판을 만들고 흰색 버터크림으로 "오페라 케이크"를 쓰시오.

사전준비

- 조콩드 : 3장
- 초콜릿리본 : 1개
- 머랭 장미꽃 ➪ 3개
- 장미잎 ➪ 10개
- 마지팬 호랑이, 다람쥐, 말(30g) ➪ 각 1개씩
- 싸인판 (오페라케이크) ➪ 1개

Chapter 4. 제과기능장 실기 케이크 품목 13과제

자격종목	제과기능장	과 제 명	⑫ 오페라케이크

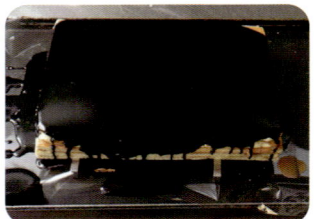   

만드는 방법

1. 조콩드를 재단하여 6장에 시럽을 바르고 버터크림을 샌드하고, 냉장 보관한다.
   (높이6± 0.5cm) (전체높이 12cm이내)
2. 냉장고에 꺼내어 버터크림을 바른 후 미리 준비한 초콜릿 글라사주로 코팅한다.
3. 오페라케이크를 21x21cm 크기로 재단한다.
4. 미리 준비한 초콜릿리본을 올린 후 머랭 장미꽃을 짜서 올린 후 장미잎을 조화롭게 짜준다.
5. 오페라케이크 싸인판을 올린다.
6. 마지팬 제출용과 함께 제출한다.

국가기술자격 실기시험문제

자격종목	제과기능장	과 제 명	⑬ 초콜릿케이크 Ⅱ

1. 요구사항

※ 지급된 재료 및 시설을 사용하여 아래 작업을 완성하시오.

초콜릿케이크

(1) 초콜릿케이크의 재료를 각각 계량하여 사용하시오.
(2) 초콜릿케이크를 제조 방법에 따라 만드시오.
  - 배합표를 이용하여 초콜릿케이크 반죽을 만들어 4호팬에 패닝하고, 1개는 데커레이션용으로, 나머지 1개는 평가용으로 제출하시오.
  - 반죽온도는 24℃를 기준으로 하시오.
(3) 초콜릿버터크림
  - 샌드용, 아이싱용으로 만드시오.
(4) 가나쉬
  - 코팅용, 도안 선긋기 용, 장미꽃 만들기 용도로 만드시오.
(5) 마지팬
  - 마지팬으로 원숭이, 강아지, 말 3가지를 1개씩 만드시오.
(6) 초콜릿
  - 사인판 1개("사랑합니다")와 장식용으로 부채모양 장식 8개, 연꽃(가로 12 cm 높이 8cm ±1cm 정도) 1개를 만드시오.

[초콜릿케이크 배합표]

비율(%)	재료명	중량(g)
160	달걀	800
100	설탕	500
1.2	소금	6
85	박력분	425
15	코코아	75
0.8	바닐라향	4
18	버터	90
380	합계	1,900

Chapter 4. 제과기능장 실기 케이크 품목 13과제

자격종목	제과기능장	과 제 명	⑬ 초콜릿케이크 Ⅱ

2. 데커레이션 도면 및 요구사항

(1) 초콜릿케이크 시트는 3단으로 자른 후 시럽을 바르고 초콜릿버터크림으로 3단 샌드하시오.

(2) 모든 면을 초콜릿버터크림으로 아이싱 한 후, 가나쉬 코팅하시오.
 (코팅 후 **6 ± 0.5 cm 높이**가 되게 하시오.)

(3) [장식1-1] 옆면은 부채모양(***첨부A 참조**) 초콜릿을 만들어 8개를 균일한 간격으로 장식하시오.

(4) [장식2] ①번 위치에 초콜릿가나쉬 장미꽃 5송이, 잎사귀 7개, 줄기 2개를 짜시오.

(5) [장식3] ②번 위치에 화이트초콜릿으로 만든 연꽃(***첨부 B참조**) 1개를 장식하시오.

(6) [장식4] ③번 위치에 마지팬으로 만든 원숭이, 강아지, 말을 만들어 장식하시오.

(7) [장식1-2] ④번 위치에 다크초콜릿을 이용하여 글씨판을 가로 10 cm, 세로 3 cm로 만들고, 화이트버터크림으로 "사랑합니다"라고 쓰시오.

(8) 케이크의 가장자리는 가나쉬를 이용하여 도안(❀❀)을 표현하시오(선긋기).

(9) 완성된 케이크는 높이 **장식물 포함 15 cm** 이내로 만드시오.

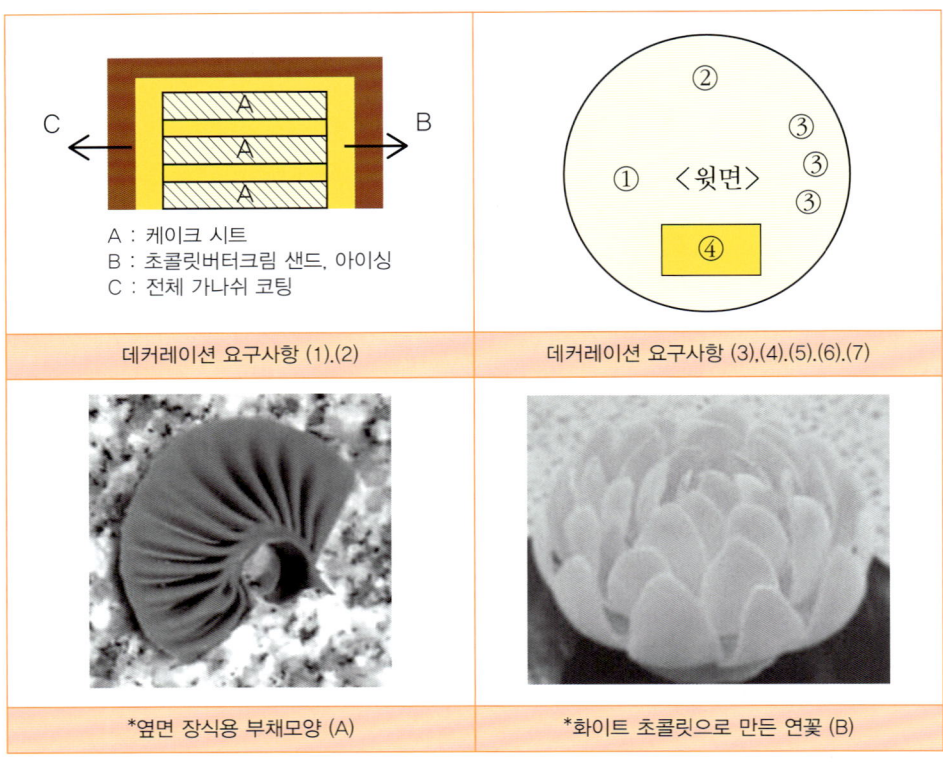

데커레이션 요구사항 (1),(2)	데커레이션 요구사항 (3),(4),(5),(6),(7)
A : 케이크 시트 B : 초콜릿버터크림 샌드, 아이싱 C : 전체 가나쉬 코팅	
*옆면 장식용 부채모양 (A)	*화이트 초콜릿으로 만든 연꽃 (B)

사전준비

- 초콜릿버터크림
- 마지팬 원숭이, 말, 강아지(30g) ⇨ 각 1
- 초콜릿 사인판 10 x 3cm(사랑합니다) ⇨ 1
- 가나쉬 코팅용, 도안, 장미꽃용 ⇨ 준비
- 초콜릿 부채 ⇨ 8개
- 연꽃12x8cm ± 1cm ⇨ 1
- 가나쉬꽃 ⇨ 5
- 잎사귀 ⇨ 7개, 줄기 ⇨ 2개

Chapter 4. 제과기능장 실기 케이크 품목 13과제

| 자격종목 | 제과기능장 | 과 제 명 | ⑬ 초콜릿케이크 Ⅱ |

만드는 방법

1. 초콜릿 시트를 3단으로 자른 후 시럽을 바르고 초콜릿버터크림으로 3단 샌드한다.
2. 초콜릿 버터크림으로 아이싱한 후 가나쉬 크림을 만들어 코팅 한다.
3. 옆면에 초콜릿 부채 8개를 균일하게 장식한다.
4. 케이크 가장자리에 지정된 모양으로 도안을 한다.
5. 준비된 연꽃을 올린뒤 가나쉬꽃, 잎사귀, 줄기를 짜준다.
6. 만들어놓은 마지팬 원숭이, 강아지, 말을 조화롭게 장식한다.
7. 화이트버터크림을 이용하여 "사랑합니다"를 쓰고 장식한다.

Chapter 5
제과기능장 실기 제빵 품목 13과제

1. 통밀 바게트 / 2. 통밀 베이글 Ⅰ
3. 프랑스빵 / 4. 데니시 페이스트리
5. 뺑블랑 / 6. 통밀 베이글 Ⅱ / 7. 탕종 식빵
8. 오토리즈 바게트 / 9. 프랑스 빵(에피, 푸가스)
10. 푸가스 / 11. 좁프
12. 치아바타 / 13. 브레첼

🌾 이 장의 특징

"최신" 제과기능장 실기 제빵 품목 13과제와
만드는 과정을 이해하기 쉽게 상세하게 수록했습니다.

Chapter 5. 제과기능장 실기 제빵 13품목

1. 통밀 바게뜨

● **사전준비**

오토리스 반죽 :

강력분 700g, 통밀가루 300g, 물 600g

본반죽 :

오토리스 반죽 전량, 드라이이스트(레드) 10g, 물 60g, 액상 몰트 10g, 소금 18g

● **요구사항**

※ 지급된 재료 및 시설을 사용하여 아래 작업을 완성하시오.

(1) 통밀 바게트의 재료를 계량하시오.
(2) 배합표를 이용하여 만들고 완제품을 제출하시오.
(3) 반죽은 스트레이트법을 변형한 오토리즈(autolyse)법으로 만들고 반죽온도는 24℃를 표준으로 하시오.
(4) 분할은 235g, 완제품의 모양은 양쪽 끝을 뾰족하게 하고 길이는 30cm로 하시오.
(5) 굽기 전 반죽의 칼집은 3번을 내시오.
(6) 통밀 바게트는 시험시작 후 5시간내 제출하시오.

	재료명	비율(%)	중량(g)
오토리스 반죽	강력분	70	700
	통밀가루	30	300
	물	60	600
본 반죽	오토리스 반죽	전 량	
	드라이이스트 (레드)	1	10
	물	6	60
	액상 몰트	1	10
	소금	1.8	18
	합계	169.8	1,698

Chapter 5. 제과기능장 실기 제빵 13품목

믹싱볼에 강력분과 통밀가루, 물을 넣고 가볍게 혼합한다.(2~3분)

반죽 통에 올리브오일을 바른 후 반죽을 넣고 45분 정도 휴지 시킨다.

완성된 오토리즈에 이스트, 물, 몰트, 소금을 넣고 최종단계까지 반죽한다.

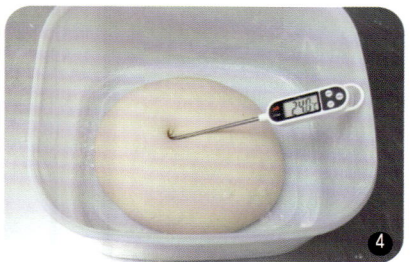

반죽 통에 올리브오일을 가볍게 바르고 반죽을 평평하게 편 다음 50~60분 1차 발효 시킨다. (반죽온도 24℃)

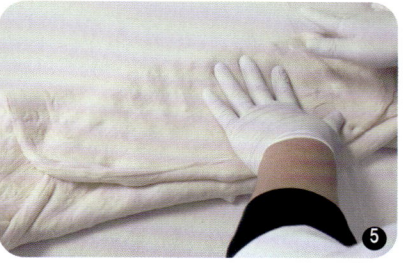

반죽을 사각으로 펼친 다음 3겹 접기를 가볍게 해 준 다음, 20~30분 더 발효를 해준다.

발효된 반죽을 236g씩 (7개) 분할한다.

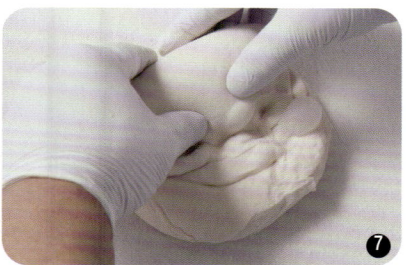

분할한 다음 말아 접듯이 살짝 둥글리기 하여 중간발효 시킨다.

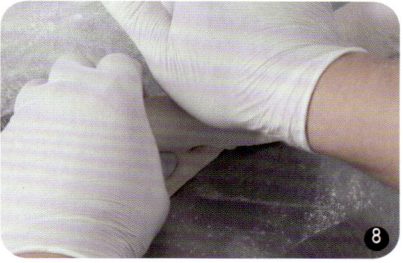

3번 접기를 한다.

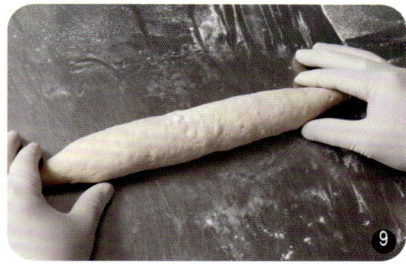

3번 접기를 한 다음 30cm 크기로 끝은 뾰족하고 가운데가 볼록하도록 성형한다.

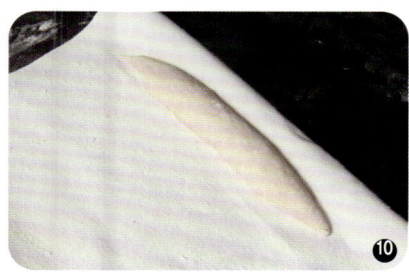

광목에 올려놓고 천을 덮어서 2차 발효를 충분히 한다.

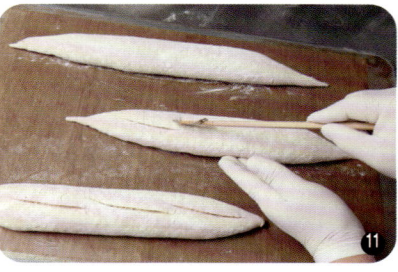

발효가 끝난 바게트에 세 번 쿠프를 3개 넣는다.

230/200℃로 스팀을 주고 18~20분 정도 굽는다.

2. 통밀 베이글 I

● **사전준비**

강력분 800g, 통밀가루 200g,
제빵개량제 5g, 생이스트 30g,
식용류 40g, 소금 18g, 설탕 60g,
물 580g

● **요구사항**

※ 지급된 재료 및 시설을 사용하여 아래 작업을 완성하시오.

(1) 통밀 베이글의 재료를 계량하여 사용하시오.
(2) 반죽은 스트레이트법으로 만들고 반죽온도는 26℃를 표준으로 하시오.
(3) 분할은 120g, 성형은 베이글 모양으로 성형하시오.
(4) 배합표를 이용하여 만들고 완제품 <u>14개</u>를 제출하시오.
(5) 통밀 베이글은 시험시작 후 5시간내 제출하시오.

재료명	비율(%)	중량(g)
강력분	80	800
통밀가루	20	200
제빵개량제	0.5	5
생이스트	3	30
식용유	4	40
소금	1.8	18
설탕	6	60
물	58	580
합계	173.3	1,733

Chapter 5. 제과기능장 실기 제빵 13품목

스트레이트 법으로 식용유를 제외한 모든 재료를 넣고 믹싱 한다.

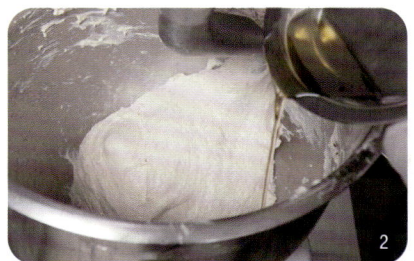
클린업단계에 식용유를 넣는다.

최종단계까지 반죽한다.

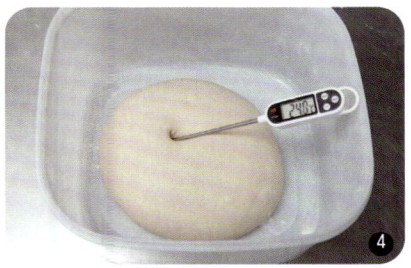
완료된 반죽을 사각 통에 담아 실온에서 40~50분 발효한다.(반죽온도 26℃)

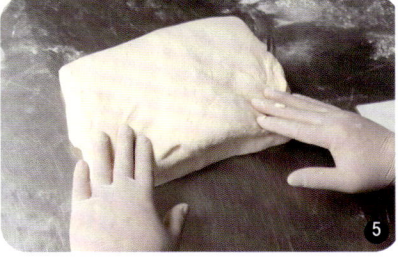
가볍게 폴딩 한 후 20~30분간 더 발효 한다.

120g 분할을 하고 둥글리기 해서 비닐로 덮고 중간발효 한다. (약 10~15분)

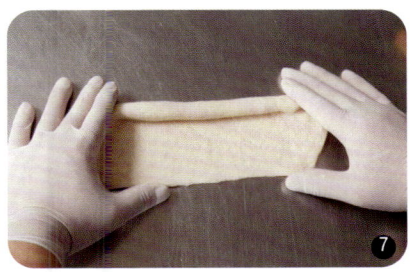
밀대로 밀어 편 다음, 두께가 일정하게 말아 준다.

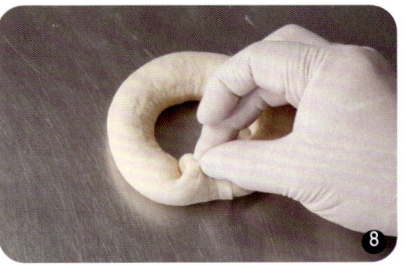
끝부분에 물을 묻혀 봉합한다.

밑면에 종이를 깔고 일정하게 팬닝한 다음 발효시킨다.

95℃ 정도로 앞부분을 15초간 데친 뒤 종이를 떼고 뒷부분도 데친다.

베이글 밑 부분에 물기를 제거하고 철판에 팬닝 한다.

230/180도 오븐에서 약 20분 굽는다.

145

3. 프랑스빵

● 사전준비

강력분(폴리쉬) 300g,
인스턴트 이스트 6g, 물 300g,
몰트(분말) 3g, 강력분 500g,
박력분 200g, 인스턴트 이스트 14g,
소금 20g, 물 400(조절)

● 요구사항

※ 지급된 재료 및 시설을 사용하여 아래 작업을 완성하시오.

(1) 프랑스빵의 재료를 계량하여 사용하시오.
(2) 반죽은 폴리쉬 법으로 만들고 반죽온도는 26℃를 표준으로 하시오.
(3) 분할은 전통바게트 3개(생지350g, 칼집 5개), 프티타바티에르 3개(생지 150g), 샹피뇽 2개(생지 80g)로 하고 각각 고유의 모양으로 성형하시오.
(4) 굽기를 할 때 오븐스팀은 사용할 수 없고 스프레이는 사용할 수 있다.
(5) 다음 배합표를 이용하여 만들고 완제품 모두를 제출하시오.
(6) 프랑스빵은 시험시작 후 5시간 내 제출하시오.

재료명	비율(%)	중량(g)
강력분(폴리쉬)	30	300
인스턴트 이스트	0.6	6
물	30	300
몰트(분말)	0.3	3
강력분	50	500
박력분	20	200
인스턴트 이스트	1.4	14
소금	2	20
물	40	400(조절)
합계	174.3	1,743

Chapter 5. 제과기능장 실기 제빵 13품목

물, 액상 몰트에 이스트를 풀어준 후 밀가루를 매끄럽게 섞어서 폴리시를 완성한다.

실온에서 30분 발효 후 냉장에서 충분히 발효 시킨다.

폴리시 반죽과 본 반죽을 믹싱볼에 넣고 발전단계까지 반죽한다.

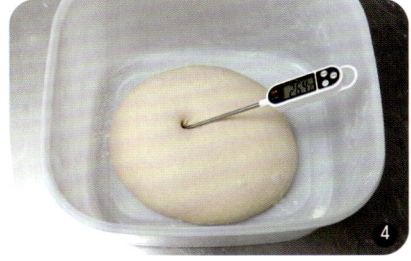
사각 통에 반죽을 담아 45분 정도 1차 발효한다.
(반죽온도 26℃)

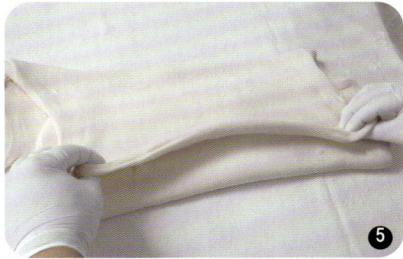
반죽을 작업대에 펼쳐 접기를 해준다.

바게트 350g×3개, 프티타바티에르150g×3개, 샹피뇽 80g×2개를 분할한다.

광목에서 간격을 두고 중간 발효를 충분히 한다.

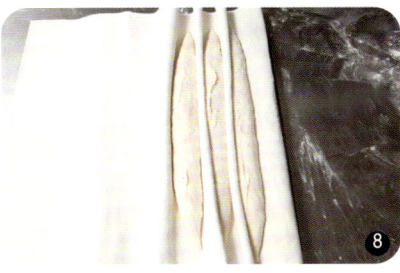
광목에 주름을 잡아 올린 뒤 실온에서 중간 발효 한다.

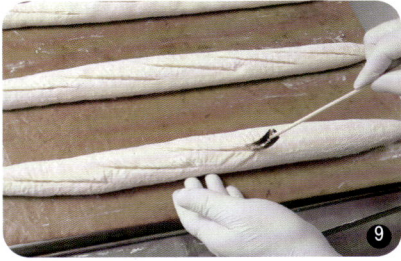
60~65cm의 바게트에 쿠프를 5개 넣는다.

2차 발효가 끝난 샹피뇽에 손가락을 직각으로 해서 밑바닥 까지 구멍을 내준다.

타바티에르 위에 나뭇잎 모양으로 쿠프를 한다.

250/220 오븐에서 스팀을 넣고 굽는다.

4. 데니시 페이스트리

● **사전준비**

중력분 1000g, 설탕 100g, 소금 20g,
탈지분유 20g, 생이스트 30g,
제빵개량제 3g, 몰트(액상) 10g,
물 580g, 롤인용 마가린 400g

● **요구사항**

※ 지급된 재료 및 시설을 사용하여 아래 작업을 완성하시오.

(1) 데니시 페이스트리의 재료를 계량하여 사용하시오.
(2) 배합표를 이용하여 만들고 완제품을 제출하시오.
(3) 반죽은 스트레이트법으로 만들고 반죽온도는 27℃를 표준으로 하시오.
(4) 요구사항 외의 제조방법(밀어펴기와 접기의 횟수 등)은 수험자가 조절하여 작업하시오.
(5) 성형은 크로와상(Croissants) 20개(반죽분할중량 50±5g), 건포도롤(Pain auxraisins) 20개를 일정한 크기와 무게로 만드시오. (커스타드크림은 믹스를 사용하고, 건포도는 전처리하여 사용하시오.)
(6) 모든 작품은 전량 구어 원형 그대로 제출하시오.
(7) 데니시 페이스트리는 시험시작 후 5시간내 제출하시오.

재료명	비율(%)	중량(g)
중력분	100	1000
설탕	10	100
소금	2	20
탈지분유	2	20
생이스트	3	30
제빵개량제	0.3	3
몰트(액상)	1	10
물	58	580
합계	176.3	1763
롤인용 마가린	40	400

Chapter 5. 제과기능장 실기 제빵 13품목

버터를 제외한 전 재료를 넣고 저속2분, 중속4 정도 믹싱 한다.

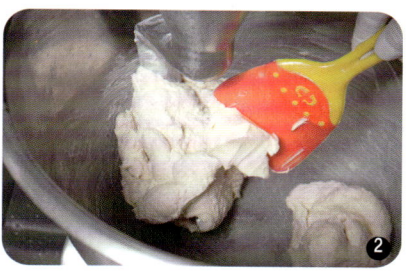

클린업단계에 버터를 넣고 발전 단계까지 믹싱 한다.

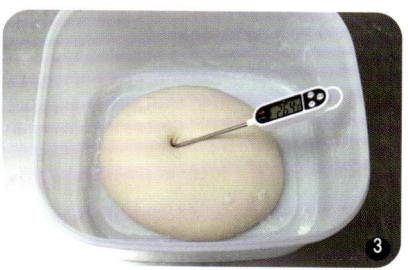

반죽을 둥글린 후 눌러 펴서 두께를 얇게 하여 반죽이 마르지 않도록 비닐에 싸서 냉장고에서 30분간 휴지 시킨다. (반죽온도27℃)

반죽을 충전용 유지에 맞게 반죽을 상하 좌우로 모서리가 직각인 정사각형으로 밀어 펴서 그 위에 유지를 놓고 감싼 후 이음매를 봉한다.

밀어 펴기를 한 후 3겹 접기를 하고 20~30분간 냉장휴지 시킨다. (3×3회 반복한다.)

반죽 두께 4mm로 밀어 편 후 밑변이 10cm×높이 20cm인 이등변 삼각형으로 자른다.

밑변에서 꽂지 점으로 말아 감는다.

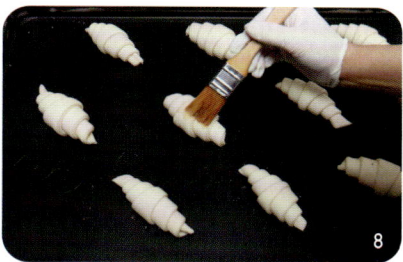

발효가 된 크로와상에 계란 물을 바른다.

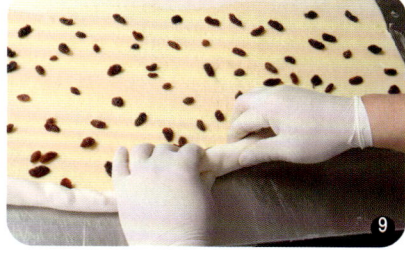

밀어편 반죽에 카스터드 크림을 바른 후 전처리된 건포도를 고루 펼친다.

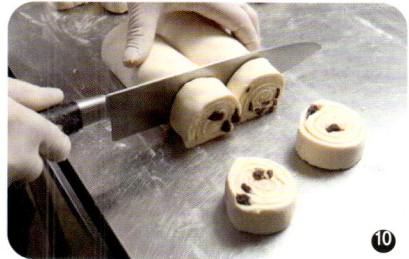

3~4.5cm 정도로 재단한다.

발효가 된 건포도 롤에 계란 물을 바른다.

220/180 오븐에서 굽는다.

149

5. 뺑블랑

● **사전준비**

풀리쉬 :
강력분 300g, 유산균발효액 100g,
물 300g, 생이스트 30g

본반죽 :
강력분 700g, 소금 18g, 맥아엑기스 10g,
물 370g

● **요구사항**

※ 지급된 재료 및 시설을 사용하여 아래 작업을 완성하시오.

(1) 풀리쉬(Poolish)의 재료를 계량하여 사용하시오.
(2) 반죽온도는 25℃를 표준으로 하시오.
(3) 바게트 3개(반죽 340g, 칼집 5개), 프티타바티에르 3개(반죽 150g), 샹피뇽 2개(반죽 80g)를 고유의 모양으로 성형하시오.
(4) 굽기 시 스프레이 또는 얼음을 사용하시오.
(5) 다음 배합표를 이용하여 만들고 완제품 모두를 제출하시오.

구분	비율(%)	재료명	중량(g)
풀리쉬	30	강력분	300
	10	유산균발효액	100
	100	물	300
	3	생이스트	30

구분	비율(%)	재료명	중량(g)
본반죽	70	강력분	700
	1.8	소금	18
	1	맥아엑기스	10
	67	물	370
합계	182.8	합계	1,828

Chapter 5. 제과기능장 실기 제빵 13품목

물에 이스트를 풀어준 후 밀가루를 매끄럽게 섞어서 폴리시를 완성한다.

실온에서 30분 발효 후 냉장에서 충분히 발효시킨다.

폴리시 반죽과 본반죽을 믹싱볼에 넣고 반죽한다.

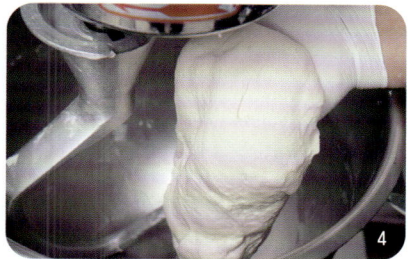

발전단계까지 반죽한다.

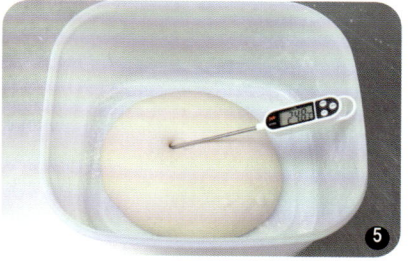

사각 통에 반죽을 담아 45분 정도 1차 발효한다.
(반죽온도 25℃)

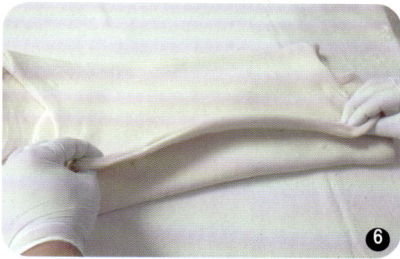

반죽을 작업대에 펼쳐 접기를 해준다.

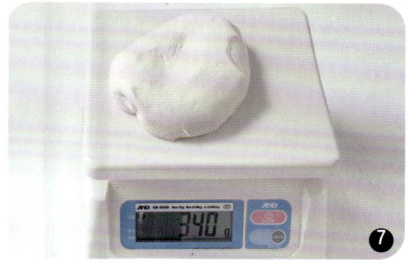

바게트 340g × 3개, 프티타바티에르 150g × 3개, 샹피뇽 80g × 2개를 분할한다.

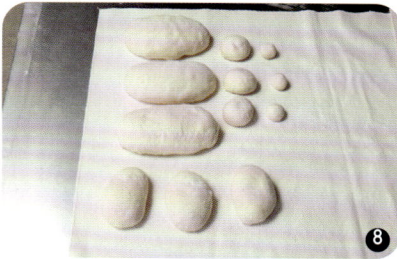

광목에서 간격을 두고 중간 발효를 한다.

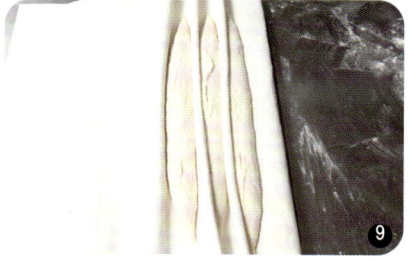

광목에 올린 뒤 실온에서 중간 발효한다.

2차 발효가 끝난 샹피뇽에 손가락을 직각으로 해서 밑바닥 까지 구멍을 내준다.

타바티에르 위에 나뭇잎 모양으로 쿠프를 한다.

250/220 오븐에서 스팀을 넣고 굽는다.

6. 통밀 베이글 II

● **사전준비**

강력분 400g, 통밀가루 600g,
제빵개량제 5(6)g, 생이스트 30g,
식용유 30g, 소금 15(14)g, 설탕 60g,
맥아엑기스 20g, 물 550g

● **요구사항**

※ 지급된 재료 및 시설을 사용하여 아래 작업을 완성하시오.

(1) 통밀 베이글의 재료를 계량하여 사용하시오.
(2) 반죽은 스트레이트법으로 만들고 반죽온도는 26℃를 표준으로 하시오.
(3) 분할은 120g, 성형은 베이글 모양으로 성형하시오.
(4) 배합표를 이용하여 만들고 완제품 14개를 제출하시오.

비율(%)	재료명	중량(g)
40	강력분	400
60	통밀가루	600
0.5	제빵개량제	5(6)
3	생이스트	30
3	식용유	30
1.5	소금	15(14)
6	설탕	60
2	맥아엑기스	20
55	물	550
171	합계	1,710

Chapter 5. 제과기능장 실기 제빵 13품목

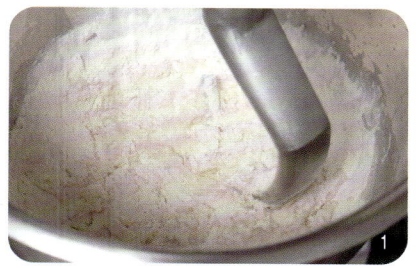
스트레이트 법으로 식용유를 제외한 모든 재료를 넣고 믹싱 한다.

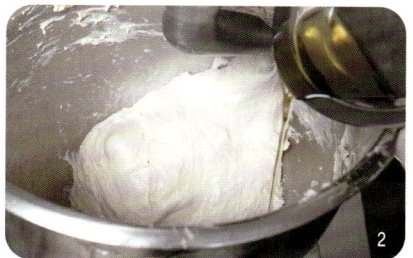
클린업단계에 식용유를 넣는다.

최종단계까지 반죽한다.

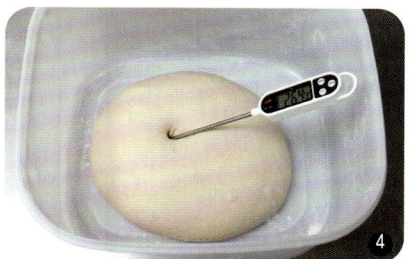
완료된 반죽을 사각 통에 담아 실온에서 40~50분 발효한다. (반죽온도 26℃)

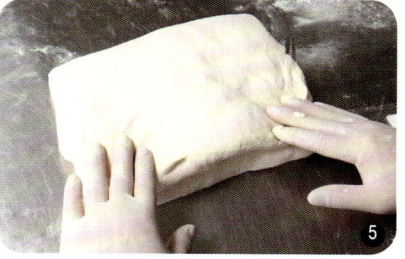
가볍게 폴딩 한 후 20~30분간 더 발효 한다.

120g 분할을 하고 둥글리기 해서 비닐로 덮고 중간발효 한다. (약 10~15분)

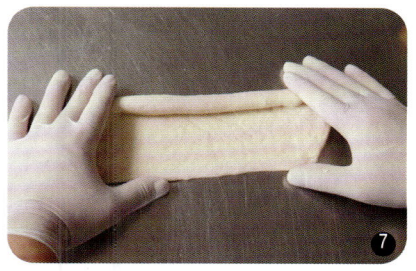
밀대로 밀어편 다음 두께가 일정하게 말아 준다.

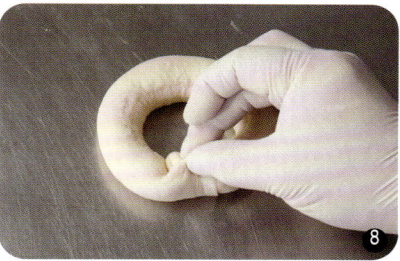
끝부분에 물을 묻혀 봉합한다.

밑면에 종이를 깔고 일정하게 팬닝한 다음 발효시킨다.

95℃ 정도로 앞부분을 15초간 데친 뒤 종이를 떼고 뒷부분도 데친다.

베이글 밑 부분에 물기를 제거하고 철판에 팬닝 한다.

230/180도 오븐에서 약 20분 굽는다.

153

7. 탕종 식빵

● **사전준비**

탕종 :
강력분 90g, 유산균발효액 90g, 물 450g

본반죽 :
강력분 910g, 설탕 70g, 소금 18g,
탈지분유 18g, 버터 70g, 생이스트 30g,
탕종 전량, 물 470g

● **요구사항**

※ 지급된 재료 및 시설을 사용하여 아래 작업을 완성하시오.

(1) 탕종 재료를 계량하시오.
(2) 탕종을 만들고 <u>시험 종료 전까지 식빵을 제출하시오.</u>
(3) 반죽온도는 27℃를 표준으로 하시오.
(4) 분할은 200g × 3개로 하고 식빵팬에 산형모양으로 성형하시오.
(5) 다음 배합표를 이용하여 만들고 완제품 모두를 제출하시오.

구분	비율(%)	재료명	중량(g)
탕종	9	강력분	90
	9	유산균발효액	90
	45	물	450

구분	비율(%)	재료명	중량(g)
본반죽	91	강력분	910
	7	설탕	70
	1.8	소금	18
	1.8	탈지분유	18
	7	버터	70
	3	생이스트	30
	전량	탕종	전량
	47	물	470
합계	221.6	합계	2,216

Chapter 5. 제과기능장 실기 제빵 13품목

먼저 물과 밀가루를 섞어 풀어준 후 직불에서 호화시킨다.

완성된 탕종을 냉장고에서 식힌 뒤 사용한다.

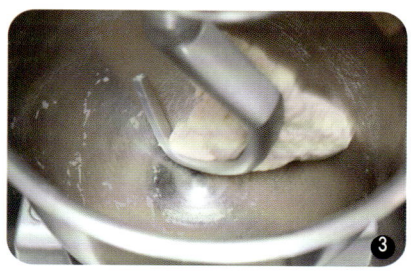
본반죽과 탕종 1/2을 넣고 저속으로 믹싱한다.

발전단계에서 나머지 탕종을 넣고 최종단계까지 믹싱 한다. (반죽 온도 27℃)

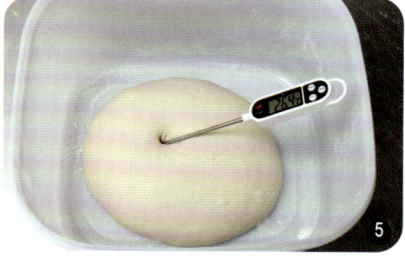
완성된 반죽을 사각 통에 넣어 45~50분 1차 발효시킨다.

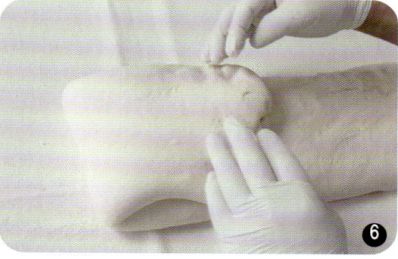
가볍게 위, 아래를 3겹 접는 방식으로 접기 한다.

200g으로 분할한 다음 중간발효 시킨다. (200 X 6)

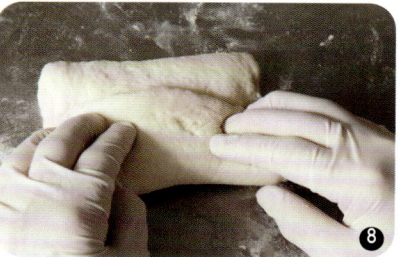
밀대로 밀어서 3겹 접기를 한다.

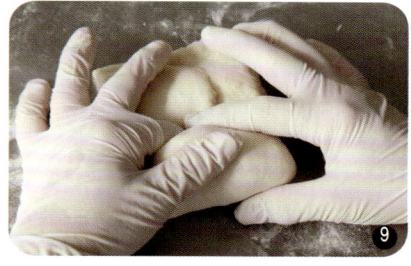
밑에서 위쪽으로 단단히 말아준다.

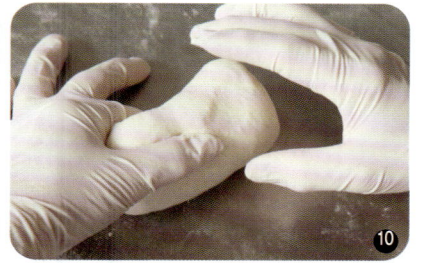
이음매를 잘 봉한다.

이음매가 아래로 가도록 3개씩 패닝 한 후 가볍게 눌러준다.

발효실에서 2차 발효는 팬 높이 정도 발효시켜 180/170으로 굽는다.

8. 오토리즈 바게트(Autolyse)

Autolyse : "자가분해"라는 뜻

● **사전준비**

강력분 1000g, 생이스트 20g,
소금 18g, 몰트(액상) 10g, 물 680g

● **요구사항**

※ 지급된 재료 및 시설을 사용하여 아래 작업을 완성하시오.

(1) 오토리즈 바게트의 재료를 각각 계량하시오.
(2) 반죽은 오토리즈법으로 만들고 반죽온도는 24 ~ 26℃를 표준으로 하시오.
(3) 분할은 340g 으로 하시오.
(4) 성형은 전통바게트(양끝이 뾰족한 바게트) 모양으로 성형하고 칼집은 5개, 길이는 58~60cm에 맞춰 제조하시오.
(5) 배합표를 이용하여 만들고 완제품을 5개 제출하시오.

비율(%)	재료명	중량(g)
100	강력분	1000
2	생이스트	20
1.8	소금	18
1	몰트(액상)	10
68	물	680
172.8	합계	1728

Chapter 5. 제과기능장 실기 제빵 13품목

밀가루와 물을 넣고 저속으로 2~3분 믹싱 한다.

실온에서 45분 정도 휴지 시킨다.

휴지시킨 오토리즈 반죽에 나머지 재료를 붓는다.

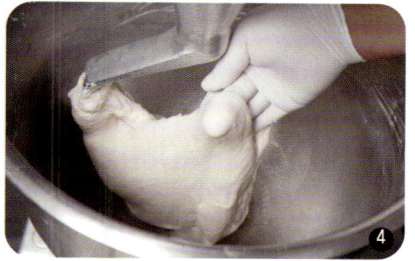
저속, 중속, 고속, 저속 순으로 최종단계까지 믹싱 한다.

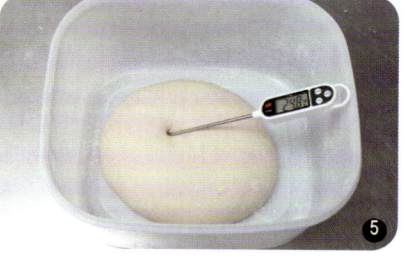
믹싱이 끝난 반죽을 사각 통에 담아 실온에서 50~60분 발효시킨다.

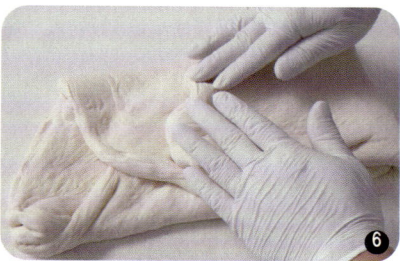
접기를 1~2회 해준다.

340g으로 분할한다.

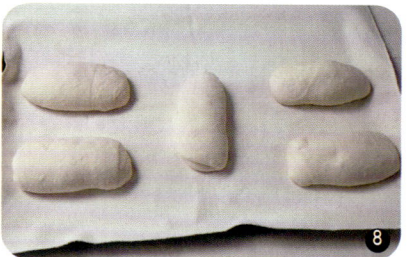
각목천에 분할된 반죽 5개를 올려서 중간발효 15~20분 한다. (반죽 온도에 따라 달라질 수 있다)

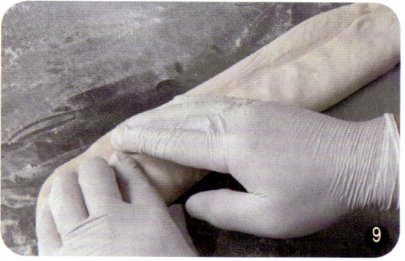
발효된 반죽을 몸쪽에서 바깥쪽으로 2/3 지점까지 접는다.

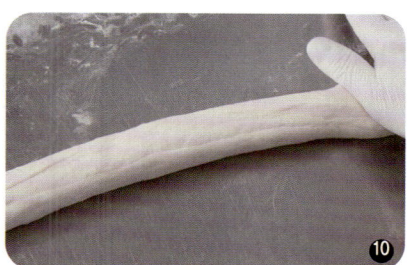
마지막으로 남은 부분을 접은 후 이음매 부분을 꾹 눌러준다.

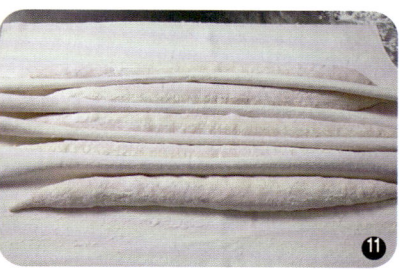
성형된 바게트를 광목에 올린 뒤 실온에서 50분 정도 2차 발효한다.

250/220℃ 예열된 오븐에서 스팀을 준 후 굽는다.

Chapter 5. 제과기능장 실기 제빵 13품목

9. 프랑스빵(에피, 푸가스)

Epi : 이삭 모양의 빵
Fougasse : "최고급 밀가루"라는 뜻

● 사전준비

스펀지(풀리쉬)법 :
강력분(폴리쉬) 300g, 인스턴트이스트 6g,
물 300g, 몰트 분말 3g

본반죽 :
강력분 550g, 박력분 150g,
인스턴트이스트 14g, 소금 20g, 물 400g

● 요구사항

※ 지급된 재료 및 시설을 사용하여 아래 작업을 완성하시오.

(1) 프랑스빵의 재료를 계량하시오.
(2) 반죽은 스펀지(풀리쉬)법으로 만들고 반죽온도는 25℃를 표준으로 하시오.
(3) 분할은 에피 바게트 3개(분할중량 300 g,자르기 자유), 푸가스 3개(분할중량 250 g,칼집 넣기 자유)로 하고 각각 고유의 모양으로 성형하시오.
(4) 굽기 시 스팀은 사용할 수 없으나, 스프레이는 사용할 수 있다.
(5) 다음 배합표를 이용하여 완제품 모두를 제출하시오.

구분	비율(%)	재료명	중량(g)
스펀지(풀리쉬)법	30	강력분(폴리쉬)	300
	0.6	인스턴트이스트	6
	100	물	300
	0.3	몰트 분말	3

구분	비율(%)	재료명	중량(g)
본반죽	55	강력분	550
	15	박력분	150
	1.4	인스턴트이스트	14
	2	소금	20
	70	물	400
합계	174.3	합계	1743

Chapter 5. 제과기능장 실기 제빵 13품목

물과 이스트를 먼저 섞은 뒤 강력분과 몰트분말, 을 혼합한다.

실온에서 50~60분 동안 휴지시켜 폴리쉬 반죽을 완성한다.

완성된 폴리시 (1차반죽)에 볼 가장자리를 따라 물을 부어준다. (볼에 폴리시가 깨끗하게 떨어진다)

완성된 폴리시 (1차반죽)에 본반죽 재료를 넣는다.

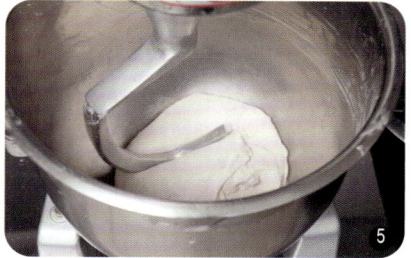

최종단계 까지 믹싱 한다.

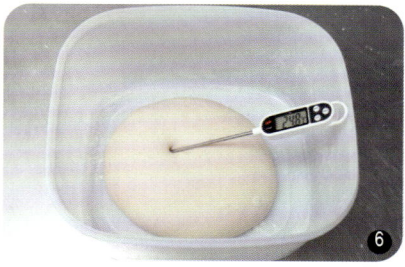

사각 통에 담아 60분간 1차 발효시킨다. (반죽온도 25℃)

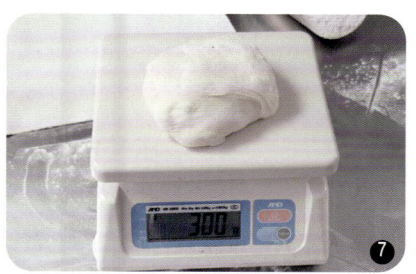

300g, 250g 각각 3개씩 분할한다.

분할한 다음 말아 접듯이 살짝 둥글려 휴지 시킨다.

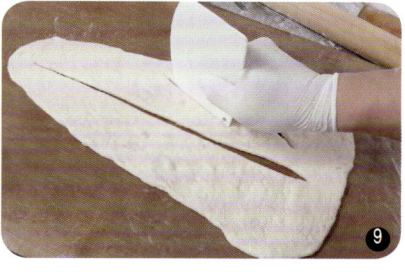

삼각형으로 밀어준 반죽을 롤러커터나 스크레퍼를 이용하여 나뭇잎 모양을 내 준다.

각목으로 덮어 2차 발효시킨다. (230/220℃ 약 15분)

2차 발효가 끝난 바게트에 가위를 이용하여 지그재그로 잘라 준다.

오븐에 스팀을 넣고 230/220℃으로 굽는다.

10. 푸가스(Fougasse)

Fougasse : "최고급 밀가루"라는 뜻

● **사전준비**

강력분 800g, 박력분 200g, 소금 20g,
물 650g, 생이스트 20g, 몰트(액상) 10g,
설탕 30g, 올리브오일 50g

● **요구사항**

※ 지급된 재료 및 시설을 사용하여 아래 작업을 완성하시오.

(1) 푸가스(Fougasse)의 재료를 계량하시오.
(2) 배합표를 이용하여 만들고 완제품을 제출하시오.
(3) 반죽은 스트레이트법으로 만들고 반죽온도는 24℃를 표준으로 하시오.
(4) 분할은 250g, 완제품의 모양은 그림과 같이 <u>나뭇잎(Leaf)</u>모양으로 성형하시오.

비율(%)	재료명	중량(g)
80	강력분	800
20	박력분	200
2	소금	20
65	물	650
2	생이스트	20
1	몰트(액상)	10
3	설탕	30
5	올리브오일	50
178	합계	1780

Chapter 5. 제과기능장 실기 제빵 13품목

올리브오일을 제외한 모든 재료를 넣고 반죽한다.

발전단계 까지 반죽을 하고 올리브오일을 2번에 나누어 넣는다.

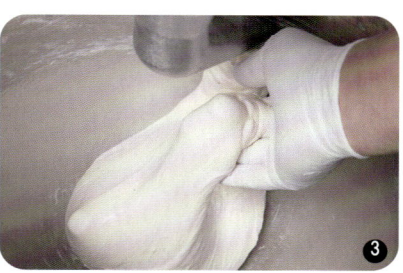

최종단계까지 반죽한다.

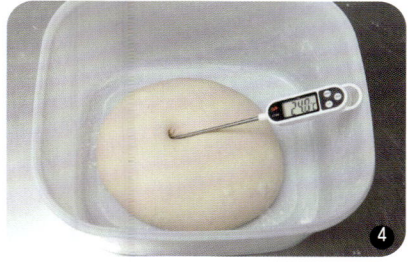

올리브오일을 바른 사각 통에 반죽을 담아 실온에서 50~60분 정도 1차 발효한다. (반죽 온도 24℃)

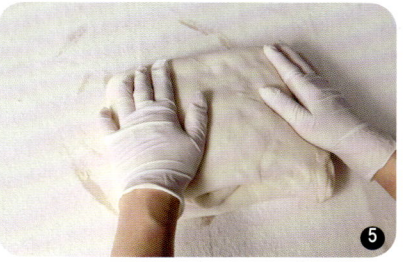

발효한 반죽을 작업대에 올려 가볍게 접기 한다.

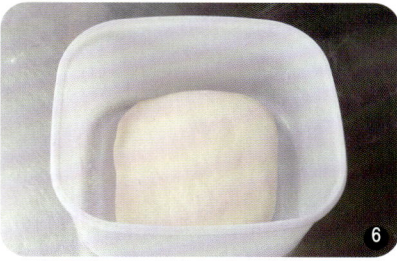

접기 한 반죽을 사각통에 담아 20분간 발효한다.
(반죽온도에 따라 조절)

250g으로 7개 분할한다.

삼각 모양으로 만든 반죽을 발효 천에 올려 덮고 15~20분 중간발효 한다.

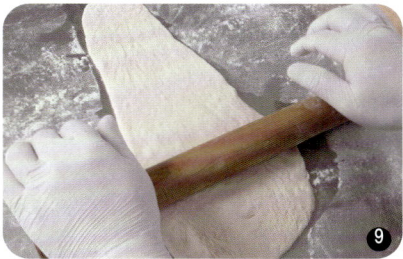

손바닥으로 가스를 뺀 뒤 삼각형 모양으로 밀어 편다.

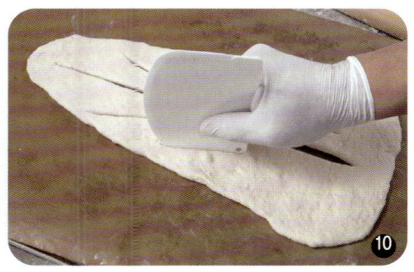

롤러커터나, 스크레퍼를 이용하여 나뭇잎 모양으로 성형한다.

성형이 끝난 푸카스를 각목천으로 덮은 후 실온에서 2차 발효시킨다.

230℃ 오븐에서 스팀 사용하여 15~20분 굽는다.

Chapter 5. 제과기능장 실기 제빵 13품목

11. 좁프(Zopf)

Zopf : "댕기" 모양의 가닥 빵

● **사전준비**

강력분 700g, 박력분 300g, 설탕160g, 소금 15(14)g, 분유 40g, 버터150g, 생이스트 30g, 노른자 80g, 물 480g

● **요구사항**

※ 지급된 재료 및 시설을 사용하여 아래 작업을 완성하시오.

(1) 좁프의 재료를 계량하시오.
(2) 배합표를 이용하여 만들고 완제품을 제출하시오.
(3) 반죽은 스트레이트법으로 만들고 반죽온도는 26℃를 표준으로 하시오.
(4) 50g씩 39개를 분할하시오.
(5) 완제품은 2가닥엮기 3개, 4가닥엮기 3개, 5가닥엮기 3개, 6가닥엮기 1개를 완성하시오.
(6) 굽기 전 계란물을 칠하시오.
(7) 완성된 제품은 시험시작 후 5시간 내 제출하시오.

비율(%)	재료명	중량(g)
70	강력분	700
30	박력분	300
16	설탕	160
1.5	소금	15(14)
4	분유	40
15	버터	150
3	생이스트	30
8	노른자	80
48	물	480
195.5	합계	1,955

*짝수 단위 저울 사용 시 괄호( )의 중량으로 계량

Chapter 5. 제과기능장 실기 제빵 13품목

버터를 제외한 모든 재료를 넣고 발전단계까지 반죽한다.

발전단계까지 반죽한 다음 버터를 넣는다.

최종단계까지 반죽한다.
(반죽온도 26℃)

50g 분할한다.

39개 분할해서 둥글리기 한 다음 비닐로 덮고 냉장 휴지시킨다.

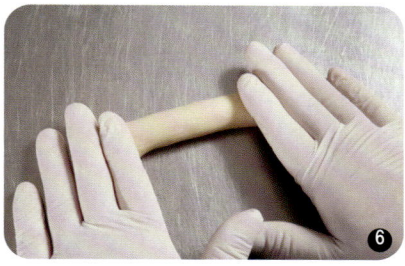
굴린 반죽은 중간은 두툼하게 가장자리는 얇게 굴려준다. (2줄 꼬기)

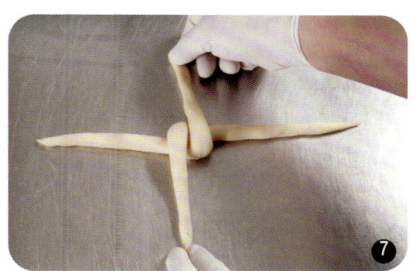
반죽을 길게 밀어준 다음 두 개의 길이를 맞춰 두 개를 십자 모양으로 겹친다.

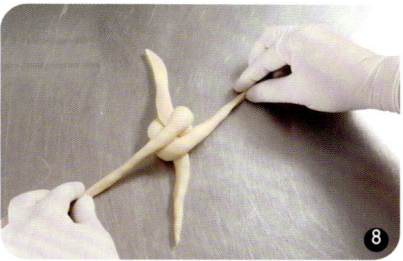
양 옆의 반죽을 손으로 잡고 엇갈리게 꼬아준다.

마지막까지 꼬아주고 마지막 부분을 가늘게 밀어 마무리한다.

반죽 4개를 밀어서 끝 부분을 하나로 붙인다. (4줄 꼬기)

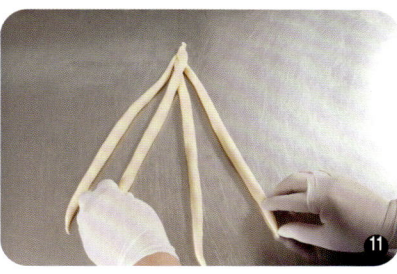
왼쪽에서 4번째 반죽을 1, 2번 사이로 오게끔 한다.

1번 반죽을 3번에 내린다.

163

Chapter 5. 제과기능장 실기 제빵 13품목

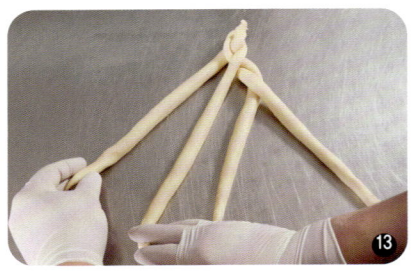

2번, 3번을 꼬아준다.

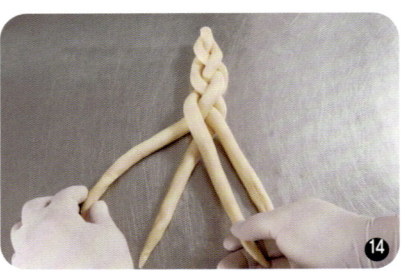

2번, 3번을 꼬아준 후 4, 2, 1, 3, 2, 3 식으로 반복해서 꼬아준다.

끝 부분을 밀어서 보기좋게 마무리한다. (4줄 꼬기)

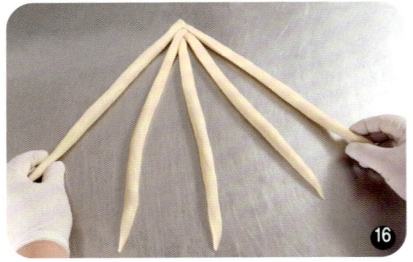

반죽 다섯 개의 길이를 맞춰 준 뒤 밀어 둔 반죽에 끝부분을 모아준다. (5줄 꼬기)

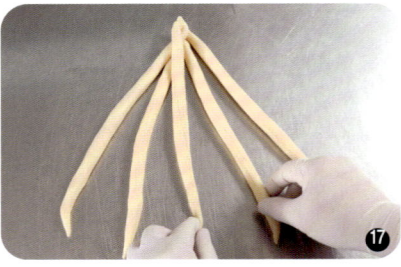

5번 반죽을 1번과 2번 사이에 둔다.

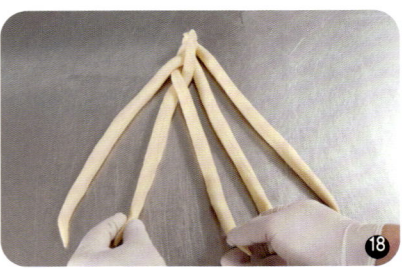

2번과 3번을 꼬아준다.

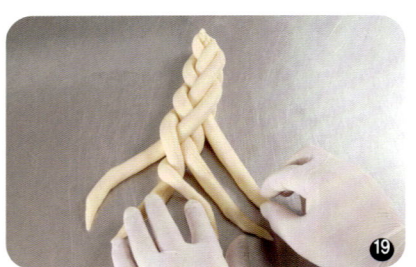

5, 2, 1, 3, 2, 3번 순으로 반복해서 꼬아준다.

끝 부분은 문질러서 깔끔하게 마무리한다.

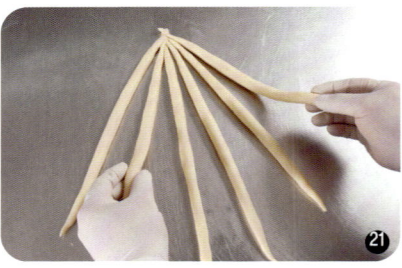

반죽 6개를 밀어서 끝을 하나로 붙인다.

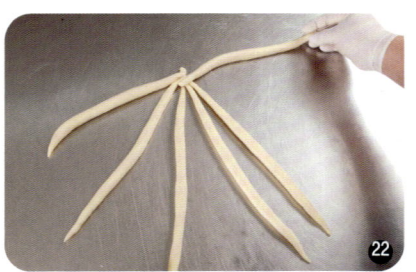

1번과 6번을 교차하고 6번이 4번 옆에 오고 5번이 다시 1번 위치로 간다.

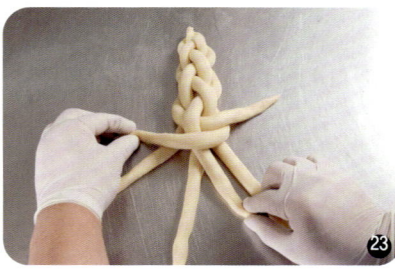

여러 번 반복적으로 계속 꼬아 간다.

끝 부분을 가늘게 만들어 정리한 다음 철판에 팬닝 하고 계란물을 바르고 발효시킨 후 굽는다. (200/170)

12. 치아바타(Ciabatta)

Ciabatta : "납작한 슬리퍼"라는 뜻

● 사전준비

강력분 1,000g, 물 680g, 이스트 30g,
소금 20g, 개량제 15g, 올리브유 50g

● 요구사항

※ 지급된 재료 및 시설을 사용하여 아래 작업을 완성하시오.

(1) 치아바타의 재료를 계량하시오.
(2) 배합표를 이용하여 만들고 완제품을 제출하시오.
(3) 반죽은 스트레이트법으로 만들고 반죽온도는 26℃를 표준으로 하시오.
(4) 분할은 130 g, 성형은 치아바타 직사각형(일자형태)으로 13개를 만들어 제출하시오.
(5) 덧가루를 뿌려 굽기하시오.

비율(%)	재료명	중량(g)
100	강력분	1,000
68	물	680
3	이스트	30
2	소금	20
1.5	개량제	15
5	올리브유	50
179.5	합계	1,795

Chapter 5. 제과기능장 실기 제빵 13품목

올리브오일을 제외한 나머지 재료를 넣고 저속으로 믹싱 한다.

발전단계까지 반죽하고 올리브오일을 두 번에 나누어 넣는다.

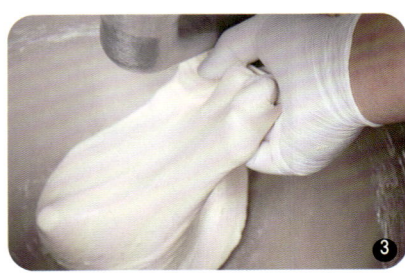

최종단계 까지 반죽한다.
(반죽 온도 26℃)

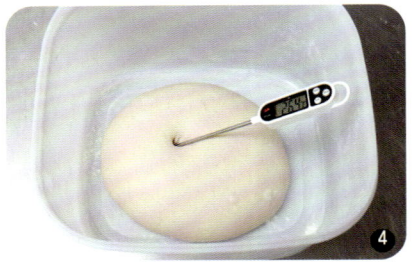

사각 통에 반죽을 담아 45분 정도 발효 한다.

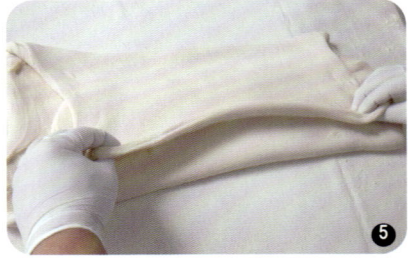

45분 정도 발효한 반죽을 가볍게 3절 2회 접기 한다.

사각 팬에 올리브오일을 충분히 바른다.

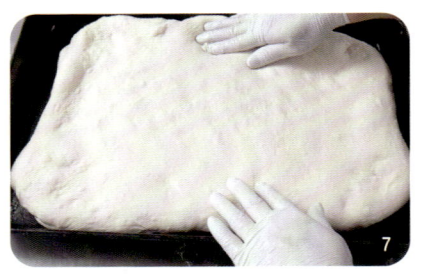

올리브유를 바른 사각팬에 접기한 반죽을 올리고 직사각형 모양을 잡아간다.

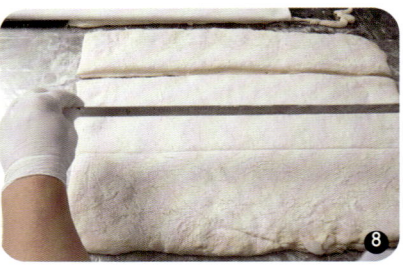

눈금자를 이용하여 13개 분할 점을 찍는다.

큰 스크래퍼를 이용하여 반죽을 자른다.

자른 반죽을 광목천에 올려서 2차 발효 한다.

2차 발효가 끝난 반죽을 테프론 시트지에 일정한 간격으로 배열한다.

오븐에 스팀을 준 후 230/200 오븐에서 15분 전후로 굽기 한다.

13. 브레첼(Pretzel)

Pretzel : "팔", "작은 보상"이라는 뜻

● 사전준비

강력분 1,000g, 물 600g, 생이스트 40g,
제빵개량제 10g, 소금 20g, 버터 100g

● 요구사항

※ 지급된 재료 및 시설을 사용하여 아래 작업을 완성하시오.

(1) 브레첼의 재료를 계량하시오.
(2) 배합표를 이용하여 만들고 완제품을 제출하시오.
(3) 반죽은 스트레이트법으로 만들고 반죽온도는 26℃를 표준으로 하시오.
(4) 분할은 60g, 완제품은 브레첼 모양으로 하시오.
(5) 굽기 전 노른자를 바르고 윗 부분을 칼집을 일자로 낸후 소금을 소량 뿌리시오.
    (가성소다 사용하지 않음)
(6) 완성된 브레첼은 전량(약 29개) 시험시작 후 5시간 내 제출하시오.

비율(%)	재료명	중량(g)
100	강력분	1,000
60	물	600
4	생이스트	40
1	제빵개량제	10
2	소금	20
10	버터	100
177	합계	1,770

Chapter 5. 제과기능장 실기 제빵 13품목

차가운 얼음물에 이스트를 풀어 준다.

이스트를 푼 차가운 물을 붓고, 버터를 제외한 나머지 재료를 붓는다.

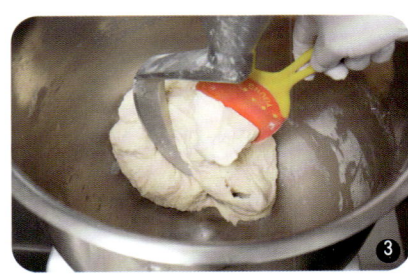
클린업 단계에서 버터를 넣는다.

최종단계에서 반죽을 끝낸다.
(반죽 온도 26℃)

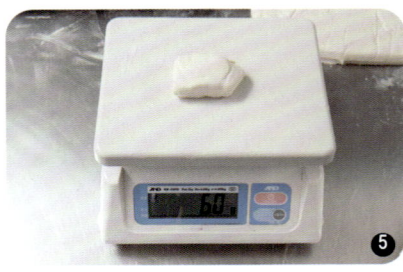
60g으로 분할한다.

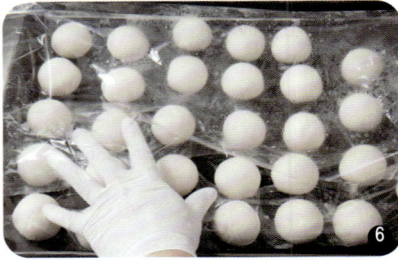
둥글리기 한 반죽을 다시 비닐을 덮어서 냉장고에 넣는다.

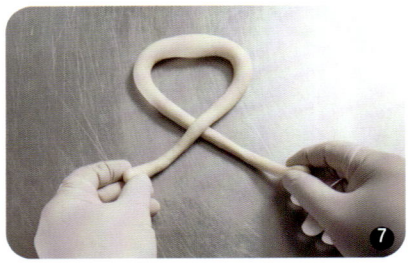
반죽의 끝 부분을 잡고 x자로 교차한다.

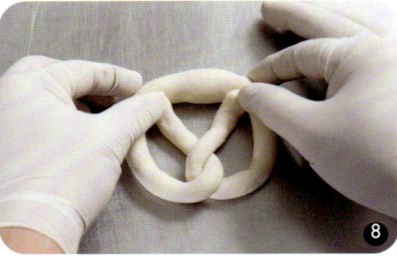
원 부분에 눌러주고 원형이 되게 손으로 모양을 만든다.

팬 간격에 일정하게 팬닝 한다.

성형이 끝난 브레첼에 노른자를 2번에 걸쳐 바른다.

칼로 볼록한 윗부분에 칼집을 내준 후 펄 소금을 뿌려준다.

오븐 온도 230/180℃ 오븐에서 18~20분 굽기 한다.

Part ••• 2
제과기능장 이론

Chapter 1. 제과 이론

Chapter 2. 제빵 이론

Chapter 3. 재료과학 및 영양학

Chapter 4. 재료의 특성

Chapter 5. 식품 위생학

 이 파트의 특징

케이크 이론과 제빵 이론을 꼼꼼하게 정리하였고
제과, 제빵 이론 문제을 상세하게 수록했습니다.

Chapter 1. 제과 이론

1. 케이크

01. 케이크의 기원과 역사

케이크의 기원은 야생 밀을 채취하고 불을 사용하던 신석기 시대까지 거슬러 올라간다.
최초의 케이크는 가운데가 둥글게 들어간 맷돌 같은 석기에 밀을 갈아서 달궈진 돌에 그대로 굳혀서 떼어내는 방식으로 만들거나, 달궈진 돌에 구워먹는 정도였다. 차차 수렵 채집으로 얻은 꿀을 첨가해 단맛을 내고, 우유 등 기타 재료를 넣고 섞어서 부풀지 않고 보존성이 강하게 잘 건조시켜서 만들기 시작했다. 점점 두툼하게 만들기 시작해서 뿌리, 곡식, 과일, 우유와 달걀 등이 들어가기도 했다. 이것이 바로 케이크의 시조라고 알려져 있다.
티그리스강과 유프라스테스강 연안에서 발전한 문명과 함께 이집트로 옮겨진 이후 케이크는 이집트에서 굽는 기술이 등장하면서 발전하기 시작했다.
B.C. 2000년경 이집트인들은 케이크를 만들기 시작했으며, 이집트의 밀 중심 식문화는 그리스와 로마로 전해짐으로써 케이크 발전에 기여하게 된다.
그리스에서는 여러 가지 종류의 케이크가 있었으며 로마에서는 케이크가 빵으로부터 완전히 독립되어, 빵 만드는 사람과 케이크를 만드는 사람이 구분되어 각각의 전문점과 직업조합(길드)을 차리게 되었다.
둥글고 윗부분이 아이싱 처리된 케이크는 17세기 중반 유럽에서 처음으로 만들기 시작했다. 이것은 산업혁명으로 인한 기계적인 기술 발전으로 오븐과 다양한 틀이 생산되고, 그리고 그 기계로 만든 정제된 설탕 등의 재료 수급이 원활해진 덕분에 가능했다.
17세기에는 케이크의 모양을 만드는 틀로 동그란 형태가 많이 쓰였으며, 이것이 현재까지 일반적인 케이크 모양으로 굳어지게 되었다. 그 당시부터 케이크 윗부분의 모양을 내고자 하는 목적으로 설탕과 계란 흰자, 때때로 향료를 끓인 토핑 물을 사용해 케이크 윗부분에 붓는 관습이 생겼다. 이러한 재료들은 케이크 위에 부어져 오븐 속에서 다시 구워진 후에 딱딱하고 투명한 얼음처럼 변했기 때문에 이를 '아이싱'이라고 부르게 되었다.

웨딩 케이크
나라별·상황별로 케이크에 대해 다양한 전통과 풍습이 존재한다. 오늘날의 케이크가 둥근 모양인 이유는 종교 의식과도 관련이 있다. 케이크는 예로부터 신을 기리고 소망을 빌기 위한 제사 음식으로 쓰였는데 고대인들이 태양과 달을 숭배했기 때문에 숭배의 대상이었던 태양과 달을 형상화해 신이나 정령에게 바쳤다.

옛날부터 사람들 마음속에는 높은 곳에 대한 끝없는 염원이 있었고 높은 언덕에 신을 모시는 관습이 있었다. 그러나 그곳은 광대한 평지여서 인공 탑을 세웠다.

당시에는 계단이라는 것을 몰랐기 때문에 나선형으로 오르는 방법을 생각해 냈다. 사람들은 신에게 가는 길이라는 믿음을 갖고 끊임없이 하늘이 가까워지기를 원했다. 이러한 사상이 탑 모양의 웨딩 케이크로 이어진 것이라고 전해진다.

웨딩 케이크는 '젖과 꿀이 흐르는 땅'이라고 불렸던 이집트 나일강의 삼각주에서 채취한 벌꿀에서 기인하여 나중에 그리스교도가 전도되는 과정에서 유럽으로 전해졌고, 이것으로 만든 허니 케이크는 프랑스에서도 귀한 대접을 받게 되었다.

케이크와 포도가 만나 플럼 등과 함께 브랜디에 절여짐으로써 플럼 케이크가 생겨났고 이를 바탕으로 가장자리에 장식하면서 웨딩 케이크로 발전해 갔다. 장식에는 대부분 장미나 당초 문양이 쓰였다.

장미의 꽃말은 '사랑'으로 결혼하는 사람을 축복한다는 의미를 갖고 있으며, 특히 순백의 꽃은 성모 마리아의 상징이다. 크림을 짜서 만드는 당초 문양은 그리스에서 생겨나 멀리 실크로드를 거쳐 일본까지 전해졌다.

02. 케이크의 종류와 유래

1 부쉬 드 노엘(Buche de Noel)

프랑스의 이 나무토막 모양의 케이크는 '뷔쉬 드 노엘(Buche de Noel)'이라는 이름으로 불리는데 프랑스어로 '노엘의 장작'이라는 뜻이다. 전년에 때다 남은 땔감을 모두 태워 사악한 기운을 없애고 좋은 기운을 받아들이기 위해 만들어졌다는 설과, 가난한 청년이 사랑하는 연인에게 선물을 할 수 없자 장작을 주며 따뜻한 마음을 전한 것에서 유래했다는 설이 있다. 또 나무토막 케이크 주변에 있는 넝쿨과 버섯은 마른 나무에 새 생명을 잉태할 수 있다는 상징이다.

2 크레이프 케이크(Crepe Cake)

크레이프(crepe)는 '비단과 같은'이라는 뜻이며 얇게 굽는다. 어원을 보면 중세의 크레스프, 크리스페에서 온 것으로 프랑스어로는 판케(pannequet)라고도 한다. 이는 팬케이크에 해당하는 말이며, 현재 프랑스의 대표적인 앙트르메 중 하나이다.

파리에서는 한 평 크기의 가게에서 쨈이나 버터 및 슈가파우더를 곁들여 판매하고 있는데, 가장 서민적인 프랑스판 패스트푸드라고 볼 수 있다.

대서양 연안의 브루타뉴 지방은 크레이프 명산지로, 시내에 크레프리라는 크레이프 숍이 있는데, 단 것에서부터 치즈·햄·소시지를 넣은 것까지 다양한 메뉴를 갖추고 있다.

크레이프는 본래 빵을 대신하거나 또는 간식으로 먹었는데, 그 다양성이 그대로 오늘날까지 전해짐으로써 넣는 재료에 따라 오르되브르에서 메인 디시 및 디저트에 이르기까지 폭넓게 활용되고 있다.

3 제누아즈 스펀지 케이크(Genoise Sponge Cake)

스펀지 케이크(sponge cake)는 케이크의 기본이 되는 시트로 쓰인다. 주로 동그란 케이크 틀에 반죽을 붓고 구워 만드는데, 밀가루·달걀·설탕과 같이 가장 기본이 되는 재료들을 사용하며 반죽에 향미료를 간단히 첨가하기도 한다.

완성한 후 카스텔라 같은 폭신한 식감을 만드는데, 다른 종류의 케이크들의 기본으로 사용될 경우에는 겉에 잼이나 크림을 발라 입히거나 과일 등으로 장식하는 등 다양한 재료가 첨가된다.

식감이 부드러울 뿐만 아니라 오븐에서 구웠을 때 반죽이 스펀지(해면)처럼 부풀어 오른다는 의미가 있으며, 이탈리아의 제노바 지방에서 생겨났다고 하여 제누아즈(genoise)라고도 불린다.

4 치즈 케이크(Cheese Cake)

치즈 케이크(Cheese cake)는 크림치즈 혹은 코티지 치즈 등의 치즈와 우유를 주원료로 해 만든 케이크로서 유지방이 풍부하며, 맛이 달지 않고 수분의 함량이 많아 부드럽다. 뉴욕 치즈 케이크, 수플레 치즈 케이크, 오레오 베리 치즈 케이크, 머랭 치즈 케이크, 아메리칸 치즈 케이크 등 다양한 종류가 있으며 촉촉한 수플레 스타일, 진한 맛의 뉴욕 스타일, 차게 먹는 레어 스타일로 나눌 수 있다.

치즈 케이크의 기원은 고대 그리스에서 시작하며, 이 시대의 사람들이 즐겨 먹던 치즈를 넣어 만든 타르틀레트(tartlette, 작은 타르트 혹은 과일이 들어 있는 파이)가 치즈 케이크의 시초라고 본다.

5 시폰 케이크(Chiffon Cake)

시폰 케이크(Chiffon cake)는 부드럽고 촉촉한 느낌이 비단 같다하여 '비단'을 뜻하는 시퐁(Chiffon)에서 유래하여 지금의 이름을 얻게 되었다. 그 탄생에 관해서는 1940년 말 미국에서 처음 만들어졌다는 설과 1927년 미국 캘리포니아에서 보험 판매원이었던 해리 베이커(Harry Baker)에 의해 탄생했다는 설이 있다. 폭신폭신한 식감을 가지고 있어서 스펀지 케이크와 비슷한 맛을 내지만, 기름과 달걀이 많이 들어가기 때문에 쉽게 마르거나 딱딱하지 않고 부드럽다. 시폰케이크는 가운데에 구멍이 뚫려있는 독특한 모양이기 때문에 시폰 케이크를 굽기 위한 전용 틀이 따로 있다. 반죽을 구워낸 뒤에는 그냥 내지 않고 주로 시럽과 생크림 등을 겉면에 발라 장식한 뒤 내는 것이 일반적이다. 화이트 시폰케이크, 홍차 시폰 케이크, 녹차 시폰 케이크 등 첨가하는 다양한 재료에 따라 여러 가지의 이름을 붙인다.

6 무스 케이크(Mousse Cake)

요즘 트렌드는 보다 산뜻하며 심플한 것을 좋아하고 있어서, 혀에 닿는 감촉이 좋고 위에 부담을 주지 않는 것으로 변하고 있으며, 이러한 요구에 대하여 무스 계통의 부드러운 크림 계통의 과자가 주목 받고 있으며 '이끼'란 의미와 '거품'이라는 의미를 갖고 있다.

부드럽게 만들어 주는 소재로 많은 기포를 갖고 있는 머랭과 거품을 낸 생크림이 있고 이것을 주체로 하여 다양한 맛을 첨가한다.

최근에는 냉각기술이 발달하여 무스는 다양한 종류로 발전하고 쉽게 만들 수 있으며, 식혀서 굳힌 것이기 때문에 상온에 두거나 입 안에 넣으면 금방 부드러워 진다는 특징이 있다.

7 바바루아(Bavarois)

바바루아(Bavarois)는 가볍지 않고 오히려 무거운 느낌이 들긴 하지만, 혀에 닿는 감촉이 좋은 크림이다.

가볍게 거품을 낸 생크림과 달걀, 노른자 및 설탕을 섞어서 젤라틴으로 굳혀서 찬 앙트로메 이며, 과일이나 취향에 따라 맞는 리큐르를 넣어 다양하게 만든다.

옛날에는 이것을 '프로마주 바바루아'라고 불렀다. '프로마주'란 치즈를 뜻하는 프랑스어인데 그렇다고 해서 치즈가 들어간 과자는 아니고 흐름성이 있는 반죽이 마치 치즈와 같은 상태였기 때문에 이렇게 불렀다.

단맛이 상당히 강한 것은 설탕의 양이 지금의 약 3배 정도 혼합되어 있었다. 요즘은 전 세계적으로 설탕을 줄이려는 경향이 있지만, 과거에는 귀중품이었던 설탕을 풍부하게 넣은 사치품이었다는 것을 알 수 있다.

8 오페라 케이크(Opera Cake)

프랑스의 유명 베이커리 '달로와요(Dalloyau)'에서 오페라 케이크를 처음 만들어 파리 오페라 극장 프리마 발레리나에게 바친다는 의미로 이름 붙였다는 이야기가 전해 내려온다. 커피시럽에 적신 '비스퀴 조콩드(biscuit joconde, 아몬드 비스퀴)'와 커피 버터크림 및 가나슈(garnache, 끓인 생크림과 초콜릿을 1:1로 섞어 만든 초콜릿 크림)를 켜켜이 쌓아 만들고 그 위에 윤기 나는 초콜릿 글라사주(glacage)를 토핑한다.

9 티라미수(Tiramisu)

티라미수(tiramisu)는 'tira(끌어 올리다)+mi(나를)+su(위로)', 즉 '기분이 좋아진다'는 뜻의 이탈리어에서 유래한 케이크이다. 진한 커피와 코코아의 맛, 그리고 단맛 때문에 그 이름이 '나를 깨워 달라' 또는 '기운을 북돋아 달라'라는 뜻의 이탈리아 말인 'Tira mi su'에서 유래되었다.

에스프레소 시럽에 적신 스펀지 케이크 시트와 마스카포네 치즈라고 불리는 이탈리아 전통 크림 치즈 또는 초콜릿 시럽 등을 번갈아 가며 켜켜이 쌓고 위에 코코아 가루를 뿌린 뒤에 차갑게 굳히는 것이다. 모양이 쉽게 흐트러지기 때문에 다른 케이크들과는 달리 티라미수 전용 그릇이나 컵에 담아낸다.

한편, 티라미수 특유의 부드러움에 핵심 역할을 하는 마스카포네(Mascarpone)는 산을 이용해 크림에서 유청을 분리해 만든다. 마스카포네 치즈의 역사는 16세기 말, 또는 17세기 초까지 거슬러 올라가는데, 그 이름은 단기간 숙성시킨 치즈인 스트라치아노(stracchiano)로 만든 유제품인 마스카르파(mascarpa)나 리코타 치즈의 지역 방언인 마스카르피아(Mascarpia)에서 유래되었다고 한다.

티라미수에는 커피뿐만 아니라 도수가 꽤 높은 술 또한 들어가고 마스카포네 치즈에 계란노른자와 설탕 및 마르살라 와인을 섞어 물중탕으로 열을 가하면서 저어 만드는 소스 자바이오네(Zabaione, 또는 Zabalione. 같은 소스를 영어로는 '사바용(sabayon)'이라 부른다)를 더해 풍부함을 한층 더 높인다.

18세기에 이탈리아의 베네토에서 처음 등장한 이탈리아의 정통 케이크이지만 지금과 같은 모습으로 된 것은 프랑스로 전해진 이후이다.

티라미수는 1980년대부터 유행하기 시작했고 1990년대 후반에 이르러서야 정통 디저트 케이크로 더 알려지게 되었다.

⑩ 데블스 푸드 케이크(Devil's Food Cake)

1900년대 초에 미국에서 인기가 높았다. 처음에 누가 만들었는지는 알려져 있지 않으며, 1902년 『로러 부인의 새 요리책』(Mrs. Rorer's New Cook Book)에 처음 등장하였으며 그 밖의 레시피도 곧 뒤따라 나왔다. 데블스 푸드 케이크는 베이킹소다와 코코아를 섞어서 적갈색을 띤다.

천연 코코아로는 케이크를 부풀리지 못하기 때문에 알칼리화한 유럽 코코아를 사용해야만 한다. 데블스 푸드 케이크는 초콜릿 스펀지를 층층이 쌓고 그 위에 화이트 또는 초콜릿 아이싱을 얹은, '죄스러울 정도로' 맛있는 케이크이다.

데블스 푸드 케이크는 바닐라 아이스크림을 한 주걱 떠서 얹고, 얼음처럼 차가운 우유나 진하고 풍성한 커피를 곁들여 먹으면 좋다. 하루 정도 냉장고에 넣어 두었다가 먹으면 더욱 맛이 풍부하다.

⑪ 레드 벨벳 케이크(Red Velvet Cake)

제임스 비어드(James Beard)의 1972년 작 「미국 제과」(American Cookery)에서 3가지 레드 벨벳 케이크 제조법에 대해 쇼트닝과 버터 등 들어가는 재료의 양에 따라 만들 수 있다고 설명 했다. 이들은 붉은 색을 내기 위해 모두 식용 색소를 사용하고 있지만, 신맛이 나는 식초와 버터밀크가 혼합되어 반응하면 코코아를 붉은색이 나는 갈색으로 만든다는 것이다.

자연스러운 착색 현상 때문에, '레드 벨벳(붉은 벨벳, red velvet)'이라는 이름이 붙었으며, 1950년대 그 인기가 최고조에 달했다가 이후에 일반적인 식용 색소의 인체 유해성이 염려되어 없어졌다.

⑫ 몽블랑(Mont Blanc Cake)

몽블랑(Mont Blanc, 이탈리어로는 Monte Bianco)은 밤 퓌레(puree)를 얹은 모양이 눈 쌓인 산과 닮았다고 해서 이름 붙었다는 기록이 1475년 이탈리아 요리책에 남아 있는데, 17세기(1620년)에 이르러 프랑스에서 인기를 얻었고 당시에는 장기 보관을 위해 절인 밤을 사용함으로써 퓌레가 노란 색을 띠었다는 이야기가 전해 내려오고 다양한 제품의 이름으로도 사용한다.

⑬ 자허토르테(Sacher Torte)

자허토르테는 오스트리아의 케이크이다. 얇게 편 돼지고기로 만든 커틀릿(돈가스)인 위너슈니첼

(Wiener Schinzel)과 더불어 비엔나에서 가장 유명한 음식인 자허토르테는 1832년 당시 열 여섯에 불과한 견습생 프란츠 자허(Franz Sacher)가 앓아 누운 셰프 대신, 외교가인 클레멘스 벤첼 로타어 폰 메테르니히(Klemens Wenzle Lothar von Merrernich)의 연회를 위해 만든 케이크다.

프란츠 자허에게는 두 아들이 있었다. 큰 아들인 에드아드루가 대를 이어 조리교육을 받은 뒤에 레시피를 발전시켜 호텔 자허를 열고 자허토르테를 선보임으로써 오늘날까지 전통을 이어오고 있다. 한편, 그는 호텔 자허를 열기 전에 또 다른 비엔나의 전설인 데멜 베이커리에서 일하며 자허토르테의 레시피를 다듬었는데, 이후 호텔 자허와 데멜 베이커리는 자허토르테의 정통성과 이름 사용권을 놓고 법정 싸움까지 벌이기도 했다. 긴 싸움 끝에 1962년 양쪽 모두 자허토르테를 만들어도 좋지만 동그란 초콜렛을 얹은 오리지널 자허토르테는 호텔측이 가지고 데멜은 자허토르테 위에 동그란 초콜렛을 올려 팔지 못하도록 했다.

오리지날 자허토르테는 두 층의 초콜릿 스펀지 케이크 사이에 살구잼 층을 넣은 뒤에 전체를 다크초콜릿 아이싱으로 감싼 것으로, 반드시 설탕을 넣지 않고 올린 크림(whipped cream)을 곁들인다. 이렇게 자허토르테가 도시를 넘어 국가를 대표하는 케이크이다 보니 오스트리아에서 12월 5일을 '자허토르테의 날'로 정했다.

2. 제과의 반죽법

01. 반죽형

1 반죽형 반죽(Batter Type)이란?

① 밀가루, 달걀, 우유를 구성 재료로 하고, 많은 양의 유지를 함유한 제품
② 유지의 함량 : 달걀 무게의 ½ 이상
③ 화학 팽창제 (베이킹 파우더)를 사용하여 적당한 부피를 얻는다.
④ 제조 방법에 따라 구분

1) 크림법(Cream Method)

① 유지, 설탕, 소금을 넣고 믹싱하여 크림을 만든 후, 달걀을 서서히 투입하여 부피를 크게 하고, 크림을 부드럽게 유지한 후, 체로 친 가루재료(밀가루와 베이킹파우더), 건조재료를 가볍고 균일하게 혼합하여 반죽한다.
② 장점 : 제품의 부피가 큰 케이크 제조가 가능하다.
③ 단점 : 믹싱 볼의 옆면과 바닥을 자주 긁어주어야 한다.
④ 종류 : 파운드케이크, 쿠키류, 레이어케이크 등

2 블랜딩법(Blending Method)
① 유지와 밀가루를 혼합하여 유지가 밀가루 입자를 얇은 막으로 피복한 후(콩알 크기) 건조재료와 액체재료 일부를 넣어 덩어리가 생기지 않게 혼합하고, 남은 액체 재료를 투입하여 균일하게 믹싱하는 방법
② 부드럽고 유연한 제품, 파이 껍질 제조 시 사용
③ 종류 : 데블스 푸드 케이크, 마블 파운드, 스콘 등

3 복합법(Combined Method)
① 유지를 크림화하여 밀가루를 혼합(크림법)한 후, 달걀 전란과 설탕을 휘핑(공립법)하여, 크림화된 유지에 균일하게 혼합하는 방법
② 머랭을 올려 제조하는 방법
  ㉠ 노른자는 유지, 설탕과 함께 크림화
  ㉡ 흰자는 설탕과 휘핑하여 머랭을 만든다.
  ㉢ 크림화한 유지에 머랭의 1/3을 혼합 후, 체친 밀가루 등 건조재료 혼합한다.
  ㉣ 나머지 머랭 넣어 균일하게 혼합한다.
③ 특징 : 부피와 식감이 부드럽다.
④ 파운드케이크, 버터쿠키 등의 제조에 크림법을 많이 사용하나, 제품에 따라 복합법을 사용하기도 한다.
⑤ 종류 : 과일 케이크 등

4 설탕물법(Sugar/Water Method)
① 액당을 사용하는 믹싱법
② 설탕에 물을 녹여(설탕 : 물 = 2 : 1) 당도 66.5%의 액당을 만든 후, 남은 재료를 넣고 섞고, 달걀을 넣어 반죽을 마무리한다.
③ 공기혼입이 양호하여 베이킹파우더의 양을 10%정도 절약
④ 균일한 기공과 조직의 내상, 고운 속결 의 제품에 적당하다.
⑤ 계량의 정확성, 제조공정의 단축, 운반의 편리성
⑥ 대량생산에서 많이 사용
⑦ 액당 저장공간, 이송파이프, 계량장치 등 시설비 높다.

5 1단계법(Single Stage Method)
① 재료 전부를 한번에 넣어 투입 후 믹싱하는 방법
② 노동력과 시간이 절약된다.
③ 크림법이나 거품형 반죽보다 공기 혼입이 적어질 수 있어, 믹서기의 성능이 좋고, 화학적 팽창체

를 사용하는 제품에 적당하다.

④ 마들렌, 피낭시에 등 구움과자 반죽제조에 사용된다.

> ▶ **재료 투입 시 주의사항**
> ① 유지에 설탕 첨가 시, 유지를 유연하도록 믹싱 후 설탕 투입한다.
> ② 설탕량이 많을 때는 2~3번에 나누어 투입한다.
> ③ 밀가루 등은 체로 쳐서 덩어리 없도록 사용한다.
> ④ 달걀 첨가 시 소량으로 조금씩 나누어 투입한다. (달걀 수분에 의해 분리)
> ⑤ 믹싱볼 측면과 바닥을 긁어주어 반죽이 균일하게 혼합한다.
> ⑥ 달걀의 온도가 너무 높거나 낮으면 유지가 굳거나 녹아 분리되기 쉽다.

02. 거품형

1 거품형 반죽(Foam Type)이란?

① 달걀의 단백질이 휘핑에 의해 물리, 화학적 특성이 변하여 신장성과 믹싱 중 공기를 반죽에 끌어들여 부피가 커진다.

② 굽기 중 열에 의해 공기가 팽창하고, 단백질의 구조가 응고되어 골격을 이룬다.

③ 거품형 케이크는 원칙적으로 유지를 함유하지 않아 해면성이 크고 가벼운 것이 특징이다.

④ 제조 방법에 따라 구분 한다.

1) 공립법

① 흰자와 노른자를 분리하지 않고 전란에 설탕을 넣어 함께 거품을 내는 방법

② 더운 방법 / 찬 방법

③ 종류 : 젤리 롤케이크, 스펀지 케이크, 초코 롤케이크 등

더운 방법	① 달걀과 설탕을 넣고 중탕하여 43℃ 전후로 데운 후 거품 내는 방법 ② 고율배합에 사용, 기포성이 양호, 설탕의 용해도 좋음 ③ 겨울철에 주로 사용
찬 방법	① 중탕하지 않고 달걀과 설탕을 거품 내는 방법 ② 저율배합에 사용, 공기 포집속도 느리지만 튼튼한 거품 ③ 여름철에 주로 사용

2) 별립법

① 달걀을 노른자와 흰자를 분리하여 제조하는 방법으로, 각각 설탕을 넣고 따로 거품을 내어 사용

② 공립법에 비해 제품의 크기가 크며 부드러운 것이 특징

③ 종류 : 소프트 롤 케이크 등

03. 시폰형

1 시폰형 반죽이란?
① 시폰(Chiffon : 프랑스어의 비단 이라는 뜻)
② 비단처럼 가볍고 부드러운 식감과 질감의 제품
③ 거품 낸 흰자와 화학 팽창제로 부풀린 반죽
④ 별립법처럼 흰자로 머랭을 만들고, 노른자는 거품을 내지 않는다.
　　(거품형 반죽의 머랭법 + 반죽형 반죽의 블랜딩법)

2 시폰법 (Chiffon Method)
① 노른자에 식용유, 설탕, 가루재료를 넣고 섞는다.
② 물을 조금씩 넣으면서 매끄러운 상태로 만든다. (반죽형의 블랜딩법)
③ 따로 흰자에 설탕을 넣어 머랭을 만든다. (거품형의 머랭)
④ 노른자 반죽과 머랭을 섞는다.

※ 과자 반죽의 종류에 따른 식감과 질감 비교

과자 반죽의 종류	식감	질감
반죽형 반죽	무겁다	부드럽다
거품형 반죽	가볍다	질기다
시폰형 반죽	가볍다	부드럽다

3. 공예

1 초콜릿공예
① 각종 틀을 이용하여 초콜릿을 굳혀 만들기도 하고, 틀을 이용해 만든 것을 붙여 대형으로 만들 수 있다.
② 이외에도 초콜릿 플라스틱을 이용하거나 초콜릿을 조각해서 만들 수 있다.

> ▶ 플라스틱 초콜릿 반죽
> ① 초콜릿을 중탕하여 녹인다. (42~45℃) (화이트 초콜릿 36~38℃)
> ② 녹인 초콜릿에 물엿을 넣고 부드럽게 섞는다.
> ③ 비닐에 넓게 편 다음 비닐을 덮고 휴지시킨다.
> ④ 휴지된 반죽은 사용하기 전에 치대서 부드럽게 만들어서 사용하면 된다. (사용할 때에는 밀폐 용기에 넣어 보관한다)

tip : 휴지시킬 때 냉장에서 너무 굳으면 덩어리가 생겨 잘 풀리지 않는다.
　　　약간 덜 굳었을 때 작업대에서 치대면 부드러운 반죽을 만들 수 있다.

2 설탕공예

① 설탕을 이용하여 만드는 공예 작품
② 설탕 공예용 당액 제조시 고농도화 된 당의 결정을 막아주기 위해 물엿을 첨가한다.
③ 프랑스식 설탕공예 : 설탕을 끓여서 만드는 공예
④ 영국식 설탕공예 : 분당과 흰자를 섞어 반죽한 뒤 사용하는 공예(Sugar Craft)

> **기출문제** 설탕공예에 물엿을 첨가 시 물엿의 역할은? 2021년
>
> * 물엿 :
>   ① 전분을 산 또는 효소로 가수분해하여 만든 것.
>   ② 포도당, 덱스트린, 맥아당, 물이 혼합된 상태의 점성이 있는 끈적끈적한 액체
> * 물엿의 역할 :
>   ① 설탕공예를 더 견고하고 오랫동안 유지 시켜주는 역할을 한다.
>   ② 설탕을 끓일 때 물엿은 반드시 설탕과 물이 완전히 끓고 난 뒤 섞어 주어야 한다.
>   ③ 끓기 전에 물엿을 넣게 되면 설탕이 완전히 섞이는 것을 방해하여 결정이 생기기 쉽다.
>   ④ 물엿을 넣지 않고 설탕을 끓이면 설탕공예의 광택과 유지성은 줄어들게 된다.
>   ⑤ 물엿의 양은 작업 할때의 온도나 설탕의 조직에 따라 조절 해서 사용할수 있다.
>   ⑥ 물엿의 양이 늘수록 작업할 때 설탕 반죽의 온도는 높고 작업이 까다롭지만 작품의 광택이 좋고 견고해져서 작품의 수명이 길어진다.

3 마지팬 공예

① 마지팬에 다양한 색을 섞어서 여러 가지 꽃과 동물 등을 사실적으로 표현되게 만든다.
② 마지팬이 점토와 같은 가소성과 부드러움 질감을 가지고 있기 때문에 대형 공예나 세심한 표현은 어렵다.
③ 주로 소형 케이크에 많이 이용되고 있다.

Chapter 2. 제빵 이론

1. 빵의 개요

01. 빵이란

빵이란 밀가루 혹은 그 외 곡물에 이스트, 소금, 물, 설탕, 유지, 유제품 등을 넣어 반죽을 만든 후 이스트의 발효에 의하여 팽창시켜 고온에서 구워낸 것이다. 즉 발효한 반죽을 성형하여 발효실에서 팽창시켜 고온에서 (160~230℃) 구워내면 제품의 중심부 온도는 96℃ 이상이 되고, 밀가루의 (β)전분이 a화되어 소화되기 쉽고 풍미와 보존성이 좋은 제품이 된다.

02. 빵의 역사

빵의 역사는 B.C6000~700년경, 인류가 밀을 재배하면서 시작되었다. 초기의 빵은 밀알을 돌도구로 빻아 물로 반죽한 뒤 평평하게 밀어 돌 위에 구워 먹는 것이었다. 고대에는 발효란 개념이 없어 거칠게 빻은 밀 또는 보리를 이용한 무발효빵으로 이용 되었으나, B.C 3000년경 이집트에서 맥주와 비슷한 발효 음료가 생겨나 발효빵의 역사가 시작되었다. B.C800년경에는 그리스를 거쳐 로마로 전해졌으며, 이 때 크게 발달한 제분. 제빵 기술은 로마 멸망 후 기독교 전파와 함께 유럽 각지로 퍼져 나갔다. 빵이 일부 특권층의 전유물에서 대중의 음식으로 자리잡은 것은 15세기 르네상스 시대에 이르러서이며, 빵을 부풀리는 효모 기술이 정식으로 발견된 것은 17세기 후반의 일이다. 그 뒤 1857년에 프랑스의 파스퇴르(L.Pasteur)가 효모의 작용을 발견함에 따라 순수 배양이 가능한 이스트가 상품으로 만들어지고, 제빵법도 체계화되기에 이르렀다.

2. 제빵의 반죽법

01. 반죽의 목적

① 배합재료를 균일하게 분산시키고, 글루텐 단백질을 형성한다.
② 밀가루에 물이 충분히 흡수되면 글루텐이 형성되는데, 글루텐은 전분의 표면을 덮게 되는 것이다.
③ 글루텐을 발전시켜 반죽의 탄력성과 점성, 가소성을 최적의 상태로 만든다.
④ 반죽에 공기를 혼입하여 이스트를 활성화시킨다.

02. 빵 반죽의 특성

탄력성	원래의 모습으로 되돌아 가려는 성질
신장성	고무줄처럼 길게 늘어나는 성질
점탄성	점성(신장성)과 탄력성을 동시에 가지고 있는 성질
흐름성	팬 또는 용기에 반죽이 흘러서 채워지는 성질
가소성	높은 온도에서 잘 녹지 않고 낮은 온도에서는 단단해지지 않는 성질

03. 믹싱의 상태

최적 믹싱	① 가장 좋은 상태의 빵을 만들 수 있는 반죽 정도 ② 각각의 제품이나 제법에 따라 다르다.
오버믹싱 (과반죽)	① 최적 믹싱을 지나쳤음을 의미, "지친 반죽" ② 반죽의 저항력 감소, 끈적거림, 작업성 떨어진다. ③ 부피가 작음, 속결이 두꺼움, 빵 모양이 퍼져 나온다. ④ 플로어 타임을 잡으면 어느 정도 회복 가능하다.
언더믹싱 (반죽 부족)	① 최적 믹싱에 미치지 못하는 반죽, "어린반죽" ② 원재료가 제대로 섞이지 않아 작업성이 떨어진다. ③ 제품의 부피가 작고, 속결이 맑지 않다. ④ Roll모양의 빵– 발효가 잘 되지 않아 공처럼 둥글게 완성한다.

04. 반죽법

1 스트레이트법 (직접 반죽법)

1) 정의

① 배합에 사용되는 모든 원료를 한꺼번에 혼합하는 반죽 방법
② 반죽이 최적의 탄성을 가질 때까지 혼합한다.
③ 소규모 제과점에서 많이 사용하는 제빵법이다.

2) 반죽공정

① 이스트는 소금, 설탕과 닿지 않도록 투입한다. (소금, 설탕의 삼투압 현상으로 이스트가 비활성화)
② 유지를 제외한 모든 재료를 넣고 수화시켜 글루텐을 발전시킨다.
③ 클린업단계에서 유지를 넣고, 최적의 글루텐을 형성한다.
④ 반죽온도는 27℃가 되도록 한다.

3) 장단점

장점	① 제조공정 시간을 단축하며, 제조장소 및 설비가 간단하다. ② 노동력이 절감되며, 짧은 발효시간으로 발효손실이 낮다.
단점	① 발효 내구성이 약하고, 반죽 잘못 시 조정이 불가능하다. ② 제품의 부피가 작고, 제품의 결이 고르지 못하다. ③ 노화가 빠르다.

※ **조정수의 역할**
① 반죽의 흡수와 반죽이 완료되었을 때, 반죽의 되기나 반죽의 온도에 따라 조정수를 투입한다.
② 조정수의 투입양은 믹싱한 후 1~2분 안에 결정해야 한다.
③ 조정수의 첨가가 늦어지면 글루텐이 먼저 형성되어 수분이 섞이기 힘들어진다.

> ▶ **찰리우드 법**
> ① 스트레이트법의 일종, 영국의 찰리우드 지방에서 유래된 것이다.
> ② 초고속 반죽기를 이용하여 반죽하므로 초고속 반죽법이라고도 한다.
> ③ 강한 기계적 조작과 환원제에 의해 반죽에 신장성을 부여하며 아스코르빈산이나 그 밖의 산화제를 첨가하여 경화시킨다.
> ④ 반죽부터 굽기까지 2시간 걸리는 속성법으로 풍미와 식감에 문제가 있으나, 최근에 사워종이나 묵힌 반죽을 이용하여 풍미를 개선한다.

2 비상 반죽법

1) 정의
① 기본적인 표준 반죽법을 따르면서, 표준스트레이트법, 스펀지법 보다 반죽 시간을 늘리고, 발효 속도를 촉진시켜 전체 공정 시간을 단축하므로 짧은 시간 내에 제품을 만들어 내는 방법
② 갑작스런 상황에 대비 빠르게 대처할 수 있는 방법으로 '비상 스트레이트법'이라고도 한다.
 (발효시간 단축)

2) 필수적 조치사항

① 설탕 1% 감소	삼투압 때문에 이스트 활성 영향
② 물 1% 증가	기계성 향상, 이스트 활성
③ 이스트 2배 증가	발효 속도 촉진
④ 1차 발효시간 15~30분	작업 시간 단축
⑤ 반죽 시간 20~25% 증가	신장성 증가
⑥ 반죽 온도 27℃ → 30℃ 증가	발효 속도 촉진

3) 선택적 조치사항

① 소금 1.75 % 감소	이스트 활동 방해 요소 줄임
② 이스트 푸드 0.5% 증가	이스트 양 증가에 따른 증가
③ 분유 1% 감소	완충제 역할로 발효 지연
④ 식초, 젖산 0.75% 첨가	반죽의 pH를 낮추어 발효 촉진

4) 장단점

장점	① 반죽 실패 시 신속히 조치 ② 갑작스런 주문 빠르게 대처 ③ 공정시간 짧다 ④ 노동력 절감
단점	① 노화가 쉬움 (제품 장기간 보관 어렵다) ② 빵의 부피가 고르지 못하다 ③ 이스트 냄새가 남을 수 있다

※ 스트레이트법 → 비상 스트레이트법 전환

구분	스트레이트법 (%)	비상 스트레이트법 (%)	조치 사항
밀가루	100	100	–
물	63	64	① 물 1% 증가
이스트	2	4	② 이스트 2배 증가
이스트푸드	0.2	0.2(0.5)	–
설탕	5	4	③ 설탕 1% 감소
쇼트닝	4	4	–
탈지분유	3	3(2)	–
소금	2	2(1.75)	–
식초	0	0 (0.5)	–
반죽온도	27℃	30℃	④ 반죽 온도 27℃ → 30℃ 증가
반죽시간	18분	22분	⑤ 반죽 시간 20~25% 증가
발효시간	2시간	15분 이상	⑥ 1차 발효시간 15~30분

기출문제 스트레이트 법을 비상 스트레이트 법으로 바꾸는 필수사항을 적으시오. 2019년

① 물 1% 증가 ② 이스트 2배 증가 ③ 설탕 1% 감소 ④ 반죽 온도 27℃ ➡ 30℃ 증가
⑤ 반죽 시간 20~25% 증가 ⑥ 1차 발효시간 15~30분

3 스펀지 도우법 (중종 반죽법)
① 반죽공정을 2번 하는 반죽법 (2번의 혼합과, 2번의 발효)
② 스펀지(Sponge)반죽 : 처음의 반죽, 본(Dough)반죽 : 나중의 반죽
③ 스펀지 반죽은 필요 이상으로 글루텐을 형성하지 않는다. (숙성이 더디다)
④ 스펀지 반죽에 이스트의 먹이로 설탕을 첨가하지 않기 때문에 아밀라아제가 충분히 함유해야 한다.

1) 반죽공정
① 스펀지 반죽 - 믹싱
  ㉠ 강력분, 물, 생이스트, 이스트푸드는 픽업 단계까지 혼합 (가루기가 없는 정도)
  ㉡ 필요 이상으로 글루텐을 만들면 반죽의 숙성이 더디다. (신장성을 만들어줘야 한다.)
  ㉢ 신전성과 탄력성이 없는 매우 거칠고 건조하며 윤기도 없다.
  ㉣ 반죽온도 24℃, 반죽 시간 약 5분, 저속
② 스펀지 반죽 - 발효
  ㉠ 스펀지 믹싱 완료한 반죽을 발효온도 24℃, 상대습도 75~80%, 발효실에서 3~5시간 발효
  ㉡ 발효하는 동안에 이스트에 의하여 생성된 산과 알콜로 인하여 글루텐을 연화시키면서 글루텐의 가스 보유력을 향상하고 신장성과 풍미를 증가된다.
  ㉢ 스펀지 발효 70% (약 3시간 경과) 시점 : 반죽의 부피가 증가하여 최대에 이르렀다가 줄어드는 break 현상
  ㉣ 발효 30%(약 54분) 더 지속 시, 3시간 54분으로 스펀지 발효 완료

기출문제 스트레이트법에서 스펀지 도우법으로 변경시 물의 양? `2020년`

스펀지에 사용하는 밀가루의 양에 따라 70% 스펀지법, 100% 스펀지법으로 구분한다.
예를 들어, 60% 스펀지법에서는 스펀지에 사용하는 밀가루를 전체 배합 밀가루 양에서 60%를 사용하고 도우반죽에는 나머지 40%를 사용한다. 물의 사용량은 밀가루량에 따라 달라지는데, 일반적으로 물은 밀가루의 55%를 사용한다. 이 물의 사용량이 55%를 스펀지에 사용했다면 도우에는 45%를 사용한다. 스펀지에 사용하는 물의 양이 많을수록 반죽의 숙성 속도가 빨라진다.

예상문제 스펀지반죽 발효의 완료점에 대해 설명하시오.

① 반죽의 부피가 처음의 4~5배 정도
② 수축현상이 일어나 반죽 중앙이 오목하게 들어가는 드롭 현상이 생길 때
③ 반죽의 표면상태가 유백색을 띠며 핀 홀이 생긴다.
④ pH 4.8(약산성)을 나타낼 때 (이스트 활력이 최대인 산도 : pH 4.7 정도)

> **예상문제** 스펀지 반죽에 분유나 소금을 사용하지 않는 이유는?
>
> 분유가 완충작용을 하며, 소금이 삼투압을 일으켜 발효가 억제된다.
> ※ 발효시간 늘리려면 : 이스트 양 감소
> ※ 발효시간 줄이려면 : 이스트 양 증가

③ 도우 반죽(본반죽)
  ㉠ 본반죽 재료 계량 후, 버터와 스펀지 반죽 제외한 모든 재료 혼합
  ㉡ 재료가 섞이면 1차 발효한 스펀지 반죽 넣고 혼합하여 반죽상태 확인
  ㉢ 버터를 넣고 중속으로 혼합하여 반죽의 얇은 막 형성

> **예상문제** 플로어 타임에 대해 설명하시오.
>
> ① 발효시간 : 20~40분 (반죽시간 증가 ➡ 플로어 타임 증가)
> ② 스펀지에 밀가루 양 증가 ➡ 플로어 타임 감소
> ③ 플로어 타임 주는 이유 : 약간 지쳐 있는 반죽을 팽팽하게 만들어 분할하기 쉽게 하기 위함

2) 장단점

장점	① 이스트 양 20% 감소 ② 부피가 큼, 속결과 촉감 부드러움 ③ 발효 내구성 강함, 노화 지연 ④ 발효시간 지나침 → 본 반죽 단계에서 조절 가능
단점	① 노동력, 시간 등 많이 소요 ② 발효손실이 크다.

3) 스펀지법 종류

단시간 중종법	스펀지 발효시간 : 2~3시간
장시간 중종법	스펀지 발효시간 : 8~10시간
오버나이트 중종법	① 스펀지 발효시간 : 12~24시간 ② 반죽은 신장성이 아주 좋고, 발효 향과 맛이 강하며, 빵의 저장성이 높아진다. ③ 발효시간이 길어 발효손실이 크다. (3~5%)
100% 중종법	① 스펀지 반죽에 밀가루 100%의 전량을 사용 ② 빵의 용적, 식감, 풍미 좋아진다. ③ 중종의 관리, 믹싱, 시간의 융통성과 반죽온도 조절 등 어렵다.
가당 중종법	① 일본의 단과자빵 반죽처럼 당의 배합이 20~30%인 반죽에 사용되는 제법 ② 중종에 전체당의 14~20%를 넣어 이스트가 내당성을 갖도록 하는 것이 목적이다.

4 오토리즈법 (Autolysis)

오토리즈법	특징	① 프랑스빵의 가장 기본이 되는 제법으로 '자가분해'라는 뜻 ② 밀가루와 물을 섞어 짧게는 30분에서 최대 12시간 반죽을 수화시킨 다음 나머지 재료를 넣어 반죽하는 것 (이스트 비사용) ③ 밀가루 속에 있는 효소가 전분과 단백질을 분해시켜, 전분은 당으로 바뀌고 단백질은 글루텐으로 재결성된다. ④ 프로테아제(protease) : 글루텐의 조직을 부드럽게 해 본 반죽의 신장성을 증대시킨다.
	장점	① 반죽 온도가 상승하는 것을 막을 수 있다. ② 믹싱 시간 단축 ③ 1, 2차 발효 시간 단축 ④ 빵이 활처럼 휘는 것을 방지할 수 있다. ⑤ 빵 속의 촘촘한 기공을 많이 얻을 수 있다. ⑥ 동일 반죽으로 동일 제품을 여러 번 구울 수 있다. ⑦ 이스트의 양을 줄일 수 있다.

5 폴리시법 (Poolish)

폴리시법	특징	① "폴란드식 빵"이란 뜻으로, 폴란드 제빵법에서 유래한다. ② 전체적으로 들어가는 물과 밀가루 1 : 1 동량에 소량의 이스트 또는 전량을 혼합해 짧게는 2시간에서 최대 24시간 휴지, 발효시킨 후 본 반죽에 넣어 사용한다.
	장점	① 이스트의 양을 줄일 수 있다. ② 빵의 노화를 늦출 수 있다. ③ 본반죽의 1, 2차 발효 시간을 단축시킬 수 있다. ④ 반죽의 힘이 좋아져 탄력이 증가한다. ⑤ 쿠프 모양이 좋아지고 빵 색상도 향상된다. ⑥ 볼륨감 및 오븐 스프링이 좋아진다.
	단점	① 최소 2시간의 준비 시간이 필요하다. 대량 주문시 바로 생산해 낼 수 없다. ② 폴리시를 보관할 적당한 온도의 공간이 필요하다.

6 비가종 (Biga)

① 비가종은 이탈리아어로 전발효종을 의미한다.
② 밀가루 100%, 물 60%, 이스트 0.4%를 고르게 혼합하여 24시간 발효시킨 후 사용하는 방법
③ 폴리시 방법보다 된 반죽으로 발효시켜 사용하는 방법
④ 수분량은 50~60% 정도로 단단한 것에서 폴리시종처럼 100%인 것까지 있다.
⑤ 비가종에는 소금이 들어가지 않으며 단순하게 밀가루, 물, 소량의 빵 효모로 만들어 진다.

⑥ 빵 효모의 양은 온도나 본반죽에 사용할 때까지의 시간에 따라 결정한다.
⑦ 폴리시종과 마찬가지로 빵 효모의 양은 0.08~1% 정도이다.

7 액체 발효법 (액종법)

1) 정의
① 스펀지 도우법의 변형으로 스펀지 대신 액종을 이용한 제빵법이다.
② 이스트, 이스트 푸드, 설탕, 맥아 에 물을 넣어 섞고 분유 등을 이용한 액종을 미리 만들어 사용한다.

2) 반죽 공정

액종 만들기	① 이스트, 설탕, 소금, 이스트푸드, 맥아에 물을 넣어 섞는다. ② 완충제로 탈지분유 또는 탄산칼슘을 넣어 30℃에서 2~3시간 발효 되어 pH 4.2~5의 액종을 만든다.
본반죽 만들기	① 액종과 본 반죽용 재료를 넣고 믹싱한다. ② 반죽온도 28~32℃ ③ 반죽 온도가 높을수록 빵이 잘 만들어지므로, 반죽량이 적으면 높은 온도에 맞춘다.

3) 장단점

장점	① 제빵 공정 시간, 노력, 공간, 설비가 감소하고, 균일한 생산이 가능하다. ② 액종을 한꺼번에 만들고, 동일한 액종으로 다양한 빵을 제조 가능하다. ③ 발효손실에 따른 생산 손실을 줄일 수 있다. ④ 액종법이 스펀지반죽법(중종법)보다 정확하고 간단하다. ⑤ 스트레이트법의 제품보다 부드럽고, 빵의 용적이 크고 노화 느리다.
단점	① 발효시간이 짧아 발효에 따른 글루텐의 숙성과 향이 부족하다. ② 산화제, 연화제, 환원제가 필요하다. ③ 대형 설비의 경우, 액종 탱크, 파이프의 위생관리 철저히 해야 한다. ④ 우유를 사용하지 않은 제품은 풍미가 약간 떨어진다.

8 연속식 제빵법 (기계적 숙성법)

1) 정의
① 액종법을 진전시킨 방법
② 액종과 본 반죽용 재료를 예비 혼합기에 모아서 고루 섞은 후, 반죽기, 분할기 등으로 연속 작업
③ 대규모 공장에서 단일 품목으로 대량 생산에 적합하다.

2) 반죽공정

액체 발효 탱크	액종용 재료를 넣고 섞어 30℃로 조절한다.
열 교환기	발효된 액종은 열 교환기를 통과시킨 후 온도를 30℃로 조절하여 예비 혼합기로 보낸다.
산화제 용액 탱크	취소산 칼륨(브롬산 칼륨), 인산칼륨, 이스트 푸드 등 산화제를 용해하여 예비혼합기로 보낸다.
쇼트닝 온도 조절기	유지를 녹여 예비 혼합기로 보낸다.
밀가루 급송 장치	액체 발효 탱크의 밀가루를 뺀 나머지를 예비 혼합기로 보낸다.
예비 혼합기	액체 발효종, 산화제 용액, 쇼트닝, 밀가루를 받아 각종 재료들을 고루 섞은 후 디벨로퍼로 보낸다.

※ 산화제를 쓰는 이유 :
 ① 공기 부족으로 인한 숙성이 안 되는 것을 방지하고 반죽을 숙성시키기 위하여 사용한다.
 ② 브롬산 칼륨, 인산칼슘, 이스트푸드 등

※ 액종에 밀가루 사용량 늘리면 :
 ① 액종의 물리적 성질이 향상되며, 빵의 부피가 증가한다.
 ② 발효 내구성이 향상된다.
 ③ 산화제 사용량이 감소된다.
 ④ 빵의 맛과 향이 좋아진다.
 ⑤ 본 반죽을 발달시키는데 필요한 반죽기의 에너지가 절감된다.

3) 장단점

장점	① 설비 감소 (믹서, 발효실, 분할기, 환목기, 중간 발효기, 성형기, 연결 컨베이어가 불필요) ② 설비 공간이 감소 : 일반 공장의 1/3 정도로도 충분하다. ③ 자동화 공정으로 노동력은 1/3로 감소(일반 공정 6~7명, 연속식 공정 1~2명) ④ 발효손실 감소(일반 공정 1.2%, 연속식 공정 0.8%)
단점	① 일시적인 설비 투자 비용이 크다. ② 산화제 첨가로 인해 발효 향이 감소

9 노타임 반죽법 (무발효 반죽법)

1) 정의

① 화학적 숙성법을 이용하는 제빵법
② 산화제와 환원제를 사용하여 1차 발효 공정을 거치지 않으므로 무 발효 반죽법이라고 한다.
③ 플로어타임 후에 분할 공정을 한다.
④ 산화제를 사용하여 발효 시간을 단축, 글루텐 숙성을 대신하고, 환원제를 사용하여 반죽 시간을 25% 줄인다.

산화제	역할	① 발효에 따른 글루텐 숙성 ② 밀가루 단백질의 S-H결합을 S-S결합으로 산화시킨다. ③ 단백질의 구조를 강하게 하고 가스 포집력을 증가시킨다. (부피 증가)
	종류	브롬산 칼륨(지효성 작용), 요오드칼륨(속효성 작용)
환원제	L-시스테인	① S-S 결합을 절단시켜 글루텐을 약하게 한다. ② 믹싱 시간을 25% 단축시킴. 사용량은 10~70ppm
	프로테아제	단백질 분해 효소로 믹싱 과정 중에 영향이 없고 2차 발효 중 일부 작용한다.
	솔빈산	10~30ppm / 빵도넛

2) 장단점

장점	① 제조시간이 절약된다. ② 발효 손실이 적다. ③ 수분 흡수율을 증가시켜 반죽 흡수율을 높인다. ④ 에너지가 적게 든다.
단점	① 발효에 의한 맛과 향이 떨어진다. ② 제품의 저장성이 저하된다. ③ 재료비가 많이 든다.

10 재반죽법

1) 정의

① 스트레이트 법의 변형으로 모든 재료를 넣고 물을 8~10% 정도 남겨 두었다가 발효 후 나머지 물을 넣고 다시 반죽하는 방법이다.
② 반죽온도 25.5~28℃로 한다.

2) 장단점

장점	① 공정상에 있어 반죽의 기계 내성, 적성이 양호하다. ② 스펀지 도우법에 비해 공정시간이 짧아진다. ③ 균일한 제품으로 식감이 양호하다. ④ 균일한 색상을 얻을 수 있다.
단점	구울 때 오븐 스프링이 적기 때문에 2차 발효를 충분히 해 주어야 한다.

11 탕종법

쫄깃쫄깃한 식감을 만들기 위해 밀가루에 뜨거운 물로 가열하여 전분을 호화시킨 후, 본반죽에 넣어 사용하는 제법

특징	① 밀가루를 뜨거운물을 넣고 가열하여 전분을 호화(겔)상태로 만들어 식힌 다음, 빵 반죽에 투입하는 제빵법 ② 밀가루와 물의 비율은 1:5 또는 1:2등 다양함
장점	① 쫄깃쫄깃한 식감을 얻을 수 있다. ② 떡과 같은 식감을 얻을 수 있다. ③ 탄력성, 빵의 노화가 느리다.
단점	탕종에는 글루텐이 형성되지 않기 때문에 많이 (30%) 넣으면 빵의 식감을 잃을 수 있다.

12 천연 발효법

1) 정의 및 특징

① 곡물을 발효하는 방법의 하나로, 제조 공정은 자연적이고, 맛이 좋으며 건강 지향적인 제품으로 인식되면서 전통적인 제빵법.
② 빵의 발효에 사용되는 이스트를 곡물이나 과일 등 천연효모를 만들어 사용하는 방법
③ 천연발효종 재료 : 건포도, 요구르트, 사과, 무화과, 맥주 등
④ 특유의 풍미를 가진 빵이 만들어진다.
⑤ 양질의 천연효모 빵을 매일 같은 정도로 제조하기 위해서는 반죽의 온도관리와 경험이 중요하다.

2) 천연 액종의 종류

르방 액종	① 발효액 : 밀가루와 물을 혼합하여 3~4일 동안 숙성시킨다. ② 발효액과 밀가루를 혼합하여 2회정도 종계를 만들어 천연 발효종을 만든다.
호밀 사워도우	① 호밀과 물을 혼합하여 3~4일 동안 숙성시켜 발효액을 얻는다. ② 발효액과 밀가루를 혼합하여 2회정도 종계를 만들어 천연 발효종을 만든다.
건포도 액종	① 건포도100g, 물250g, 설탕 15g 정도를 물에 넣고 흔들어 섞은 뒤 뚜껑을 느슨하게 닫아 2℃ 내외 보관한다. ② 하루 한번 씩 흔들어 건포도가 마르거나 곰팡이가 생기지 않도록 한다. ③ 건포도의 향과 알코올의 향이 나는 침전물과 나머지 액을 남기고 건포도를 걸러내면 건포도 액종이 완성된다.

3) 장단점

장점	① 유산균 발효인한 반죽의 산성화는 은은한 신맛이 있으며 빵의 품질은 물론 맛과 향을 개선 ② 유산균에 의한 전분과 단백질 분해로 빵 저장 동안 물리·화학적 변화를 일으켜 노화가 지연된다.
단점	① 노동력이 많이 들고 생산성이 일정하지 못하다. ② 발효시간이 길어지거나 반죽의 연화가 지나치는 등, 반죽이 불안정해진다.

13 프랑스 발효종

1) 르방 Levain

르방 (Levain)이란 "효모"를 뜻하는 프랑스어다. 영어로는 '이스트', 일본어로는 '효모균'을 말한다. 일반적으로 천연효모종, 자연발효종, 천연이스트, 르방 등으로 불리는데 결국 미생물학적으로 모두 같은 의미이다. 르방은 말 그대로 공기 중이나 밀가루 내에 있는 극소량의 효모균, 과실류의 효모균 등을 자연적으로 배양한 것이지만 이스트는 미생물을 포집하여 효모 활성화균을 넣는 등의 가공 과정을 거친 것이다. 빵에 첨가할 때는 가능한 한 르방을 넣어 이스트 사용량을 1~2%로 줄이는 것이 좋다. 프랑스에서는 가공 이스트를 0.2% 이하로 사용한 빵만을 천연 발효빵으로 인정하고 있다. 르방은 밀가루 대비 10~40% 정도 이용하는 것이 좋으며 60%이상 넘게되면 신맛이 강해진다. 르방은 르방 뒤르(Levain dur)라고 하는 단단한 르방과 액체 상태의 르방 리퀴드(Levain liquide) 2종류로 나눌 수 있다. 만들고자 하는 빵의 종류나 풍미, 맛, 식감 등에 따라 르방의 종류를 달리해서 사용한다.

2) 르방의 종류

만들고자 하는 빵의 종류나 풍미, 맛, 식감 등에 따라 르방의 종류를 달리해서 사용한다.

㉠ 르방 뒤르(Levaindur) : 단단한 르방

㉡ 르방 리퀴드(Levain liquide) : 질은 상태

장점	① 소화가 잘되서 위에 부담을 주지 않는다. ② 빵의 속 조직을 부드럽게 하고 향을 좋게 하며 볼륨을 안정시킨다. ③ 이스트 사용량을 50% 이상 줄일 수 있다. ④ 장시간 발효에 의해 빵의 속결과 껍질의 식감이 좋아진다. ⑤ 이스트로 발효시킨 빵에 비해 노화가 더디다. ⑥ 다양한 빵의 부산물에 의해 빵의 풍미가 좋아진다.
단점	① 종을 발효시킬 공간이 필요하다. ② 이스트와 비교해 발효시간이 길며 많은 시간과 노력을 필요로 한다.

> ▶ 파트 페르망테
> ㉠ 파트 페르망테는 고생지 즉 '묵은 반죽'을 뜻한다.
> ㉡ 묵은 반죽은 전날 사용하고 남은 반죽을 다음날 사용하는 것으로 바게트로 만들고 남은 반죽을 가리킨다.
> ㉢ 1차 발효가 끝난 반죽 가운데 남은 일부를 냉장보관 후 다음날 본 반죽에 섞어준다.
> ㉣ 묵은 반죽을 사용하면 빵의 속결과 볼륨감이 한결 좋아진다.

3. 유럽빵의 종류

1 바게트

1) 일반 바게트

내상이 비교적 희고 조밀하며 끝이 둥근, 우리가 흔히 베이커리나 레스토랑에서 접하는 바게트.

2) 전통바게트

① 프랑스 전통 바게트 법으로 규정된 프랑스 전통빵의 기준에 따라 만든 바게트이다.

② 프랑스 전통 밀가루를 사용하고 때때로 천연효모를 사용하기도 한다.

③ 수작업으로 성형하며 냉동 과정을 거치지 않고 고유의 반죽 그대로를 구워 만든다.

④ 끝이 뾰족하고 표면에 밀가루가 뿌려져 있는 것으로 전통 바게트임을 표시한다.

* 파리지엥 스타일 : 70 ~ 80cm

*국제 대회 규격 : 60 ~ 65cm

3) 뺑 드 판타지

프랑스에서는 바게트처럼 '막대형'의 빵과 동일한 반죽을 이용해 모양만을 달리한 여러 가지 빵을 만드는데 이를 '뺑 드 판타지'라 한다.

① **드미 바게트(Demi Baguette)** : 드미(Demi)는 '절반, 1/2'이라는 뜻으로 무게와 길이가 일반 바게트의 1/2 정도 되는 바게트이다.
② **바타르(Batard)** : 바게트와 둥근 빵 사이 '중간'이라는 뜻. 바게트와 분할 무게는 330~350g으로 동일하지만 바게트에 비해 길이가 짧고 통통하다.
③ **피셀(Ficelle)** : '가느다란 빵'이라는 뜻으로, 길고 가느다란 형태의 바게트를 가르킨다.
④ **폴카 (Polka)** : 마름모꼴의 줄이 있는 빵을 가리킨다.
⑤ **쿠론느(Couronne)** : '왕관' 모양의 빵을 뜻한다.
⑥ **팡뒤(Fendu)** : '쪼갠' 또는 '금이 간'이라는 뜻으로 가운데를 2등분한 모양의 작은 빵을 가리킨다.
⑦ **샹피뇽(Champignon)** : 이름에서 연상되듯이 '버섯'같은 형태의 빵이다.
⑧ **볼캉(Volcan)** : '화산'이라는 뜻으로 둥근 빵을 가리킨다.
⑨ **타바티에르(Tabatie're)** : '코 담배갑'이라는 뜻으로, 빵의 모양이 뚜껑을 덮은 담배갑을 연상시킨다.

2 치아바타 (Ciabatta)

① 치아바타는 이탈리아어로 '납작한 슬리퍼'란 뜻
② 길고 넓적하며 가운데가 푹 들어간 빵의 모양 때문에 붙은 이름이다.
③ 쫄깃하고 수분이 적으며 심심한 맛을 가진 이탈리아식 바게트라고 할 수 있다.
④ 이탈리아 남부지방에서 즐겨먹으며 두께가 두껍지 않아 반으로 갈라 샌드위치용으로 많이 이용된다.

3 에피 (Epi)

① 바게트빵을 만들다가 반죽을 가위로 잘라 모양을 내서 만들어진 데에서 유래가 된 빵
② 빵의 원료가 되는 밀(이삭)을 본떠 만들어지게 되었다.
③ 프랑스에서는 빵을 손으로 뜯어 먹는 것이 일반적이어서, 마디가 있는 에피는 식사와 함께하기에 좋은 바게트로 알려져 있다.

4 푸가스 (Fougasse)

① '최고급 밀가루'라는 뜻
② 프랑스 에서는 실제로 최고급 밀가루를 사용하는 경우가 많다고 한다.
③ 나뭇잎 모양을 하고 있는 푸가스는 프랑스 남부지방에서 특히 유명한 빵이다.
④ 이탈리아의 포카치아를 연상케 하며, 껍질은 바삭하고 속은 쫄깃한 것이 특징이다.

5 좁프 (Zopf)

① 독일어로 꽈베기를 연상시키는 가닥 빵으로 '댕기 모양'처럼 엮는 것(가닥 빵)을 뜻한다.
② 고대 그리스와 로마에서도 만들어져서 스위스, 독일, 오스트리아, 헝가리, 북유럽, 러시아에도 전해져 왔다.
③ 프랑스에서는 트레스(Tresse)라고 하며, 사보아 지방의 가닥으로 된 빵이 유명하며, 유태인 사이에서는 '맑은 날의 빵'으로 통하기도 한다
④ 좁프는 '뺑 오 레'와 같이 우유 향이 향긋하게 풍기는 부드러운 느낌이 있다.

6 브레첼 (Brezel)

1) 브레첼의 유래에 관한 설
① 독일 바덴 지방의 구움과자가 유래
② 독일 국경 가까운 프랑스 알자스지방에서 유래
③ 중세 유럽에서 만들어 졌다는 설 과 로마제국, 케트 족의 과자 였다는 설이 있다

2) 어원과 특징
① 브레첼의 어원은 '팔' 이라는 라틴어 '브라키움(Bracchium)'에서 왔다 한다.
② 독일빵의 상징이 된 빵. 고대 로마의 링형 빵에서 시대와 함께 변천하여 현재의 형태가 되었다. 기원 후 610년 이탈리아 수도사가 기도를 잘하는 어린이들을 위한 상으로 만들기 시작하여, 그 빵을 '기도하는 손의 모양'으로 만들어서 라틴어로 '작은 보상'을 의미하는 'pretiola'라고 이름을 붙였다.
③ 독일에서는 3개의 고리를 연결한 간판이 빵 가게의 상징으로 사용되었지만, 브레첼의 형태가 간판으로 사용 되었는지, 브레첼이 간판의 형태에 의해 만들어졌는지는 확실하지 않다.

4. 빵류 제조시 주의 사항

1 식빵

> **기출문제** 식빵 내상에 줄무늬가 생기는 이유는? **2021년**
> ① 반죽통에 과도한 기름칠
> ② 분할기의 기름 과다
> ③ 중간 발효 시 표면이 말라 껍질이 형성
> ④ 발효실에서 표피가 건조
> ⑤ 덧가루 사용 과다

2 건포도 식빵
① 건포도는 최종 단계에 넣는다. (건포도를 미리 넣으면 반죽이 얼룩지고, 빵껍질 색이 어두워지고, 이스트 활력이 좋게, 반죽이 거칠어져서 정형이 어렵다.)
② 밀어펴기 할 때 건포도의 모양이 상하지 않게 느슨하게 작업한다.
③ 당 함량이 높으므로 팬닝할 때 기름을 많이 칠한다.

> **예상문제** 건포도의 전처리 하는 방법은?
> ① 27℃ 물에 담가 두었다가 체로 걸러 물기를 제거하고 4시간 동안 둔다.
> ② 목적 :
>   ㉠ 수분이 제품 내에서 건포도 쪽으로 이동하면 빵 속이 건조 해지므로 수분 이동 방지
>   ㉡ 건포도가 빵과 잘 결합되도록 한다.
>   ㉢ 건포도 씹는 촉감 좋게 하고 향과 맛을 좋게 해준다.
>   ㉣ 물을 흡수한 건포도는 건포도를 10% 더 넣은 효과가 있다.

3 데니시 페이스트리 (Danish Pastry)
① 식빵과 비교하여 설탕, 달걀의 함량을 15~16% 정도로 높인다.
② 롤인용 유지의 가소성은 층상구조의 결을 만들어 준다
③ 클린업 단계 이후에 반죽용 유지를 투입하여 중속으로 발전 단계까지 믹싱 한다.
④ 냉장 휴지
  ※ **냉장휴지** : 반죽과 유지와의 경도를 같게하여 밀어펴기할 때, 반죽과 유지가 따로따로 밀리지 않고 함께 밀어 펴지게 한다.

> **기출문제** 페이스트리에서 유지의 특징에 대해 설명하시오. `2021년`
>
> ※ 가소성 유지
> 유지가 상온에서 고체 모양을 유지하는 성질로, 지방 고형질 계수가 가소성의 정도를 결정한다.
> 롤인용 유지의 가소성은 층상구조의 결을 만들어 준다.
> ㉠ 식탁용, 케이크용 : 부드럽다.
> ㉡ 파이(Roll in용) : 단단하고 밀납질이다.
> ㉢ 퍼프용 : 롤인 용 보다 더 단단한 밀납질이다.

4 하스 (Hearth) 브레드류

> **예상문제** 하스(Hearth) 브레드의 특징에 대해 설명하시오.
> ① 일정한 모양의 틀을 쓰지 않고, 바로 오븐의 구움대 위에 얹어서 굽는 빵.
> ② 설탕, 유지, 계란을 거의 넣지 않는 빵이므로 겉껍질이 단단하다.
> ③ 하스브레드는 반죽의 탄력성을 최대한 살려야 하므로, 일반 식빵 보다 수분함량(가수율)을 줄인다.

1) 프랑스빵 (바게트)

① 프랑스 정통 바게트는 준 강력분을 사용하여 바삭바삭한 껍질을 만든다.
② 비타민 C(10 ~ 15ppm 정도)와 맥아를 사용하여 제빵 개량제를 대신한다.

2) 하드롤 (Hard Roll)

① 껍질이 딱딱하며 구움대에 바로 굽는 하스 브레드 이지만 약간 고배합 빵이다.
② 밀가루 100% 에 대하여 물 50~60%, 설탕, 계란, 유지, 분유 등을 2% 정도 넣어 만든 것.
③ 반죽을 40~60g으로 분할해서 표면을 매끄럽게 둥글린후 반죽의 봉합부분을 매듭 짓는다.

3) 베이글

① 반죽을 3겹 접기를 한 후, 이음매 부분을 봉해서 길게 25cm 정도가 되도록 말기를 한다.
② 양쪽을 붙여서 링 모양을 만든다.
③ 데친 반죽을 철판에 팬닝한 다음 오븐에 굽는다.

4) 호밀빵

① 저율 배합이므로 언더베이킹 (높은 온도에서 굽기) 한다.
② 굽기중에 불규칙한 터짐을 방지 하기 위해 윗면에 커팅이 필요 하다.
③ 오븐 온도가 높을때는 얕게 커팅하고 낮을때는 깊게 커팅한다

※ 호밀빵 제조시 주의 사항:
① 글루텐을 구성하는 글루테닌과 글리아딘이 아주 적으므로 반죽은 되게 한다.
② 믹싱은 일반 빵의 80% 정도로 한다.
③ 호밀은 글루텐을 형성하는 단백질 함량이 적어 밀가루에 비해 1차 발효 시간이 짧다.
④ 충전물이 많이 들어가는 경우에는 팽창이 적으므로, 밀가루 식빵보다 2차 발효시간을 길게 한다.
⑤ 발효 과다시 굽기중에 호밀 빵의 표면이 갈라질 수 있으므로 2차 발효에 주의한다.
⑥ 호밀분이 많을수록 일반 빵에 비해 반죽온도를 낮게 하고 흡수율을 증가한다.

> **기출문제** 호밀빵 배합표에 샤워종을 사용함으로써 나타나는 결과는? 2020년
> ① 반죽 시간이 감소된다.
> ② 발효시간이 감소된다.
> ③ 플로어 타임이 감소된다.
> ④ 완제품의 부피가 감소된다.

5. 빵류 케이크 제품의 품질 평가

1 제품의 평가

1) 제품 평가의 기준

평가 항목		세부 사항
외부평가	외형의 균형성	좌, 우, 앞, 뒤가 대칭인 것이 좋다.
	부피	분할무게에 대한 완제품의 부피가 적당해야 한다.
	터진정도	옆면에 적당한 터진정도, 찢어진 정도가 적당해야 한다.
	껍질색	황금 갈색이 좋다.
	굽기의 균일성	전체가 균일하게 구워진 것이 좋다.
	껍질 형성	두께가 일정하고, 너무 질기지 않고, 딱딱하지 않아야 좋다.

평가 항목		세부 사항
내부평가	조직	탄력성 있으며, 부드러운 느낌이 있어야 좋다.
	기공	작고 균일한 기공과 얇은 기공벽으로 이루어진 것이 좋다.
	속결, 색상	크림색을 띠고 있는 흰색이 좋다.
	냄새, 향	고소하고 빵 특유의 향이 있다.
	맛, 식감	제품 고유의 맛과 만족스러운 식감이 있어야 좋다.

2) 어린 반죽과 지친 반죽으로 만든 제품의 비교

항목	어린 반죽 (발효와 반죽이 덜된 것)	지친 반죽 (발효와 반죽이 많이 된 것)
기공	거칠고 두꺼운 기공	얇은 세포벽
조직	거칠다	거칠다
브레이크	찢어짐과 터짐이 아주 적다	거칠다가 적어진다
부피	작다	크다가 적어진다
껍질 특성	두껍고 질기고 기포가 있을 수 있다	두껍고 단단해서 잘 부서지기 쉽다
껍질 색	어두운 적갈색	밝은 색
속 색	무겁고 어둡다 (숙성 부족)	색이 희고 윤기가 부족 하다
외형의 균형	예리한 모서리, 옆면이 유리처럼 매끄러움	둥근 모서리, 옆면이 움푹 들어감
구운 상태	위, 옆, 아랫 부분이 모두 검다	연하다
맛	덜 발효된 맛	발효된 맛
향, 냄새	생 밀가루 냄새	신 냄새

3) 각 재료의 분량에 따른 제품의 결과

(1) 밀가루

항목	정량 보다 많이 사용한 경우	정량 보다 적게 사용한 경우
기공	세포가 좋다	얇은 껍질이 되고 세포가 파괴된다
부피	커진다	작아진다
껍질 색	진하다	연하다
속 색	황갈색	흰색
외형의 균형	예리한 모서리, 브레이크가 적다	둥근 모서리, 브레이크가 크다
맛	좋다	좋지 않다
향, 냄새	밀 고유의 향이 좋다	향이 약하다

(2) 설탕

항목	정량 보다 많이 사용한 경우	정량 보다 적게 사용한 경우
기공	세포는 좋아진다	가스 생성이 잘 안되어 세포가 파괴된다
부피	작다	작다
껍질 색	어두운 적갈색	연한 색
속 색	발효가 잘되면 속색은 좋다	회색 또는 황갈색
외형의 균형	모서리 각이 지고 찢어짐이 적다	모서리가 둥글다
맛	달다	발효에 의한 맛이 적다
향, 냄새	정상 발효 되면 향이 좋다	향미가 적다

(3) 우유

항목	정량 보다 많이 사용한 경우	정량 보다 적게 사용한 경우
기공	세포가 거칠다	세포가 약하다
부피	커진다	감소한다
껍질 색	진하다	연하다
속 색	황갈색	흰색
외형의 균형	예리한 모서리, 브레이크 적다	둥근 모서리, 브레이크 크다
맛	우유 맛이 강하고 약간 달다	단맛이 적고, 약간 신맛이 난다
향, 냄새	미숙한 발효 냄새, 껍질 탄 듯 한 냄새	지나친 발효로 약한 신 냄새

(4) 소금

항목	정량 보다 많이 사용한 경우	정량 보다 적게 사용한 경우
기공	두꺼운 세포벽, 거친 기공	얇은 세포벽
부피	작다	크다
껍질 색	검고 어두운 붉은 색	흰색
속 색	진한 암갈색	회색
외형의 균형	예리한 모서리, 약간 터지고 윗면이 평평 하다	둥근 모서리 브레이크가 크다
맛	짠맛	부드러운 맛
향, 냄새	향이 없다	향이 있다

(5) 쇼트닝

항목	정량 보다 많이 사용한 경우	정량 보다 적게 사용한 경우
기공	세포가 거칠다	세포가 파괴되어 기공이 열리고 거칠다
부피	작아진다	작아진다
껍질 색	진하고 어둡고 윤기가 난다	색이 연하고, 표면에 윤기가 없다
속 색	황갈색	엷은 황갈색
외형의 균형	각진모서리, 브레이크 작다	둥근 모서리, 브레이크 크다
맛	기름기 맛이 강하다	발효가 미숙한 맛
향, 냄새	불쾌한 냄새	발효가 미숙한 냄새

2 빵류 제품의 결함과 원인

1) 껍질

결점	원인
껍질이 질김	약하거나 저질의 밀가루 사용 지나치게 강한 밀가루 사용 저 배합 비율 성형때 거칠게 다루거나 지친 반죽 발효부족 이거나 2차 발효 과다 2차 발효실 습도 높음 낮은 오븐 온도 또는 오븐속 증기 과다
껍질에 반점이 생김	배합 재료가 고루 섞이지 않음 덧가루 과다 사용 분유가 녹지 않거나 설탕의 용출 2차 발효실의 수분 응축
표피에 수포가 발생	반죽이 질거나 성형기 취급 부주의 발효 부족 하거나 2차 발효실 습도 높음 오븐의 윗불 온도가 높음
껍질이 두꺼움	소금, 설탕, 분유, 쇼트닝 과다 사용 질 좋은 단백질 밀가루 과다 / 너무 강한 밀가루 이스트 푸드, 효소제 과다 사용 지친 반죽 또는 2차 발효실 습도 부족 과 온도 낮음 낮은 오븐 온도 / 오븐 스팀량 부족
껍질이 갈라짐	효소제 사용량 부족 / 지치거나 어린 반죽 2차 발효실 습도 부족 높은 윗불 온도 / 급속한 제품 냉각

결점	원인
껍질 색이 옅음	설탕 사용량 부족 / 연수 사용 / 오래된 밀가루 사용 / 효소제 사용 과다 부적당한 믹싱 / 1차 발효시간의 초과 / 2차 발효실 습도 낮음 굽기 시간의 부족 / 오븐속의 습도와 온도가 낮음 / 오븐에서 거칠게 다룸
껍질 색이 짙음	설탕, 분유 사용량 과다 / 지나친 믹싱 / 1차 발효시간 부족 2차 발효실 습도 높음 / 높은 오븐 온도, 높은 윗불 온도, 과도한 굽기

2) 부피

결점	원인
부피가 큼	우유, 분유 사용량 과다 / 소금 사용량 부족 과다한 1차 발효 와 2차 발효 팬의 크기에 비해 많은 반죽 부적합한 성형 / 스펀지의 양이 많을 때 낮은 오븐 온도 / 팬기름을 너무 칠한 경우
부피가 작음	이스트 사용량 부족 / 오래되거나 온도가 높은 이스트 사용 이스트 푸드 사용량 부족 오래되거나 약한 밀가루 사용 / 미성숙 밀가루 사용 소금, 설탕, 쇼트닝, 분유 사용량 과다 / 효소제 사용량 과다 알칼리성 물 사용 / 물 흡수량이 부족 부족한 믹싱 / 반죽 속도가 빠를 때 / 차가운 믹서, 틀의 온도 팬의 크기에 비해 부족한 반죽량 / 반죽이 지나치거나 부족할 때 성형시 주위의 낮은 온도 / 2차 발효 부족 / 지나친 발효 오븐에서 거칠게 다룸 / 오븐의 온도가 초기에 높을 때 / 오븐의 증기가 많거나 적을 때

3) 빵 내부

결점	원인
빵 속 색깔이 어두움	맥아, 이스트 푸드 사용량 과다 / 저질 밀가루 사용 / 과다한 표백제 사용한 밀가루 사용 / 반죽의 신장성 부족 / 지나친 2차 발효 낮은 오븐 온도 / 뜨거운 틀, 철판 사용
빵 속 줄무늬 발생	덧가루 과다 사용 / 밀가루 체질 안함 / 반죽 개량제 사용 과다, 재료 혼합 부족, 된 반죽 / 표면이 마른 스펀지 사용 / 건조한 중간 발효 / 잘못된 성형기의 롤러 조절 / 과다한 기름 사용
거친 기공과 좋지 않은 조직	약한 밀가루 사용 / 이스트 푸드 사용량 부족 경수(알칼리성 물) 사용 / 되거나 진 반죽 낮은 오븐 온도 / 오븐에서 거칠게 다룸 / 뜨거운 틀, 철판 사용

4) 빵의 외형

결점	원인
빵의 바닥이 움푹 들어감	믹싱 부족 / 진 반죽 / 팬에 기름칠 하지 않음 / 2차 발효실 습도 높음 초기 굽기의 지나친 온도 / 뜨거운 틀, 철판 사용 팬 바닥에 구멍이 없음 / 팬 바닥에 수분이 있음
윗면이 납작하고 모서리가 날카로움	미숙성한 밀가루 사용 / 소금 사용량 과다 / 지나친 믹싱 / 진 반죽 발효실의 높은 습도
브레이크와 슈레드 부족 (터짐과 찢어짐)	이스트 푸드 사용량 부족, 연수 사용 / 효소제 사용량 과다/ 진반죽 발효 부족 / 지나친 2차 발효 / 2차 발효실 온도 높거나 습도 낮음 오븐 증기 부족
빵의 옆면이 터짐	지친 반죽 / 팬보다는 넘치는 반죽량 / 지나친 2차 발효 / 오븐열이 고르지 못함
곰팡이 발생	제품 냉각 부족 / 작업도구 오염 / 굽기 부족 취급자나 식품 용기의 비위생적인 취급

3 단과자 빵류의 결함 원인

결점		원인
껍질	껍질에 반점 발생	낮은 반죽 온도 / 숙성 덜된 반죽 사용 / 발효중 반죽이 식음 굽기전 찬공기를 오랫동안 접촉
	껍질 색이 옅음	배합 재료 부족 / 지친 반죽 / 발효시간 과다 / 반죽의 수분 증발 덧 가루 사용 과다
	껍질색이 짙음	질 낮은 밀가루 사용 / 낮은 반죽온도 / 식은 반죽/ 높은 습도 어린 반죽
	껍질이 두껍고 탄력이 적음	박력 밀가루 사용 / 설탕 유지의 사용량 부족 / 반죽 정도 부족 가수율 부족 / 보관중 바깥 공기와 접촉
내부	빵속이 건조함	설탕 사용량 부족 / 지나친 스펀지 발효 시간 / 된 반죽 / 낮은 오븐 온도
외형	빵 바닥이 거침	이스트 사용량 과다 / 부족한 반죽 정도 / 2차 발효실의 높은 온도
풍미 부족		저율 배합표 사용 / 낮은 반죽 온도 / 과숙성 반죽 사용 2차 발효실의 높은 온도 / 낮은 오븐 온도
노화가 빠름		박력 밀가루 사용 / 설탕, 유지의 사용량 부족 / 반죽 정도 부족 가수율 부족 / 보관중 바깥 공기와 접촉

4 2차 발효에 따른 식빵의 결점

부피가 작다		① 중간 발효와 2차 발효가 부족하다. ② 2차 발효실 온도가 너무 낮거나 높다. ③ 2차 발효실 상대습도가 부족하다.
껍질	진하다	지나친 2차 발효
	두껍다	2차 발효실 온도와 상대습도가 낮다.
	수포 형성	2차 발효실 상대습도가 높다.
	갈라짐	2차 발효실 상대습도가 너무 낮거나 높다
	반점생김	2차 발효실 습도가 높아 표면에 수분 응축
브레이크 & 슈레드 부족		① 2차 발효가 짧거나 길다. ② 2차 발효실 상대습도가 부족하거나 많다. ③ 2차 발효실 온도가 너무 높다.
외관	옆면 들어감	2차 발효가 지나치다
	밑면 들어감	2차 발효실 상대습도가 너무 높다.
	표면이 터짐	2차 발표가 짧음
기공이 균일하지 않고 내상이 나쁨		① 너무 긴 2차 발효 ② 2차 발효실 상대습도가 너무 높거나 낮음
빵의 향, 맛 미흡		발효가 짧거나 지나친 반죽
제품 보존성 나쁨		발효 온도, 습도, 시간 관리 불량

5 케이크의 결점과 원인

케이크의 결점	원 인
1) 균일하지 못한 케이크	① 팬닝한 표면이 고르지 않음 ② 오븐 선반이 고르지 않음 ③ 찌그러진 팬 사용 ④ 알맞지 않은 비중
2) 케이크 중앙이 올라옴	① 쇼트닝 부족 ② 물이 적어 건조한 반죽 ③ 윗 불이 너무 높은 오븐 온도
3) 중앙이 주저앉아 대칭성 부족한 케이크	① 과다한 설탕 사용 ② 구조형성 재료 부족 ③ 과다한 팽창제 사용 ④ 온도가 낮은 오븐 ⑤ 언더 베이킹

케이크의 결점	원 인
4) 크기가 작은 케이크	① 배합률 불균형 ② 너무 낮거나 높은 오븐 온도 ③ 믹싱 부적절 ④ 너무 큰 팬 사용
5) 진한 껍질색의 케이크	① 너무 높은 오븐 온도 ② 윗 불이 너무 높은 오븐 온도 ③ 과다한 설탕이나 분유
6) 엷은 껍질색의 케이크	① 너무 낮은 오븐 온도 ② 배합률 불균형
7) 껍질색이 균일하지 못한 케이크	① 오븐 열 불균일 ② 크기가 다른 팬으로 구움
8) 두껍고 단단한 껍질의 케이크	① 너무 높은 오븐 온도 ② 너무 장시간 구움
9) 표면이 갈라진 케이크	① 너무 높은 오븐 온도 ② 수분이 많은 반죽 ③ 너무 낮은 반죽 온도
10) 향이 바람직하지 못하거나 부족한 케이크	① 질이 나쁜 재료 사용 ② 향이 부족하거나 부적절한 조합 ③ 재료보관 불량 ④ 소금 사용량 부족

기출문제 롤 케이크를 말 때 겉면이 터지거나 스펀지 원판이 부러지는 경향이 많은 경우에 조치해야 할 사항을 크게 3가지로 요약하시오. 2020년

보습성을 위한 조치
① 설탕의 일부를 물엿으로 대치, 덱스트린의 점착성을 이용한다.
② 비중을 낮추거나, 반죽온도를 높인다.
③ 과도한 팽창을 감소 (팽창제 감소)
④ 믹싱 상태 조절 해주고 전란의 비율을 증가해 준다.
⑤ 밑불이 강한 오븐으로 밑불을 조절한다.

6. 제빵 공정

01. 발효

1 발효 손실
① 반죽을 발효하는 동안 수분 증발이나, 이산화탄소가 공기 중으로 방출되어 발효 전 반죽 무게에 비하여 발효 후 반죽 무게가 줄어드는 비율
② 발효된 반죽의 발효손실로 인한 중량 감소는 보통 1% 정도이다.
③ 스펀지 반죽 : 본 도우 혼합 시 흡수율 조절하여 수정 가능하다.
④ 발효 손실 적으면, 빵 수율이 증가하여 경제적으로 이익이 된다.

2 발효 손실을 줄이기 위한 방법
① 1차 발효실 상대습도 관리 주의
② 발효 시간 감소, 온도 낮춘다.
③ 스펀지 밀가루 % 감소
④ 아밀라아제 활성이 적은 밀가루 사용

3 발효에 영향을 미치는 인자

> **예상문제** 발효에 영향을 미치는 인자는 어떤 것들이 있는가?
> 이스트, 밀가루, 분유, 발효성 당, 삼투압, pH (수소 이온 농도), 온도, 이스트푸드

1) 이스트
　(1) 이스트(Yeast, 효모)
　　① 이스트 학명 : 사카로미세스 세레비시에 (Saccharomyces Cerevisiae)
　　② 효모라 불리며, 빵, 맥주 등을 만들 때 사용되는 살아있는 미생물
　　③ 광합성 작용과 운동성이 없는 단세포 생물, 출아법으로 생식한다
　　④ 탄수화물은 당으로 분해되어 이스트의 먹이로 이용된다.
　　⑤ 단백질은 아미노산으로 분해되어 질소성분이 영양원으로 작용한다.
　　⑥ 반죽 내에서 발효 → 이산화탄소, 에틸알코올, 유기산 생성 → 반죽을 팽창시키고, 빵의 향미 성분을 부여
　　⑦ 효모는 자연계에서 과실의 표면, 수액, 토양, 해수, 공기, 우유 등에 널리 분포되어 있다.
　　　㉠ 야생효모: 자연계에서 분리된 그대로의 효모
　　　㉡ 배양 효모: 우수한 성질을 가진 효모를 분리하여 목적에 맞게 배양한 것

(2) 이스트의 증식

① 반죽 발효 중 이스트는 발효성 당을 분해하여 이산화탄소와 알코올로 전환
② 호기성 상태 : 증식 → 생균수가 증가
③ 혐기성 상태 : 발효 진행 → 알코올과 이산화탄소 생성
④ 밀가루에 이스트를 1.7% 사용 반죽 제조 → 27℃에서 발효 시
  ㉠ 2시간 동안 : 이스트 생균수의 증가 미미
  ㉡ 2~4시간 : 이스트 증식 급격, 생균수 증가

(3) 이스트의 발효준비

① 스트레이트법이나, 스폰지반죽에 이스트를 사용하면 처음에는 휴면상태
② 발효가 활발해지도록 준비시간 필요 (보통 45분 정도)
③ 준비시간에는 이스트가 좋아하는 최적의 조건 제공 (온도, 상대습도, pH, 영양원)

(4) 이스트의 가스 발생력

① 주어진 시간에 이산화탄소를 생성하는 능력
② 이스트 양과 발효 시간의 관계는 반비례 (단, 발효성 당 충분 시)
③ 이스트 사용 양 ↑, 발효시간 ↓ (발효 촉진) : 글루텐 숙성이 덜되고, 이스트 냄새가 나며, 완제품에서 발효향이 적고 맛이 좋지 않게 된다.

> **기출문제** 이스트의 역할을 3가지 적으시오. 2021년
>
> ① 반죽의 팽창
>   단당류인 포도당으로 분해하여 이산화탄소를 생성, 이산화탄소를 글루텐이 포집, 반죽하여 팽창.
> ② 반죽의 숙성
>   발효중에 생성되는 유기산(젖산, 초산)- pH를 저하(산성화)시켜서 글루텐 연화, 반죽이 부드러워진다.
> ③ 향기 물질의 생성
>   이스트와 여러 종의 유산균은 당을 분해하여 알코올, 유기산, 에스테르, 알데히드 같은 방향성 물질을 생성하여 빵의 맛과 풍미,향을 좋게 하고 노화를 지연시킨다.

(5) 이스트에 들어있는 효소

효소	작용 기질	분해산물
프로테아제	단백질을 분해	펩티드/아미노산
리파아제	지방을 분해	지방산+글리세린
인베르타아제	전화당(자당)을 분해	포도당+과당
말타아제	맥아당 분해	포도당+포도당
치마아제	단당류 (포도당, 과당)를 분해	알코올+탄산가스 생성

(6) 이스트의 번식조건

영양분	당, 질소, 인 화합물, 비타민, 미네랄
공기	호기성으로 산소가 필요
온도	① 이스트는 살아있는 생명체 → 최적의 온도에서 최대 활성 ② 28~32℃가 적당, 이스트 활동이 가장 활발한 온도는 38℃
최적 pH	① 반죽의 pH는 발효 진행 정도 예측할 수 있는 척도 ② 최적 pH: 4.5~5.8

(7) 이스트 사용량의 조절

이스트 양을 증가시키는 경우	이스트 양을 감소시키는 경우
① 설탕 사용량이 많을 때 ② 우유(분유) 사용량이 많을 때 ③ 소금 사용량이 많을 때 ④ 발효 시간을 감소 시킬 때	① 수작업 공정이 많을 때 ② 작업량이 많을 때 ③ 실온이 높을 때

2) 밀가루

밀가루 단백질은 완충작용으로 발효를 지연시키는데, 밀가루 단백질 함량이 높으면 발효를 더욱 지연된다.

> **예상문제** 손상 전분(damaged starch)이란?
> ① 전분 입자가 깨진 것 : 효소가 분해하기 쉬움
> ② 밀가루 제분 시 생성 : 연질밀 < 경질밀
> ③ 반죽 발효 초기 : 효소가 손상 전분 분해(맥아당 증가)
> ④ 함량 : 4.5~8%
> ⑤ 손상 전분은 2배의 물을 흡수한다.

3) 분유

분유에는 단백질이 함유되어 있어, 발효 시 완충작용으로 발효를 지연시킨다.

4) 발효성 당

① 단당류(포도당, 과당), 이당류(설탕, 맥아당) 쉽게 분해
② 우유의 유당은 분해하지 못한다.
③ 밀가루에는 자당, 포도당, 과당, 맥아당 등 함유되어 있어 반죽에 당을 첨가하지 않아도 이스트가 발효성 당을 이용한다.

5) 삼투압
① 반죽에 첨가하는 설탕이나 소금의 농도가 높아지면 삼투압 작용에 의해 이스트 생육을 저해한다.
② 설탕의 당 농도가 5%이상, 소금 1% 이상 사용 시 이스트 활성 저해, 발효 지연

6) pH (수소 이온 농도)
① 강한 산성(pH3 이하), 강한 알칼리(pH8.5 이상) 에서는 활성이 정지
② 반죽의 pH가 4.5~5.8일 때 이스트는 일정한 활성을 유지한다.
③ 발효 동안 생성되는 유기산(젖산, 초산, 호박산, 프로피온산 등) 때문에 반죽의 pH는 낮아지고, 총 산도는 증가한다.
④ 반죽의 pH는 발효 진행 정도를 예측할 수 있는 척도 (pH 5.3에서 발효 완료되면 pH 4.9로 내려간다)
⑤ pH가 낮아지는 것은 반죽의 신전성과 탄력성 변화에 영향을 준다.

7) 온도
① 0~4℃ : 휴면상태, 활성 거의 없다.
② 35~40℃ : 최대 생육 발휘 온도
③ 40℃ 이상 : 효소의 활성 저해 받아 발효력 저하
④ 60℃ : 이스트 활성 사멸

8) 이스트 푸드

(1) 이스트 푸드의 특징
① "이스트의 먹이"라는 뜻
② 제빵용 물 조절사용되던 것이나, 현재는 이스트의 발효를 촉진시키고, 빵 반죽의 질을 개선하기 위한 제빵개량제로 사용.

(2) 이스트 푸드의 기능
① 암모늄염이나 인산염의 질소나 인 성분으로 구성
② 이스트의 생육을 도와 발효에 필요한 영양소(질소, 인화합물)를 제공
③ 사용량 : 밀가루 중량 대비 0.1~0.5% 사용

물 조절제	① 물의 경도를 조절하여 제빵 적성을 향상시킴 ② 칼슘염(황산칼슘, 인산칼슘, 과산화칼슘)
이스트의 영양 공급	① 이스트에 부족한 질소 제공 ② 암모늄염(염화암모늄, 황산암모늄, 인산암모늄)
반죽 조절제	① 산화제 : 반죽의 글루텐 강화시켜 탄력성, 부피 증가 (브롬산칼륨, 요오드칼륨, 아스코르브산, 아조디카본아마이드) ② 환원제 : 반죽의 글루텐 연화시킴 (시스테인, 글루타치온) ③ 효소제 : 반죽의 신장성을 향상시킴 (아밀라아제, 프로테아제)

(3) 이스트 푸드 사용 시 주의점
　① 산화제의 종류와 양을 확인해야 한다.
　② 맥아, 곰팡이, 균사 등 효소제를 확인해야 한다.
　③ 양이 적어도 효과가 크므로 정확히 계량해야 한다.
　④ 물 또는 밀가루에 균일하게 분산해야 한다.
　⑤ 이스트와 함께 녹여 사용하지 않아야 한다.
(4) 이스트 푸드에 전분/ 밀가루를 사용하는 목적
　① 구성 성분 균질화 시킨다.
　② 수분 흡습제 역할, 계량 및 취급 용이하게 한다.

> **예상문제** 제빵에 있어 이스트 푸드의 주된 기능을 3가지로 요약하여 설명하시오.
> ① 암모늄염이나 인산염의 질소나 인 성분으로 구성
> ② 이스트의 생육을 도와 발효에 필요한 영양소(질소, 인화합물)를 제공
> ③ 사용량 : 밀가루 중량 대비 0.1~0.5% 사용

> **기출문제** 제빵 개량제의 역할 및 원료 2가지를 설명하시오. `2021년`
> ㉠ 제빵 개량제 : 최종적으로 반죽을 개량하는 목적으로 사용되는 첨가물
> ㉡ 질소공급원(염화암모늄), pH 조절제(인산칼슘, 주석산), 효소제(아밀라아제), 물 조절제(칼슘염), 유화제, 밀가루 개량제 등

02. 둥글리기

> **예상문제** 둥글리기의 정의와 목적은?
> ① 정의 : 빵류 제품을 분할할 때 생기는 반죽의 잘려진 불규칙한 모양의 반죽 표피를 매끄러운 공 모양이나 타원형으로 만드는 과정
> ② 분할할 때 흐트러진 글루텐 구조와 방향을 재정돈해준다.
> ③ 가스를 균일하게 분산하여 반죽의 기공을 고르게 조절한다.
> ④ 표피를 형성하여 중간발효 중에 발생하는 가스를 보유할 수 있도록 한다.
> ⑤ 반죽의 표면을 끈적거림 방지, 매끄럽게 하고, 탄력을 되찾아 정형을 용이하게 한다.

※ 둥글리기 조건
　① 작업장 온도 : 25℃ 내외가 적합
　　낮으면 발효 억제 효과가 나타나서 중간 발효가 길어진다.
　② 작업장 습도 : 60%가 적합
　　낮으면 반죽의 표면이 마르므로 비닐이나 젖은 면포로 덮어 적절한 습도를 유지

03. 굽기

1 굽기 손실

① 반죽상태에서 빵의 상태로 구워지는 동안 이산화탄소, 알코올 등의 휘발성 물질이 휘발하고 수분의 증발로 무게가 줄어드는 현상
② 굽기 손실에 영향을 주는 요소 : 배합률, 굽는 온도, 굽는 시간, 제품의 크기와 형태 등 다양하다
③ 굽기 손실 비율 (%)
   ㉠ 굽기손실 무게 = 반죽의 무게 - 빵의 무게
   ㉡ 굽기 손실률 (%) = 굽기 손실 무게 ÷ 반죽의 무게 X 100
④ 제품별 굽기 손실률

풀먼 식빵	7~9%	단과자빵	10~11%
일반 식빵	11~13%	하스브레드	20~25%

⑤ 굽기 손실의 원인

오븐 온도가 높을 때	① 껍질이 부스러지기 쉬우며 껍질 색이 짙다. ② 옆면이 약하고 겉면이 거칠다. ③ 빵의 부피가 작고 언더 베이킹되기 쉽다. ④ 굽기 손실이 적다
오븐 온도가 낮을 때	① 껍질이 두꺼우며 껍질 색이 옅다. ② 윗면이 갈라지거나 얼룩이 생기기 쉬우며 광택이 부족하다. ③ 빵의 부피가 크고 오버 베이킹 되기 쉽다. ④ 풍미가 떨어지고 퍼석한 느낌이 난다 ⑤ 굽기 손실이 크다
오븐 습도가 낮을 때	① 껍질이 빠르게 형성되어 윗면이 갈라지고 팽창이 저해된다. ② 껍질 색이 균일하지 않으며 광택이 부족하다.
오븐 습도가 높을 때	① 껍질이 질겨지고 수포가 생긴다. ② 제품의 윗면이 납작해진다.
열의분배가 부적절할 때	① 고르게 익지 않는다. ② 오븐 내 팬의 위치에 따라 굽기 상태가 다르다.
팬닝 간격이 불충분할 때	① 부피팽창이 일어나면서 제품끼리 붙을 수 있다. (반죽 450g에 2cm, 680g에 2.5cm 이상 유지) ② 제품당 열 흡수량이 적어져 잘 익지 않는다.

> **예상문제** 이형유(팬오일)란?
> ① 팬닝한 빵 반죽이 발효 중 팬에 들러붙지 않고 굽기 후 잘 이탈이 되도록 바르는 오일
> ② 발연점은 높아야 하며(171℃ 이상), 쉽게 고화되지 않는 무미, 무취의 오일로 산패에 안전하고 골고루 잘 발라져야 한다.
> ③ 과도한 오일 사용 시, 빵 바닥이 튀겨지는 현상으로 바닥 껍질이 두껍고 옆면이 약해져서 빵이 찌그러지게 된다.
> ④ 반죽 무게의 0.1 ~ 0.2% 정도 사용
> ⑤ 최근엔 오일을 매번 바르는 번거로움 → 실리콘 레진, 테플론으로 내부를 코팅한 팬 사용 (팬 오일 적게 사용)

2 굽기 중 반죽의 변화

1) 물리적 반응
① 오븐에 들어간 반죽은 열에 의하여 표면에 얇은 막을 형성한다.
② 반죽 속 수분에 녹아있던 이산화탄소가 기화하여 증발하기 시작한다.
③ 휘발성 물질이 증발하고, 가스가 열팽창하며 수분의 증기압이 높아진다.

2) 생화학적 반응

(1) 오븐 팽창
① 반죽의 온도가 49℃에 달하면 가스압 증가 하고, 탄산가스가 기화 하여 이산화탄소 가스의 용해도가 감소하기 시작하게 된다.
② 반죽이 짧은 시간동안 급격하여 부풀어 처음 크기의 1/3정도 부피가 팽창된다. (오븐스프링)
③ 발효가 완료될 시점에서 반죽은 2차 발효실의 온도인 약 35 ℃ 정도가 되고, 잘 부풀어 있으며 겉껍질이 형성되어 있지 않아야 한다.
④ 반죽이 오븐에 들어간 후에 열은 표면에 고루 퍼지고 내부로 이동한다.

(2) 오븐 라이즈
① 반죽의 내부 온도가 아직 60℃에 이르지 않은 상태에서 발생한다
② 사멸전까지 이스트가 활동하며 가스를 생성 시켜 반죽의 부피를 조금씩 키우는 과정 이다

(3) 효소 작용
① 60℃ 정도에서 효소 (아밀라아제) 작용이 활발하여, 전분을 분해하여 반죽 전체를 부드럽게 하고 반죽 팽창이 쉬워진다.
② 글루텐은 프로테아제에 의해 연화되고, 효소의 활동은 전분이 호화하기 시작하면서 활동한다.
③ 온도가 오름에 따라 아밀라아제에 의해 액화, 당화 작용을 하여 오븐 팽창이 일어난다
  ㉠ α-아밀라아제의 변성은 68~83℃에서 4분 정도
  ㉡ β-아밀라아제의 변성은 52~72℃에서 2~5분 정도에 일어난다.

(4) 단백질 변성
① 반죽 온도 75℃를 넘으면 단백질이 열 변성을 일으켜 골격을 만들고 굽기 마지막 단계까지 천천히 지속된다.
② 글루텐 단백질은 반죽 중 수분의 약 30% 정도를 흡수하여 전분의 입자를 함유한 글루텐 조직을 형성하여 반죽의 구조형성에 관여한다.
③ 굽기 중 빵 속의 온도가 60~70℃에 도달하게 되면, 단백질이 변성을 일으키기 시작하며 이때 수분과의 결합능력이 상실되면서 단백질의 수분은 전분으로 이동하여 전분의 호화를 돕게 된다.

(5) 껍질색 변화
① 100℃ 정도에서 겉껍질의 전분이 일부는 덱스트린으로 변하여 갈색화 반응을 일으킨다.
② 130℃ 정도에서 메일라이드 반응 (아미노-카르보닐 반응):
식품에 함유된 단백질이나 아미노산과 환원당이 멜라노이딘을 만들어 갈색으로 내는 물질과 고소한 향이 되는 물질을 생성한다.
③ 160℃ 정도에서 캐러멜화 반응 : 당류 단독으로 가열할 때 온도에 의해 색이 변하는 반응

(6) 향의 생성
① 79℃부터 용해 알코올이 증발하여 껍질에서 향이 생성되어 빵 속으로 침투되고 흡수하여 빵에 특유의 향이 형성된다.
② 빵의 풍미는 사용되는 재료들, 이스트와 세균의 발효산물인 초산, 젖산, 프로피온산 등의 수용성 유기산, 기계적, 생화학적인 변화로 인하여 열 반응 산물과 향이 생성된다.
③ 오븐 열에 의하여 빵의 껍질부분에서 알코올, 유기산, 에스테르, 알데히드, 케톤류와 같은 카보닐 화합물들이 발생하여 빵 속으로 침투되고 흡수되어 방향성 물질을 생성한다.

04. 찌기/ 삶기/ 데치기

1 찌기 중 반죽의 변화
① 단백질의 열변성과 전분의 α화가 일어난다.
② 수분이 적은 식품은 흡수하고, 수분이 많은 식품에서는 물의 유출이 일어난다.
ex) 커스터드 : 달걀의 열응고성을 이용한 대표적인 것

> **예상문제** 스팀의 사용 목적은 무엇인가?
> ① 상대 습도를 낮추어 반죽의 처짐을 방지하고, 탄력성을 부여하고 껍질을 바삭하게 해준다.
> ② 껍질을 얇게 해주고 윤기나게 해준다.
> ③ 거칠고 불규칙하게 퍼지는 것을 방지해 준다.

> **예상문제** 베이글을 데치는 이유는?
> ① 조직의 연화로 맛있는 성분 증가
> ② 단백질 응고(난류), 지방 제거, 전분의 호화
> ③ 색을 고정시키거나 아름답게 하고 불미성분 제거
> ④ 식사용 빵은, 저율배합이기 때문에 노화가 빠르므로 데치는 과정을 거치면 껍질을 빨리 형성하기 때문에 수분 보존율을 높일 수 있다.
> ⑤ 1차 발효 때 데치면 이스트가 죽어서 발효가 안되므로, 조직감 개선과 보존기간 연장을 위해 2차 발효 후에 데친다.
> ⑥ 부푼 반죽을 먼저 끓는 물에 데쳐 겉을 익힌 후 오븐에 구워 다른 빵에 비해 매우 쫄깃쫄깃한 맛이 난다.

05. 튀김

1 튀김 유지의 조건

① 엷은 색을 띠며 열안전성이 높고, 발연점이 높은 것이 좋다 (220℃ 이상)
② 가열했을 때 냄새가 없고 거품의 생성이나 연기가 나지 않아야 한다.
③ 튀김중이나 튀김 후에 불쾌한 냄새가 나지 않아야 한다. (ex. 아크롤레인)
④ 가열시 튀김물이 기름에 튀겨지는 동안 구조 형성에 필요한 열전달을 할 수 있어야 한다.
⑤ 착색현상이 없어야 하며, 산화와 가수분해가 잘 일어나지 않아야 한다. (유리지방산, 수분 x)
⑥ 유화제를 함유한 유지(유화쇼트닝, 버터, 마가린)는 수분증발이 일어나지 않아 기름이 재료로 많이 흡수되어 튀긴 음식이 질척해지므로 튀김유지로 적당하지 않다.

> **기출문제** 튀김 기름의 4가지 적에 대해 설명하시오. 2021년
> ① 온도 (열) : 185~195℃의 고온에서 튀김, 자외선 보관
> ② 물 (수분) : (튀김물의 수분이 기름으로 들어감)
> ③ 공기 (산소) : 튀김시 표면적이 넓으면 공기에 노출
> ④ 이물질 (유리지방산) : 가수분해 또는 산화의 촉매작용
> ⑤ 금속 (Fe,Cu, Zn) 용기에 접촉

2 튀김 시 유지의 흡유율이 증가하는 경우

기름 상태	① 오래된 기름일수록 ② 유화제가 첨가된 기름일수록
재료 상태	① 재료 중에 당과 지방, 레시틴, 수분함량이 높을수록 ex. 달걀노른자 넣으면 흡유량 증가(레시틴). 박력분보다 강력분 사용 시 (글루텐이 흡유량 감소)
배합 상태	① 반죽에 유지함량이 많을수록 ② 고율배합의 제품이나 유화제가 많이 첨가될수록
반죽 상태	① 믹싱이 부족하여 덜 된 반죽일수록 ② 반죽이 지나치게 가벼운 경우 ③ 수분 부족한 경우 ④ 발효가 부족하거나 과다한 경우
자른 상태	거칠게 자른 면이 많을수록(표면적이 클수록)
튀김 시간	튀김 대기시간 / 튀김 시간이 길어질수록

기출문제 과도한 흡유일 때의 현상과 대책을 적으시오. 2021년

① 반죽에 수분이 많다 – 반죽의 수분 조절해준다
② 짧은 믹싱 – 믹싱을 연장해준다
③ 팽창제 과다 – 팽창제를 감소시킨다
④ 낮은 반죽 온도 – 반죽온도를 높여 준다
⑤ 설탕 과다 – 설탕을 감소시킨다
⑥ 글루텐 형성 부족 – 믹싱을 연장하여 글루텐 형성을 높여준다
⑦ 튀김 시간이 길다 – 튀김시간을 줄여 준다
⑧ 반죽 중량이 적다 – 분할무게의 중량을 크게 하여 표면적을 감소시킨다

Chapter 3. 재료과학 및 영양학

01. 탄수화물

1 탄수화물의 분류

1) **단당류** : 소화작용에 의해 더 이상 분해되지 않는 물질

   (1) 포도당 (Glucose) : 전분의 최종 분해물
   (2) 과당 (Fructose)
   (3) 갈락토오스 (Galactose)

2) **이당류** : 단당류 2개가 결합하여 만들어진 물질

   (1) 자당 (설탕, 서당, Sucrose) : 포도당 + 과당 (슈크라아제)으로 가수분해
   (2) 유당 (젖당, Lactose) : 포도당 + 갈락토오스 (락타아제)으로 가수분해
   (3) 맥아당 (엿당, Maltose) : 포도당 + 포도당(말타아제)으로 가수분해

3) **다당류** : 여러 개의 단당류가 결합된 화합물

   (1) 전분 (녹말, Starch) : 포도당이 결합된 형태

   - 일반 곡물(밀가루) : 아밀로오스 약 20%, 아밀로펙틴 약 80%
   - 찹쌀전분 : 아밀로펙틴 100%

   〈전분의 구성〉

항목	아밀로오스	아밀로펙틴
분자량	적다.	많다.
포도당 결합 형태	직쇄결합 ($\alpha-1,4$결합)	측쇄결합 ($\alpha-1,4$결합에 $\alpha-1,6$결합)
요오드 용액 반응	청색	적자색
노화 속도	빠르다.	느리다.
곡물 조성비	일반 곡물에 20% 함유	찹쌀, 찰옥수수 전분은 아밀로펙틴100%

   ※ **전분의 호화**

   ① 호화(젤라틴화, α화, 덱스트린화)

   생전분(β-전분)에 물을 넣고, 가열하면 물을 흡수하여 전분입자의 팽윤과 점성이 증가하고, 투명도가 증가하여 반투명의 α-전분 상태가 되는 현상

② 전분의 호화에 영향을 주는 요인

항목	전분의 호화
전분의 종류	밀가루 : 55~60℃에서 호화가 일어난다.
수분	수분 함량이 많을수록 호화가 잘 일어난다.
온도	온도가 높을수록 호화시간이 빠르다.
pH	pH가 높을수록(알칼리) 빨리 일어난다.
염류	음이온이 팽윤제로 작용이 강하며 황산염은 호화를 억제

기출문제 전분의 호화에 대해 적으시오. 2000년

※ 정의 : 생전분(β-전분)에 물을 넣고, 가열하면 물을 흡수하여 전분입자의 팽윤과 점성이 증가하고, 투명도가 증가하여 반투명의 α-전분 상태가 되는 현상

※ 특징 :
① 호화된 α-전분은 점도가 증가하여 콜로이드 용액이 되고, 맛도 좋고 소화도 잘 된다.
② 반죽 온도 54℃부터 밀가루 전분이 호화하기 시작한다.
③ 전분 입자는 40℃에서 팽윤하기 시작하고, 50~65℃에서 유동성이 크게 떨어진다.
④ 전분 입자는 70℃ 전후에서 반죽 속의 유리수와 단백질과 결합하고 있는 물을 흡수하여 호화를 완성한다.

※ 전분의 노화

① 노화의 의미
　㉠ α-전분이 수분을 빼앗기면 다시 원래의 β-전분 상태로 돌아가게 되는 현상
　㉡ 빵의 노화 : 껍질이 딱딱해지고, 속결에 거칠어지며, 풍미 저하
　㉢ 노화 최적상태 : 온도 10℃ / 수분함량 30~60%

② 노화의 방지
　㉠ 저장온도를 -18℃ 이하, 수분함량을 10~15%로 조절
　㉡ 유화제(계면활성제) 사용하여 표면장력 변화 (ex. 레시틴)
　㉢ 방습포장재 사용, 포장 철저
　㉣ 설탕, 유지의 사용량을 증가시키면 빵의 노화 억제

기출문제 노화에 영향을 주는 조건에 대해 설명하시오. 2020년

① 저장시간 : 오븐에서 꺼내면서부터 노화는 시작된다.
② 온도 : 냉장온도(10℃)에서 빨리 노화된다. 냉동 보관·저장(-18℃ 이하)
③ 계면활성제 : 수분 보유량을 높여 노화 지연(적정한 유화제 사용)
④ 단백질 : 밀가루 단백질이 많고 질이 높을수록 노화 지연
⑤ 수분 : 물의 사용량을 늘려 수분이 38%이상이면 노화 지연
⑥ 당류 : 당류 첨가하여 수분 보유력을 높여주면 노화 지연
⑦ 양질의 재료 사용, 제조시 적정한 공정관리
⑧ 포장 : 방습 포장 재료로 포장하여 노화 지연

> **기출문제** 제과, 제빵 제품의 노화를 지연시키는 방법을 서술하시오. `2021년`
> ① 냉동 보관 · 저장(-18℃ 이하)
> ② 적정한 유화제 사용
> ③ 양질의 재료 사용
> ④ 철저한 포장관리
> ⑤ 제조시 적정한 공정관리

(2) 섬유소 (Cellulose)

> **기출문제** 식이 섬유소를 첨가한 식빵에서 식이섬유소의 소화적 기능 및 효능에 대해 서술하시오. `2021년`
> ① 인체내에는 소화효소 Cellulase가 없어서, 소화되지 않는 전분 (불용성 식이섬유)
> ② 해조류나 채소류, 과일 껍질, 통밀, 호밀, 보리 등 에 존재
> ③ 영양적 가치는 없으나 장의 운동 촉진시켜 변비 예방 (배변 효과 촉진)
> ④ 만복감을 주므로 식이조절 하여 건강빵(곡물빵)으로 개발하고 있다.
>   (호밀빵, 통밀빵, 보리빵, 쑥 첨가빵 등)

(3) 펙틴 (Pectin) : 잼의 3요소 - 탄수화물 60 ~ 65%, 펙틴 (1.0~1.5%), 산 (0.3%)

02. 지질

1 지질의 분류

1) 단순지질, 복합지질, 유도지질

단순지질 (중성지방)	① 지방산 3 분자와 글리세롤 1분자가 결합 ② 유(oil) - 액체 : 면실유, 식용유(식물성) ③ 지(fat) - 고체 : 돼지기름, 소기름(동물성)
복합지질	① 지질과 지질 이외의 물질이 결합 ② 인지질 : 인 + 단순지질 (ex. 레시틴, 난황에 함유) ③ 당지질 : 당 + 단순지질
유도지질	① 단순지질과 복합지질의 가수분해 생성물(스테롤류) ② 콜레스테롤(프로비타민 D_3) : 동물성 스테롤 ③ 에르고스테롤(프로비타민 D_2) : 식물성 스테롤

2) 지질의 구성: 지방산, 글리세린

지방산	① 글리세린과 결합하여 지방을 구성 ② 포화지방산 / 불포화지방산
글리세린	① 3개의 수산기(OH기)를 갖고 있으며, 지방을 가수분해하여 얻는다. ② 무색, 무취, 감미를 가진 시럽형태의 액체 ③ 물보다 비중이 커서 가라앉는다. ④ 보습성, 흡습성, 안정성, 용매, 유화제로 작용한다.

3) 지방산의 분류

포화 지방산	① 탄소(C)와 탄소(C) 사이가 단일결합으로 이루어진 지방산 (이중결합 없다) ② 탄소 수가 증가할수록 융점과 비점이 높아진다. ③ 산화되기가 어렵고, 융점이 높아 상온에서 고체 ④ 동물성 유지에 많이 함유 ⑤ 뷰티르산, 팔미트산, 스테아르산 등
불포화 지방산	① 탄소와 탄소사이 이중결합 (C=C)을 1개 이상 갖는 지방산 ② 이중결합 수가 많을수록, 탄소수가 작을수록 융점은 낮아진다. ③ 융점이 낮아 상온에서 액체 ④ 식물성 유지, 어류, 견과류에 많이 함유 ⑤ 올레산(이중결합 1개), 리놀레산(이중결합2개), 리놀렌산(이중결합3개), 　아라키돈산(이중결합4개)

> **기출문제** 필수 지방산의 정의와 역할에 대해 설명하시오. 2020년
>
> ① 체내에서 생성할 수 없어 음식물로 섭취해야 하는 지방산 (비타민 F)
> ② 융점이 낮아 상온에서 액체인 식물성 기름(대두유, 면실유)에 다량 함유하고 있다.
> ③ 어류, 견과류에도 많이 함유되어 있다.
> ④ 불포화 지방산 중에서 이중 결합이 2개 이상인 지방산,
> 　리놀레산 (이중결합 2개), 리놀렌산(이중결합 3개), 아라키돈산 (이중결합 4개)
> ⑤ 결핍 : 피부염, 성장지연, 생식장애, 시각기능 장애 등

2 지방의 화학적 반응

1) 항산화제

유지의 산화적 연쇄 반응을 방해하여 산화 속도를 방해, 안정적인 효과

천연 항산화제	비타민 E, 레시틴, 세사몰, 고시폴, 구아검, 퀘르세틴(양파) 등
합성 항산화제	프로필 갈레이드(PG), BHA(부틸 화이드록실 아니솔), BHT(부틸 화이드록실 톨루엔)
보완제 (상승제)	① 항산화제와 함께 사용하며 지방의 안정성을 돕는다. ② 비타민C(아스코르빈산), 구연산, 주석산, 인산 등

2) 지방의 경화
① 이중 결합을 가지고 있는 불포화 지방산에 니켈(Ni)과 백금(Pt)을 촉매제로 수소(H_2)를 첨가하여 포화지방산으로 만드는 것
② 경화유 : 불포화도가 감소하고 포화도가 높아져 융점이 높아지고 유지가 단단해지는 고체형 기름 (예 : 마가린, 쇼트닝)

3) 요오드가 : 불포화 지방산의 양, 유지 100g 중 첨가되는 요오드의 g 수
① 유지의 불포화도를 나타내는 값
② 요오드가 높을수록 불포화지방산을 많이 포함함

건성유	요오드가 130 이상	공기 중 산화, 건조됨	들기름, 아마인유, 호두유
반건성유	요오드가 100~130	공기 중 얇은 피막 형성	대두유, 옥수수유, 참기름, 면실유
불건성유	요오드가 100 이하	안정된 기름, 쉽게 굳지 않음	동백기름, 올리브유, 피마자유, 야자유

예상문제 '요오드가' '브롬가'가 가장 높아서 불포화도가 가장 큰 지방은?

건성유 : 요오드가 130이상으로 공기 중 산화, 건조된다. (들기름, 아마인유, 호두유)

03. 단백질

예상문제 자연식품의 단백질 중 단백가가 100인 것은?
① 단백가 : 필수 아미노산 비율을 100으로 잡고, 다른 단백질 영양가를 비교하는 방법으로, 단백가가 클수록 영양가가 높다.
② 달걀의 단백가 = 100

※ 등전점 (Isoelectric Point)
① 분자가 전해 될 때 알짜 전하를 갖지 않는 용매의 pH를 등전점이라 한다.
② 단백질, 아미노산 등과 같이 음이온 단과 양이온 단을 동시에 함유 하는 양쪽성 전해질에서 분자의 전하는 용매의 pH에 따라 변화한다.
③ 용매의 pH가 자신의 등전 pH에 도달하면 분자의 알짜 전하량은 0이 되며 전기장 내에서 이동하지 않게 된다.
④ 단백질은 등전점 근처에서 단백질은 용해되지 않고 침전되어, 강한 구조를 형성한다. 이러한 원리를 이용하여 단백질을 분리한다. (등전점 침전법)

> **예상문제** 필수아미노산의 영양학적 가치는?

① 체내에서 생성할 수 없으므로 반드시 음식물로 섭취해야 하는 아미노산
② 체조직의 구성과 성장발육에 반드시 필요
③ 동물성 단백질에 많이 함유되었다.
④ 성인이 필요한 필수아미노산(8가지) :
  트립토판, 발린, 트레오닌, 이소루신, 루신, 리신, 페닐알라닌, 메니오닌
⑤ 성장기 어린이 (2가지) : 아르기닌, 히스티딘

> **기출문제** 동물이나 꽃을 만드는 머랭을 만들때 흰자에 주석산크림을 사용하는 이유를 등전점의 측면에서 설명하시오. 2002년

※ 등전점 : 아미노산과 같이 적당한 H^+ 및 OH^-의 농도에서는 그 분자 속의 양전하와 음전하가 완전히 중화되어 전기적으로 중성이 될 수 있으며 이때의 pH값을 등전점이라 한다.
① 단백질은 등전점 근처에서 단백질은 용해되지 않고 침전되어, 강한 구조를 형성한다.
  이러한 원리를 이용하여 단백질을 분리한다. (등전점 침전법)
② 대부분의 단백질(흰자 포함)은 등전점이 산성에 있다.
③ 흰자는 알칼리성이므로 주석산칼륨을 첨가, 산성화함으로써
  ㉠ 머랭의 구조를 튼튼하게 한다.
  ㉡ 색상을 희게 하는 효과가 있다.

04. 효소

1 효소의 분류

1) 탄수화물 분해효소

이당류	인베르타아제	전화당 → 포도당 + 과당 (자당 : 사카라아제)
	락타아제	유당 → 포도당 + 갈락토오스
	말타아제	맥아당 → 포도당 + 포도당
다당류	아밀라아제	전분/글리코겐 → 덱스트린, 맥아당 (α-아밀라아제 / β-아밀라아제)
	셀룰라아제	섬유소 → 포도당
	이눌라아제	이눌린 → 과당
산화효소	치마아제	단당류 → 알코올 + 이산화탄소, 이스트에 있음
	퍼옥시다아제	카로틴계 색소 → 무색으로 산화, 대두분에 있음

2) 단백질 분해효소

프로테아제	단백질 → 펩톤 → 폴리펩티드 → 아미노산
펩신, 에렙신	위액에 존재
트립신	췌액에 존재
레닌	위액에 존재, 단백질 응고
펩티다아제	췌장에 존재

3) 지방 분해효소

리파아제	지방 → 지방산 + 글리세린
스테압신	췌액에 존재

2 제빵에 관계하는 효소

재료	효소	기질	분해산물
밀가루	α - 아밀라아제(액화효소)	전분	덱스트린
	β - 아밀라아제(당화효소)	덱스트린	맥아당(말토오스)
	프로테아제	단백질	펩톤, 펩티드, 아미노산
이스트	인베르타아제	전화당, 자당(설탕)	포도당, 과당
	말타아제	맥아당	포도당
	치마아제	포도당, 과당	탄산가스, 에틸알코올
	프로테아제	단백질	펩톤, 펩티드, 아미노산

1) 아밀라아제

① 발효성 당을 생산하여 가스 생산을 증가시킨다.
② 빵의 부피와 가스 보유력을 증대시킨다.
③ 껍질 색을 내는 당을 증가시킨다.
④ 빵의 보전성을 향상시킨다.

2) 프로테아제

① 반죽의 신장성, 기계적 내성을 향상시킨다.
② 완제품의 기공과 조직을 개선시킨다.
③ 혼합시간을 단축시킨다.

05. 비타민

1 비타민의 분류

1) 지용성 비타민의 종류

비타민 A (레티놀)	① 항안성 비타민 ② 간유에 함유 ③ β 카로틴 : 비타민 A의 전구체 (프로비타민 A)
비타민 D (칼시페롤)	① 항구루병성 비타민 ② 칼슘의 흡수를 도와준다 ③ 비타민 D의 전구물질 : 콜레스테롤 (Vit D_3), 에르고스테롤 (Vit D_2)
비타민 E (토코페롤)	항산화성 비타민
비타민 F (필수지방산)	리놀레산, 리놀렌산, 아라키돈산
비타민 K	혈액 응고성 비타민

2) 수용성 비타민의 종류

비타민 B_1 (티아민)	항 각기병성 비타민 탄수화물 대사 조효소 (당질의 소화에 관여)	비타민 B_{12} (코발라민)	항 악성빈혈성 비타민
비타민 B_2 (리보플라빈)	항 구각성 비타민	나이아신	항 펠라글라성 비타민
비타민 B_6 (피리독신)	항 피부염성 비타민	비타민 C (Ascorbic Acid)	항 괴혈병성 비타민

06. 무기질

대표적인 무기질의 종류

칼슘(Ca)	① 인체 내 가장 많은 무기질(인산칼슘 형태로 존재) ② 뼈와 치아의 구성, 혈액응고에 관여 ③ 흡수 촉진 : 비타민 D / 흡수방해 : 수산
철(Fe)	① 근육의 미오글로빈에 들어있음 ② 혈액(적혈구)의 필수 구성성분 ③ 조혈작용 (비타민 C : 철의 흡수 도움)
요오드(I)	티록신(갑상선 호르몬)의 구성성분
나트륨 (Na) 염소(Cl)	① 삼투압 조절, 체내 수분 조절, 산/알칼리 평형 조절 ② 급원식품 : 소금
마그네슘(Mg)	신경, 근육수축에 관여

07. 건강과 대사

1 에너지 대사
생체 내에서 일어나는 에너지의 방출, 전환, 저장 및 이용의 모든 과정

2 기초대사량
① 생물체가 생명을 유지하는데 필요한 최소한의 에너지량
② 총 에너지의 60~70%
③ 수면 시에는 평상시 보다 10% 감소
④ 성인남자 1400~1800kcal, 성인여자 1200~1400kcal
⑤ 휴식 상태일 때 기초대사량 만큼의 에너지가 소모된다.

기초대사량	생명을 유지하는데 필요한 최소한의 대사량
활동대사량	일상생활에서 운동, 노동 등 활동을 하면서 소모되는 에너지량
특이동적 대사량	식품자체의 소화, 흡수, 대사를 위해 사용되는 에너지 소비량

※ 1일 총 에너지 소요량

    기초대사량 + 활동 대사량 + 특이동적 대사량

    특이동적 대사량 = (기초대사량 + 활동 대사량) ÷ 10

> **예상문제** 기초대사 1200Kcal, 활동 대사 200Kcal인 경우 1일 총에너지 대사량은?
>
> 특이동적 대사량 = (기초대사량 + 활동 대사량) ÷ 10
>   (1200 +200Kcal) ÷ 10 = 140Kcal 이므로
> 에너지 대사량 = 기초대사량 + 활동 대사량 + 특이동적 대사량
>   1200Kcal + 200Kcal + 140Kcal = 1540Kcal

※ 기초 대사량이 높은 경우
① 여성 보다 남성이 높다.
② 기온이나 체온이 높을 때 높다.
③ 근육량이 많을 때 높다.
④ 체표면적이 클 때 높다.
⑤ 신장이 클 때 높다.
⑥ 나이가 적을수록 높다.

Chapter 4. 재료의 특성

01. 밀가루

1) 밀의 구조
① 배아 : 밀의 2~3%이며 제분과정에서 분리된다
② 껍질 : 밀의 14%를 차지하며 제분과정에서 분리됨 섬유소와 회분을 다량 함유하고 있다.
③ 내배유 : 밀알의 83%를 차지하며 밀가루가 되는 부분이다

2) 밀의 제분
(1) 제분 : 밀알의 껍질, 배아 부위를 분리하고 내배유의 전분을 손상되지 않게 고운 가루로 만드는 것
(2) 제분율
  ① 밀을 제분해서 밀가루를 만들 때 밀에 대한 밀가루의 양을 %로 나타낸 것 (밀가루 ÷ 밀)
  ② 회분 함량이 많은 밀가루는 입자가 거칠고 어두운 색을 나타낸다.
  ③ 제분율이 높을수록 껍질 부위가 많이 들어가 많아서 VB_1, VB_2, 회분, 단백질, 탄수화물 함량↑, 소화율 ↓
  ④ 제분율이 낮을수록 껍질 부위가 적으며 고급분이 된다.

3) 밀가루의 성분
(1) 단백질
  ① 밀가루로 빵을 만들 때 품질을 좌우하는 중요한 지표로, 단백질 양이 많을수록 질이 좋다.
  ② 밀가루의 단백질 중 글리아딘과 글루테닌은 물과 결합해 글루텐을 형성한다. (구조형성)
  ③ 글리아딘은 신장성을 갖게 하고, 글루텐은 점성/탄력성이 좋아 탄산가스를 보유하는 능력이 있다.
  ④ 단백질이 1% 증가함에 따라 흡수율은 1.5~2% 증가한다.

(2) 탄수화물
  ① 밀가루 함량의 70%를 차지한다.
  ② 당, 전분, 다당류로 구성된다.
  ③ 대부분은 전분이며, 덱스트린, 셀룰로오스(섬유소)가 많다.
  ④ 전분 내 아밀로오스 20~25%, 아밀로펙틴 75~80%

(3) 지방
  밀가루 함량의 1~2% 포함 (배아)

(4) 회분 (무기질)
   ① 껍질 부분(밀기울)에 많다. (껍질 부분이 적을수록 회분 함량이 낮아짐)
   ② 정제 정도에 따라 다르다.
   ③ 밀가루의 등급을 판단하는 기준이 된다.
   ④ 정제도 표시 → 고급 밀가루 회분 함량은 밀의 1/4~1/5
      ㉠ 제분 공장의 점검 기준이다.
      ㉡ 제빵 적성을 직접 나타내지는 않는다.
      ㉢ 제분율이 동일할 때 회분 함량은 강력분 > 박력분

(5) 수분
   ① 밀가루의 수분은 10~14% 정도
   ② 밀가루의 수분 함량이 1% 감소시 마다 반죽의 흡수율은 1.3%~1.6% 증가한다.

(6) 효소
   ① 제빵에 중요한 영향을 미친다.
   ② 전분을 분해하는 효소(아밀라아제)와 단백질을 분해하는 효소(프로테아제)가 있다.

4) 밀가루의 분류 (단백질 함량 기준)

밀가루	용도	단백질 함량	밀의 종류
듀럼분	스파게티, 마카로니	13% 이상	듀럼분 초자질
강력분	제빵, 마카로니	11~13%	경질춘맥 초자질
중력분	다목적용 (제면)	9~11%	연질동맥 중자질
박력분	제과용	7~9%	연질동맥 분상질

5) 밀가루의 특징

(1) 색상
   ① 제분 중겨층의 혼입 정도, 회분 양, 입도, 불순물의 양 및 제분의 정도 등에 영향을 받는다.
   ② 회분 함량이 많으면 색상이 어둡고, 입자가 고울수록 밝은 색을 나타낸다.

(2) 흡수율(수화)
   ① 흡수율에 관여하는 성분은 전분, 단백질, 펜토산, 손상전분 함량 등
   ② 단백질 함량이 높을수록 흡수율은 증가한다.

(3) 손상전분
   ① 제분 공정 중 밀알이 분쇄될 때 전립분이 충격을 받아 전분입자가 손상을 받는 것
   ② 손상전분은 2배의 물을 흡수한다.
   ③ 연질밀보다 경질밀에 손상 전분함량이 많다.
   ④ 밀의 경도와의 관계되며, 제빵적성에 바람직한 손상전분의 함량은 4.5 ~ 8%

(4) 밀가루 반죽의 물성에 영향을 주는 원재료

　① 탄성을 강하게 하는 요인 : 소금, 비타민C, 마그네슘염(경수) 등
　② 글루텐의 연화작용을 하는 요인 : 레몬즙, 식초, 알코올류 등
　③ 글루텐의 탄성을 약하게 하는 요인 : 버터, 마가린, 쇼트닝 등

(5) 반죽의 물리적 실험방법

아밀로 그래프	① 전분의 점성을 측정 하는 기기 ② 제빵에 큰 역할을 하는 α아밀라아제 효소 활성도 측정 ③ 가장 적합한 범위는 400~600 B.U
익스텐소 그래프	① 반죽의 신장도를 측정 ② 2차 발효에 의한 반죽의 성질을 판단하며 개량제 및 산화제의 효과를 측정
패리노 그래프	① 밀가루의 점탄성을 측정 ② 믹싱시간, 반죽의 흡수율, 글루텐의 강도, 믹싱내구성을 측정
믹사트론 (Mixatron)	① 반죽의 상태를 전력으로 환산하여 곡선으로 표시하는 장치 ② 표준 곡선과 비교하여 새로운 밀가루의 정확한 흡수와 믹싱 시간을 신속하게 점검할 수 있다.

예상문제 제빵에 적합한 밀가루의 선택 기준은?

① 2차 가공 내성이 좋아야 한다.
② 흡수량이 많아야 한다. (단백질이 많을수록 흡수율 높다)
③ 단백질 양이 많고, 질이 좋아야 한다.
④ 제품 특성을 잘 파악하고, 맞는 밀가루를 선택해야 한다.
⑤ 품질이 안정되어 있어야 한다.

(6) 글루텐

※ 젖은 글루텐 (%) :

　반죽을 물로 씻어 전분을 제거한 덩어리 = 젖은 글루텐 반죽의 중량 ÷ 밀가루 중량 × 100

※ 건조 글루텐 (%) :

　젖은 글루텐을 건조하여 밀가루 형태로 분말화 한 것
　① 건조 글루텐의 % = 젖은 글루텐의 % ÷ 3
　② 건조 글루텐의 % = 그 밀가루의 '단백질 %'로 본다.

예상문제 밀가루 25g에서 젖은 글루텐 10g을 얻었을 때 다음의 비율(%)을 구하시오.

① 젖은 글루텐의 비율(%) = 10 ÷ 25 × 100 = 40%
② 건조 글루텐의 비율(%) = 젖은 글루텐의 비율(%) ÷ 3
　　　　　　　　　　　　= 40 ÷ 3 ≒ 13.33[%]
③ 이 밀가루 단백질의 % (건조 글루텐 %) = 40 ÷ 3 ≒ 13.33[%]

02. 감미제

> **예상문제** 제과제빵에서의 감미제의 기능은?
>
> ① 단맛, 천연 착향제 : 감미제와 독특한 풍미를 제공한다.
> ② 착색제 : 카라멜화, 메일라드 반응을 통해 껍질색을 낸다.
> ③ 수분 보유력 증가 : 노화를 지연 시키고, 보존기간을 늘린다.
> ④ 연화제 : 글루텐 생성을 감소시켜 단백질을 부드럽게 한다.
> ⑤ 제과 시 흐름성을 이용하여 쿠키 반죽의 퍼짐성을 조절한다. (윤활작용)
> ⑥ 제빵 시 발효가 진행되는 동안 이스트의 먹이로 제공한다.
> ⑦ 제품의 속결과 기공을 부드럽게 하며, 발효 조절을 한다.

※ 카라멜화 반응
  ① 당분을 고온에서 가열시키면 갈색으로 변하는 현상
  ② 설탕은 160℃에서 카라멜화가 시작한다.
  ③ 포도당과 과당은 이보다 낮은 온도에서 착색한다

※ 메일라이드 반응
  ① 아미노산과 환원당이 가열에 의해 반응하는 현상
  ② 비환원당인 설탕에서는 반응이 나타나지 않는다.

03. 유지, 유지제품 및 계면활성제

1 유지의 산화 (산패)

> **예상문제** 제과제빵에서의 유지의 기능은?
>
> ① 껍질을 얇고 부드럽게 한다.
> ② 밀가루 단백질에 대하여 부드럽게 연화작용을 한다.
> ③ 수분 증발을 방지하고, 노화를 지연시킨다.
> ④ 유지 특유의 맛과 향을 준다.
> ⑤ 영양가를 높여 반죽의 신장성을 좋게 한다.
> ⑥ 가스 보유력을 증대시켜 빵의 부피를 크게 한다.

> **기출문제** 산화를 가속하는 요인 4가지를 열거하라. 2021년
>
> ① 이중결합(불포화도)이 많을 때 산화가 빠르다.
> ② 충분한 산소 (공기) 접촉이 많을 때 산화 되므로 표면적이 넓은 용기는 좋지 않다
> ③ 높은 온도(열, 자외선) : 반복해서 사용할 경우 산화가 빠르다.
> ④ 부산화제(금속, 수분, 촉매 등)가 많으면 산화가 촉진된다.

기출문제 튀김 기름의 4가지 적을 적으시오. **2020년**

① 온도 (열) : 185~195℃의 고온에서 튀김, 자외선 보관
② 물 (수분) : (튀김물의 수분이 기름으로 들어감)
③ 공기 (산소) : 튀김 시 표면적이 넓으면 공기에 노출
④ 이물질 (유리지방산) : 가수분해 또는 산화의 촉매작용
⑤ 금속 (Fe, Cu, Zn) 용기에 접촉

항산화제 :
　㉠ 유지의 산화를 방지하여 안정 효과를 갖게 하는 것
　㉡ 비타민 E (토코페롤), PG (프로필갈레이트), BHT, BHA

2 계면 활성제 (유화제)

예상문제 유화제의 정의와 특징은?

① 물과 기름처럼 서로 잘 혼합되지 않는 두 물질을 안정시켜 혼합하는 성질을 갖는 물질로 식품용 계면활성제이다.
② 모든 계면활성제는 친수성 그룹과 친유성 그룹을 함께 갖는다.
③ 분산력, 기포력, 유화력, 세척력, 삼투력의 기능을 갖는다.
④ 반죽의 유지가 잘 분산되게 하여, 반죽의 기계 내성을 향상시킨다.
⑤ 제품의 조직과 부피를 개선시키고, 노화를 지연시킨다.

04. 우유 및 유제품

1 우유

예상문제 우유 및 분유의 기능은?

① 영양 강화와 단맛을 낸다.
② 우유 단백질에 의해 글루텐을 강화하여 반죽의 내구성이 증가
③ 완충작용(약 알칼리성)이 있어 배합이 지나쳐도 잘 회복시킨다.
④ 발효 내구성이 증가하여 기공과 결이 좋아진다.
⑤ 분유 1% 증가 시, 수분 흡수율도 1% 증가한다.
⑥ 보수력이 있어 촉촉함을 지속시키고 노화를 지연시킨다.
⑦ 유당의 캐러멜화로 껍질 색이 좋아진다.
⑧ 이스트에 의해 생성된 향을 착향시켜 풍미를 개선시킨다.

기출문제 제빵에서의 우유의 역할을 3가지 쓰시오. 2019년

① 완충제의 역할
   탈지분유가 빵 발효중 pH변화를 적게 하는 역할을 한다.
② 껍질색 향상
   잔류당으로 남는 유당 → 껍질색을 진하게 함
③ 6%사용으로 인한 그 밖의 효과
   부피증가/ 기공과 조직 개선/ 껍질색 개선/ 브레이크 양호

기출문제 우유의 살균법에 대해 설명하시오. 2021년

① 저온 장시간 : 60~65℃에서 30분간 저온 살균 (Low. Temperature. Long. Time : L.T.L.T)
② 고온 단시간 : 71.7℃에서 15초간 저온 살균 (High. Temperature. Short. Time : H.T.S.T)
③ 초고온 순간 : 130℃ 이상에서 1~3초간 순간 가열 (Ultra. High. Temperature : U.H.T)

기출문제 저온 살균법이란? 2020년

Pasteurization : 60~65℃에서 30분간 저온 살균 (Low. Temperature. Long. Time : L.T.L.T)
고온 살균시 변화를 일으키거나 분해 되는 물질(비타민, 단백질)을 함유하는 액체(우유)를 살균시 사용한다.

2 분유

예상문제 스펀지 법에서 분유를 스펀지에 첨가하는 이유는?

① 단백질 함량이 적거나 약한 밀가루를 사용할 때
② 아밀라아제 활성이 과도할 때
③ 밀가루가 쉽게 지칠 때
④ 장시간에 걸쳐 스펀지 발효를 하고, 본 발효시간을 짧게 하고자 할 때

예상문제 완충제란?

① 완충제 : 염화 암모늄, 분유, 탄산칼슘
② 완중작용으로 발효하는 동안에 생성되는 유기산이 작용하여 산도를 조절하는 역할을 한다.
③ 배합이 지나쳐서 pH가 낮아져도 회복시킨다.
④ 글루텐을 강화하여 반죽, 발효 내구성을 증가시킨다.
⑤ 밀가루의 흡수율을 높인다 (분유 1% 증가 시 ➡ 물 1% 증가)

05. 달걀

1 달걀의 구성

껍질	① 달걀의 10% 차지 ② 큐티클 : 세균침입 방지
전란	① 껍데기 제외한 노른자와 흰자 ② 수분 75%, 고형분 25%
노른자	① 전란의 30% 차지 ② 수분 50%, 고형분 50% ③ 고형질의 약 70%가 지방, 레시틴 : 유화제
흰 자	① 전란의 60% 차지 ② 수분 88%, 고형분 12% ③ 오브 알부민, 콘 알부민, 오보 뮤코이드 등 단백질 함유

2 달걀의 기능

결합제	① 단백질이 열에 의해 응고되어 농후화제의 역할을 한다. ② 노른자 보다는 흰자의 응고력이 강하다. ③ 응고온도 : 60~70℃ ④ 커스터드 크림
팽창제	① 흰자는 5~6배 공기를 포집하여 제품의 부피를 증가시킨다. ② 엔젤 푸드 케이크, 스펀지 케이크
유화제	① 노른자의 인지질인 레시틴이 천연 유화제로 작용한다. ② 마요네즈, 프렌치 드레싱, 아이스크림 등
구조형성제	밀가루와 함께 결합작용으로 제품의 구조를 형성한다.
기포성	① 흰자를 거품기로 가볍게 교반하면서 공기를 천천히 혼입시키면 처음에는 크고 거친 거품이 생기지만, 그 거품이 서서히 작아져 단단하고 광택이 있는 거품으로 변한다. ② 기포성이 가장 좋은 온도는 30℃
기타 기능	① 색상 부여 (달걀물 칠해 구우면 메일라이드 반응으로 갈색화) ② 영양가 향상 : 양질의 단백질원, 단백가가 100인 완전식품 ③ 향, 속결, 풍미 개선

06. 팽창제

1 베이킹 파우더 (Baking Powder)

① 중조에 산을 첨가 후 중화시키고, 분산제로 전분을 첨가한 팽창제
② 반죽에 미치는 pH에 따라 산성, 중성, 알칼리성으로 나뉜다.

③ 베이킹 파우더가 분해되어 이산화탄소, 물, 탄산나트륨이 된다.
④ 과자 반죽에서 화학적 팽창 작용을 하여 완제품의 부피와 내부 기공의 크기를 조절한다.
⑤ 과자 반죽의 단백질을 용해시켜 완제품의 식감을 부드럽게 만드는 연화 작용을 한다.

2 중조

① 탄산수소나트륨이라고도 불리며 가열하여 약 20℃ 이상이 되면 분해되어 이산화탄소를 발생시킨다.
② 단독으로 사용하거나, 베이킹 파우더 형태로 사용한다.
③ 사용량이 많으면 소금맛, 소다맛, 비누맛이 나며 제품을 누렇게 변화시킨다.

> **중화가**
> ① 산 100g을 중화시키는데 필요한 중조의 양을 수치화
> ② 중조의 양 ÷ 산성의 양 × 100
> ③ 적정량의 유효 이산화탄소를 발생시키고 중성이 되는 양 조절

07. 물

1 물의 종류

1) 결합여부에 따라 분류

① 유리수(자연수)
　당류, 염류, 수용성 단백질 등에 용매로서 작용하는 일반적인 물
② 결합수
　식품 중 단백질, 탄수화물과 수소결합에 의해 결합되어 있는 물

유리수 (자유수)	결합수
당류, 염류, 수용성 단백질 등에 용매로서 작용하는 일반적인 물	식품 중 단백질, 탄수화물과 수소결합에 의해 결합되어 있는 물
① 용매로 작용한다. ② 0℃ 이하에서 쉽게 동결한다. ③ 100℃에서 쉽게 끓는다. ④ 건조에 의해 쉽게 제거된다. ⑤ 미생물 생육, 번식에 이용한다. ⑥ 밀도가 작다.	① 용매로 작용하지 않는다. ② 0℃ 이하에서 쉽게 동결되지 않는다. ③ 100℃로 가열해도 끓지 않는다. ④ 건조에 의해 쉽게 제거되지 않는다. ⑤ 미생물 생육, 번식에 이용되지 못한다. ⑥ 유리수에 비해 밀도가 크다.

2) 경도에 따라 분류

※ 물의 경도

① 물에 칼슘염과 마그네슘염이 녹아 있는 정도

② 칼슘염과 마그네슘을 탄산칼슘($CaCO_3$)양으로 환산해 ppm으로 표시

   (PPM = part per million : 1/ 100만)

연수	아연수	아경수	경수
60ppm 미만	60 ~ 120ppm	120 ~ 180ppm	180ppm 이상

(1) 연수

① 물 (증류수, 빗물 등) - 글루텐 연화시켜 반죽 끈적거린다.

② 경도 60ppm 미만

③ 단물이라고도 하며, 증류수, 빗물 등에 해당된다.

④ 글루텐을 연화시켜 반죽을 끈적거리게 하고, 완제품에서 촉촉하다.

⑤ 가스 보유력을 떨어뜨리고, 오븐 스프링을 나쁘게 만든다.

(2) 아연수

경도 60ppm ~ 120ppm

(3) 아경수

① 제빵에 가장 적합한 물이며, 이스트의 영양물질이다.

② 경도 120~180ppm

③ 글루텐을 강화시키는 효과가 있다.

④ 이스트의 영양물질이 된다.

(4) 경수

① 센물(바닷물, 광천수, 온천수 등)

② 경도 180ppm 이상

③ 센물이며, 바닷물, 광천수, 온천수 등이 해당된다.

④ 글루텐이 강화되어 반죽이 단단해지고, 발효시간이 길어진다.

> **예상문제** 연수 사용 시 처리방법은?
>
> ① 반죽이 연하고 끈적거린다.
> ② 흡수율을 1~2% 감소 – 가스보유력 ↓
> ③ 이스트푸드와 소금 사용량 증가, 이스트 사용량 감소 – 발효 시간 단축

예상문제 경수를 제빵에 사용 시 처리방법은?

① 이스트 사용량을 증가시킨다.
② 이스트푸드 사용량을 감소시킨다.
③ 맥아를 첨가하여 효소 공급으로 발효를 촉진시킨다.
④ 물의 양을 증가시킨다.
⑤ 발효시간을 연장시킨다.

기출문제 지하수를 사용할 경우 주의할 점은? `2021년`

① 지하수는 Ca, Mg염이 180ppm 이상 녹아있는 경수
② 글루텐이 강화되어 반죽이 단단해지고, 발효시간이 길어진다.
③ 지하수의 성분에 따라 산성물 알카리성물인지 파악해서 pH와 염류성분에 따라 조치한다.
④ 지하수는 지역에 따라 분변오염의 우려가 있고, 대장균을 비롯한 식중독의 우려가 있으므로 끓여야 식품위생상 안전하다.

3) 산도에 따라 분류

※ 물의 산도(pH)

① 물의 pH는 효소 작용과 글루텐의 물리성에 영향을 준다.
② 알칼리성 / 산성이 강한 물은 적합하지 않다.
③ 약산성의 물 (pH 5.2~5.6)이 제빵용 물로는 가장 양호하다.

산성 물 (pH 7 이하)	– 물에 용해되어 있는 물질이 산성, 발효를 촉진시킨다. – 산성이 지나치면 글루텐을 용해시켜 반죽이 찢어지기 쉽다. – 이온 교환 수지를 이용해 물을 중화시켜 사용
알칼리성 물 (pH 7 이상)	– 물에 용해되어 있는 물질이 알칼리, 반죽을 부드럽게 한다. – 너무 지나치면 탄력성이 떨어지고, 이스트의 발효를 방해하여 발효 속도를 지연시키며, 부피가 작고 빵을 누렇게 만든다. – 황산칼슘을 함유한 산성 이스트푸드의 양을 증가시켜 사용

예상문제 제빵에서의 물의 중요성에 대해 설명하시오.

① 용매로서 당, 식염, 밀가루, 수용성성분 등을 분산, 용해시켜 이스트 발효, 효소의 활성에 도움을 준다.
② 반죽의 온도, 반죽 농도를 조절한다.
③ 밀가루 단백질을 흡수하여 글루텐을 형성한다.
④ 굽기 과정 중 내부온도가 98℃로 올라가면서 증기압을 형성하여 주위의 공기를 팽창시켜 반죽을 부풀린다.

08. 소금

> **예상문제** 제빵에서 소금의 역할은?
>
> ① 감미를 조절하는 기능
> ② 재료들의 맛을 향상시켜 풍미를 준다.
> ③ 삼투압 작용으로 잡균 번식을 억제하여 방부 효과가 있다.
> ④ 반죽에 잔류당(발효에 사용되고 남은 당)을 증가시켜 제품의 색깔을 좋게 한다.
>   (캐러멜화 온도를 낮추기 때문에 같은 온도, 같은 시간에서 껍질색을 진하게 만든다.)
> ⑤ 이스트와 효소의 작용을 억제함으로써 발효 속도를 조절하여 작업속도가 조절된다.
> ⑥ 글루텐을 강하게 하여 반죽을 단단하게 한다.(점탄성 증가)
> ⑦ 반죽의 탄력성을 증가하여 가스 보존력을 좋게 하므로, 소금이 없는 반죽보다 소금이 있는 반죽의 가스발생량이 많다.
> ⑧ 빵 내부를 누렇게 혹은 회색으로 만든다.

09. 안정제

안정제 : 상태가 불안정한 혼합물을 안정시키는 역할을 한다.

안정제의 종류

한 천	① 우뭇가사리(해조류)에서 추출하여 동결 건조시켜 만든다. ② 물에 불린 후 끓는 물에 녹여 사용
젤라틴	① 동물성 안정제 　동물의 껍질이나 연골 속의 콜라겐을 정제하여 만든다. ② 35℃ 이상의 미지근한 물에서부터 용해
펙 틴	① 과일의 껍질에 존재하는 다당류의 일종 ② 잼, 젤리, 마멀레이드의 응고제로 사용 　(당 60~65% + 펙틴 1~1.5% + pH3.2의 산)
씨엠씨(CMC)	① 식물의 뿌리에 있는 셀룰로오스로부터 만든 제품 ② 온도에 관계 없이 잘 녹으며, 중성용액에서 효과가 좋다. ③ 냉수에서 쉽게 팽윤되어 진한 용액이 된다.
알긴산	① 큰 해초로부터 추출 ② 냉수, 뜨거운 물에도 녹으며 1% 농도로 단단한 교질이 된다.
로커스트빈 검	① 로커스트빈 나무의 껍질을 벗겨 수지를 채취한 것 ② 냉수에는 용해되지만 뜨겁게 해야 효과적이다. ③ 0.5%에서 겔, 5%에서 페이스트 상태가 된다.
트래거캔스	① 트라칸드 나무를 잘라 얻은 수지 ② 냉수에 용해되며 71℃로 가열하면 최대로 농후한 상태가 된다.

Chapter 5. 식품 위생학

01. 미생물의 번식 조건

1) 영양소 : 무기염류, 탄소원, 질소원, 비타민B군

2) 수분 : 미생물의 번식 촉진: 60~65% (번식 억제 : 13~15%)

3) 온도
   ① 저온균 약 10 ~ 20℃
   ② 중온균 약 30 ~ 40℃ (25 ~ 36℃)
   ③ 고온균 약 50 ~ 60℃

4) pH (수소이온 농도)
   ① pH 4 ~ 6 (산성) : 효모, 곰팡이 번식 활성
   ② pH 6.5 ~ 7.5 (약산성 ~ 중성) : 일반 세균
   ③ pH 8 정도 (알카리성) : 수인성 감염병 (콜레라)

5) 산소
   ① 호기성 균 : 산소가 존재 하는 상태에서 번식
   ② 혐기성 균 : 산소가 있으면 생육에 지장을 받고, 산소가 없어야 잘 번식
   ③ 통성 혐기성 균 : 산소가 있거나 없어도 번식 가능
   ④ 편성 혐기성 균 : 산소가 없어야 번식

> **기출문제** 미생물의 번식 조건에 대해 설명하시오. `2021년`
> 영양소, 수분, 온도, pH(수소 이온 농도), 산소

02. 식중독

1 감염형 식중독
식품과 함께 섭취한 병원체가 체내에서 증식하여 발생

(1) 살모넬라 식중독

원인세균	Gram 음성 간균 / 60℃에서 30분 사멸
증상	구토, 설사, 발열(38~40℃)
잠복기	12~24시간 (평균 18시간)
원인식품	달걀, 유제품, 단백질 식품(육류, 어패류)
감염경로	쥐, 파리, 바퀴벌레, 닭, 돼지 등
예방	방충, 방서, 식품의 저온 보존, 가열하여 섭취

(2) 장염 비브리오 식중독

원인세균	해수세균, 3~4% 식염농도에서 잘 발육
증상	구토, 설사, 복통
잠복기	10~18시간 (평균 12시간)
원인식품	어패류의 생식
감염경로	어패류
예방	열에 약하므로 가열섭취, 냉장냉동보관, 여름철 생식 주의

(3) 병원성 대장균 식중독

원인세균	병원성 대장균 (E.coli 0157)
증상	급성 대장염, 설사, 복통, 발열
잠복기	평균 13시간
원인식품	우유, 햄, 치즈, 소시지, 마요네즈 등
감염경로	환자, 보균자의 분변, 물이나 흙 속에 존재
예방	분변오염 방지, 위생관리

기출문제 냉장 유통시 발생할수 있는 식중독균은? 2020년

세균성 감염형 식중독
① 살모넬라 : ㉠ 원인 식품 : 달걀, 유제품, 단백질 식품 (육류, 어패류)
　　　　　　㉡ 감염 경로 : 쥐, 파리, 바퀴벌레, 닭, 돼지 등
　　　　　　㉢ 예방 : 방충, 방서, 식품의 저온 보존, 가열하여 섭취 (60℃에서 30분 사멸)
② 비브리오 : ㉠ 원인 식품 : 어패류
　　　　　　㉡ 감염 경로 : 어패류의 생식
　　　　　　㉢ 예방 : 열에 약하므로 가열섭취, 냉장냉동 보관, 여름철 생식 주의
③ 대장균 : ㉠ 원인 식품 : 우유, 햄, 치즈, 소시지, 마요네즈 등
　　　　　　㉡ 감염 경로 : 환자, 보균자의 분변, 물이나 흙 속에 존재
　　　　　　㉢ 예방 : 분변오염 방지, 위생관리

2 독소형 식중독

식품 내에 병원체가 증식하여 생성한 독소에 의한 식중독

(1) 포도상구균 식중독

원인세균	포도상구균, 열에 약하다.
원인 독소	엔테로톡신(장독소), 열에 강하다
잠복기	평균 3시간(가장 짧다)
증상	급성 위장염
원인식품	유가공품(우유, 버터, 치즈, 크림)
감염경로	조리자의 손의 화농성 질환
예방	식기 멸균, 화농이 있는 자 식품취급 금지

(2) 클로스트리디움 보툴리누스균 식중독

원인세균	보툴리누스균 - Gram 양성, 간균, 포자형성
원인 독소	뉴로톡신 (신경독소)
잠복기	신경 마비증상 (시력저하, 사시, 동공확대) 치사율 30~80% 가장 높음
증상	12~36시간(가장 길다)
원인식품	소시지, 통조림, 병조림
감염경로	통조림 제조 시 불충분한 가열로 혐기성 상태
예방	80℃ 30분 가열 / 고압멸균 철저

3 자연독 식중독

(1) 동물성

복어(테트로도톡신), 섭조개(삭시톡신), 모시조개(베네루핀)

(2) 식물성

독버섯(무스카린), 감자(솔라닌, 셉신), 청매독(아미그달린), 두류(사포닌), 피마자(리시닌), 독미나리(시큐톡신), 목화씨(고시풀)

4 곰팡이독 (마이코톡신) 식중독

① 곰팡이의 대사 산물로, 사람이나 동물에 질병을 유발
② 탄수화물이 풍부한 곡류에서 많이 발생
③ 건조식품(수분 13~15%)에서 증식

맥각	– 보리, 호밀 등에 맥각 균 번식하여 독소 생성 – 에르고톡신
아플라톡신	– Aspergillus 속 (아스퍼질러스 플라버스) – 쌀, 보리, 땅콩 등에 침입하여 독소 생성 – 간장독 일으키며 발암성 가진다
황변미	– Penisillium 속 (페니실리움) 푸른 곰팡이가 저장미에 번식 – 시트리닌 – 신장독, 신경독 일으킨다

▶ **바이러스성 식중독 (노로 바이러스)**
- 접촉감염 : 감염환자의 가검물 비위생적 처리
- 비말감염(기침, 재채기, 대화를 통한 감염)
- 오염식수, 오염 식재료
- 24~48시간 내에 구토, 설사, 복통
- 예방 : 손 씻기, 식품을 충분히 가열

03. 감염병

1 세균성 식중독과 소화기계 감염병의 차이점

구분	세균성 식중독	소화기계 감염병 (경구 감염병)
원인	식중독 균에 오염된 식품의 섭취로 발생	감염병균에 오염된 식품과 물을 섭취
균 수	많은 양의 균이나 독소에 의해 발생	적은 양으로 균 발생
잠복기	짧다.	길다.
2차 감염	2차 감염 없다.	2차 감염 있다.
면역	면역성이 없다.	면역성이 있다.
종류	살모넬라 식중독 장염비브리오 식중독 병원성 대장균 포도상구균 보툴리누스균 웰치균	장티푸스 파라티푸스 콜레라 세균성이질

📑 인수공통 감염병

① 동물에 감염되는 병원체가 동시에 사람에게도 감염되어 질병발생
② 가축의 예방접종,
③ 우유의 멸균처리
④ 이환동물 발견과 격리, 축사의 소독
⑤ 병육의 유통 검역 철저

탄저병	① 조리하지 않은 수육을 섭취 시 감염 ② 소, 말, 양 등의 포유동물
결핵	① 병에 걸린 소의 유즙이나 유제품 섭취 시 감염 ② 소, 산양 등 ③ BCG 예방접종
파상열	① 병에 걸린 동물의 유즙, 유제품, 식육 섭취 시 감염 ② 소, 돼지, 산양, 개, 닭 등
Q열	① 불완전 살균우유로 감염 ② 소, 양, 설치류
야토병	산토끼, 양 등
돈단독	돼지

04. 식품 안전 관리 인증기준(HACCP)

📑 HACCP의 정의

1) HACCP(Hazard Analysis and Critical Control Point)
   ① 식품 위해 요소 중점 관리 기준
   ② 식품의 원료, 제조, 가공 및 유통의 모든 과정에서 위해 요소를 분석하고, 각 공정 및 단계를 중점적으로 관리하는 기준
   ③ 발생 가능한 위해 요소를 예방, 제거 또는 허용수준 이하로 감소시켜 위해 발생을 사전에 방지
   ④ 식품의약품안전처에서 일정한 규모의 사업장은 심사를 통과해야만 영업 가능하도록 규제 강화

2) HACCP = HA(위해요소 분석) + CCP(중요 관리점)
   (1) 위해요소(Hazard) 분석
      위해 식품 등의 판매 등 금지의 규정에서 정하고 있는 인체의 건강을 해할 우려가 있는 생물학적, 화학적 또는 물리적 인자나 조건을 말한다.

① 생물학적 위해요소

원·부자재, 공정에 내재하면서 인체의 건강을 해할 우려가 있는 E Coli O157:H7, 대장균, 대장균군, 효모, 곰팡이, 기생충, 바이러스 등이 있다. 제과에서 발생할 수 있는 생물학적 위해요소는 황색포도상구균, 살모넬라, 병원성대장균 등의 식중독균이 있다.

② 화학적 위해요소

제품에 내재하면서 인체의 건강을 해할 우려가 있는 중금속, 농약, 항생물질, 항균물질, 사용기준 초과 또는 사용금지 된 식품첨가물 등이 있다.

③ 물리적 위해요소

원료와 제품에 내재하면서 인체의 건강을 해할 우려가 있는 인자 중에서 돌조각, 유리조각, 쇳조각, 플라스틱 조각, 머리카락, 금속조각, 비닐, 노끈 등의 이물이 있다.

(2) 위해요소 평가

위해요소평가는 제품 설명서에서 파악된 원부재료별로, 그리고 공정흐름도에서 파악된 공정단계별로 구분하여 실시한다. 이 과정에서 발생 가능한 모든 위해요소를 파악하여 목록을 작성한다. 즉, 각 위해요소의 유입경로와 이것을 제어할 수 있는 예방수단을 파악하여 기술한다. 이때 위해요소의 발생가능성과 발생 시 그 결과의 심각성을 감안하여 위해를 평가한다.

(3) 위해요소 분석

① 1단계	원료별, 공정별로 생물학적, 화학적, 물리적 위해 요소와 발생 원인을 모두 파악하여 목록화 한다.
② 2단계	파악된 잠재적 위해 요소에 대한 위해 평가 기준을 이용하여 위해를 평가한다. 이때 위해 요소의 빈도와 발생가능성을 모두 포함하여 평가한다.
③ 3단계	파악된 잠재적 위해 요소의 발생 원인과 각 위해 요소를 안전한 수준으로 예방하거나 완전히 제거, 또는 허용 가능한 수준까지 감소시킬 수 있는 예방 조치 방법이 있는지를 확인하여 기재한다.
④ 4단계	위해 요소 분석표를 작성한다.

2) CCP (중요관리점)

중요관리점(CCP, Critical Control Point) 은 위해요소 중점관리 기준을 적용하여 식품의 위해요소를 예방, 제거하거나 허용 수준 이하로 감소시켜 당해 식품의 안전성을 확보할 수 있는 중요한 단계, 과정 또는 공정을 말한다.

① 중요관리점 (Critical Control Points)

파악된 위해 요소를 예방, 제거 또는 허용 가능한 수준까지 감소시킬 수 있는 최종 단계 또는 공정

② 중요관리점 결정도를 이용하여 위해로 선정된 위해 요소에 대하여 적용

2 HACCP의 12단계(준비단계 5단계 + 7원칙)

(1) 1단계 : HACCP 팀 구성

   HACCP을 진행할 팀을 설정하고, 수행업무와 담당을 기재

(2) 2단계 : 제품 설명서 작성

   ① 생산하는 제품에 대해 설명서 작성
   ② 제품명, 제품유형 및 성상, 제조단위, 완제품 규격, 보관 및 유통방법, 포장방법, 표시 사항 등 해당

(3) 3단계 : 용도 확인

   예측 가능한 사용 방법과 범위, 제품에 포함될 잠재성 가진 위해 물질에 민감한 대상 소비자 파악

(4) 4단계 : 공정흐름도 작성

   원료 입고에서부터 완제품의 출하까지 모든 공정단계 파악하여 흐름도 도식화

(5) 5단계 : 공정 흐름도 현장 확인

   작성된 공정 흐름도가 현장과 일치하는지를 검증하는 단계

(6) 6단계(1원칙) : 위해요소 분석

   원료, 제조공정 등에 대해 생물학적, 화학적, 물리적인 위해 분석하는 단계

(7) 7단계(2원칙) : 중요 관리점(CCP) 결정

   HACCP을 적용하여 식품의 위해를 방지, 제거하거나 안전성을 확보할 수 있는 단계

(8) 8단계(3원칙) : 중요 관리점(CCP) 한계 기준 설정

   결정된 중요 관리점에서 위해를 방지하기 위해 한계 기준을 설정하는 단계 (온도, 시간, 습도)

(9) 9단계(4원칙) : 중요관리점(CCP) 모니터링 체계 확립

   중요 관리점에 해당되는 공정이 한계 기준을 벗어나지 않고 안정적으로 운영되도록 관리하기 위해 종업원 또는 기계적인 방법을 관찰 및 측정할 수 있는 모니터링 설정

(10) 10단계(5원칙) : 개선 조치 및 방법 수립

   모니터링에서 한계 기준을 벗어날 경우 취해야 할 개선조치를 사전에 설정하여 신속하게 대응할 수 있도록 방안 수립

(11) 11단계(6원칙) : 검증절차 및 방법 수립

   HACCP시스템이 적절하게 운영되고 있는지를 확인하기 위한 검증방법 설정

(12) 12단계(7원칙) : 문서화 및 기록 유지

   HACCP 체계를 문서화하는 효율적인 기록 유지 및 문서관리 방법 설정

예상문제 HACCP에 대해서 설명하시오.

HACCP = HA (위해요소 분석) + CCP (중요 관리점)

기출문제 HACCP 위해요소 분석 시 기준 3가지는? `2021년`

① 생물학적 위해요소
② 화학적 위해요소
③ 물리적 위해요소

기출문제 다음 HACCP 중에서 생물학적 위해요소를 적으시오. `2020년`

원·부자재, 공정에 내재하면서 인체의 건강을 해할 우려가 있는 황색포도상구균, 살모넬라, 병원성 대장균 등의 식중독균

기출문제 다음 HACCP 중에서 화학적 위해요소를 적으시오. `2020년`

제품에 내재하면서 인체의 건강을 해할 우려가 있는 중금속, 농약, 항생물질, 항균물질, 사용기준 초과 또는 사용금지 된 식품첨가물

기출문제 다음 HACCP 중에서 물리학적 위해요소를 적으시오. `2020년`

원료와 제품에 내재하면서 인체의 건강을 해할 우려가 있는 인자 중에서 돌조각, 유리조각, 쇳조각, 플라스틱 조각, 머리카락, 금속조각, 비닐, 노끈 등의 이물질

Part ... 3
제과기능장 필답고사

1. 제과이론 계산문제
2. 제빵이론 계산문제
3. 재료과학 계산문제
4. 영양학 계산문제
5. 현장실무 계산문제
6. 제과 배합표 작성
7. 제빵 배합표작성

 이 파트의 특징

제과이론, 제빵이론, 재료과학, 영양학, 현장실무를 포함하여 필답고사를 상세하게 종합하여 이해할 수 있게 하였습니다.

※ 본 교재에 기재된 기출문제는 수험생들의 기억을 토대로 시험문제를 재구성한 것으로, **실제 출제문제와 상이**할 수 있습니다.

1. 제과이론 계산문제

1 반죽온도

01 결과온도 33℃, 밀가루 온도 23℃, 실내온도 26℃, 수돗물온도 22℃, 희망온도 27℃, 사용물량 5kg일 때 마찰계수는?

> **tip** 마찰계수 = (결과온도 × 3) − (실내온도 + 밀가루온도 + 수돗물 온도)

(33 × 3)−(26 + 23 + 22) = 28

02 실내온도 21℃, 밀가루 온도 20℃, 설탕온도 20℃, 쇼트닝 온도22℃, 계란온도 20℃, 물온도 18℃의 조건에서 반죽의 결과온도가 24℃가 나왔다면 마찰계수는?

> **tip** 마찰계수 = (결과온도× 6) − (밀가루온도+ 실내온도+설탕온도+쇼트닝온도+달걀온도+수돗물 온도)

(24 × 6) − (21+20+20+22+20+18) = 144 − 121 = 23

03 실내온도 28℃, 밀가루 온도 24℃, 설탕온도 20℃, 쇼트닝 온도20℃, 계란온도 24℃, 마찰계수가 22이다. 반죽온도가 25℃가 되기 위해서 필요한 물의 온도는?

> **tip** 사용할 물 온도 = (희망반죽온도×6) − (밀가루온도+실내온도+설탕온도+쇼트닝온도+달걀온도+마찰계수)

(25 × 6) − (28 + 24 + 20 + 20 + 24 + 22) = 12℃

04 사용할 물의 량 4kg, 수돗물의 온도 20℃, 사용할 물의 온도 12℃일 때 얼음 사용량은?

> **tip** 얼음 사용량 = 사용할 물량 × (수돗물 온도 - 사용할 물온도) / (80+수돗물 온도)

4000 g x (20 − 12) / (80+ 20) = 32000 / 100 = 320 g

05 실내온도 20℃, 밀가루 20℃, 설탕 온도 20℃, 쇼트닝 온도 22℃, 달걀온도 20℃, 물온도 18℃의 조건에서 반죽의 결과온도가 24℃가 나왔다면 마찰계수는?

> **tip** 마찰계수 = (결과온도 × 6) − (밀가루온도+ 실내온도+설탕온도+쇼트닝온도+달걀온도+수돗물 온도)

= (24 × 6) − (20 + 20 + 20 + 22 + 20 + 18) = 144−120 = **24**

06 실내온도, 밀가루온도, 설탕온도, 계란온도, 유지온도, 마찰계수가 모두 25℃이고 희망온도가 23℃라면 계산된 사용수 온도는?

> **tip** 사용할 물 온도 = (희망반죽온도×6) − (밀가루온도+실내온도+설탕온도+쇼트닝온도+달걀온도+마찰계수)

= (23 × 6) − (25 × 6) = 138 − 150 = **-12℃**

2 비중

01 비중 컵 무게 30g, 비중 컵의 물 230g, 비중 컵의 반죽 130g일 때의 비중은?

> **tip** 비중 = $\dfrac{\text{반죽 무게} - \text{컵 무게}}{\text{물 무게} - \text{컵 무게}}$ = $\dfrac{\text{같은 부피의 반죽 무게}}{\text{같은 부피의 물 무게}}$

(130 − 30) / 230 − 30 = 100 / 200 = **0.5**

02 비중컵의 무게가 100g이고 비중컵과 물의 무게가 180g일 때 비중컵에 들어가는 반죽의 무게가 80g 이었다면 반죽의 비중은 얼마인가? `2017년`

> **tip** 비중 = 반죽 무게 ÷ 물 무게

컵 무게100 + 물 무게 가 180 이므로 물의 무게 = 80
80 ÷ (180−100) = 80 ÷ 80 = **1.0**

03 비중컵=40g, 컵+물=240g, 컵+반죽=180g인 반죽의 비중은?

> **tip** 컵 + 물 = 240이면 물 : 240 − 40 = 200

컵 + 반죽 = 180이면 반죽 : 180 − 40 = 140
비중 = 반죽 무게 ÷ 물 무게이므로 140 ÷ 200 = **0.7**

04 비중컵 = 40g, 컵+물 = 240g, 컵+반죽 = 120g인 반죽의 비중은?

> **tip** 컵+물 = 240이면 물: 240−40 = 200

컵 + 반죽 = 120 이면 반죽: 120−40 = 80
비중= 반죽 무게 ÷ 물 무게 이므로 80÷200 = **0.4**

3 비용적, 분할 중량 계산 문제

01 400g의 반죽을 넣어 구운 후 제품의 부피가 1200cm³이면, 이 제품의 비용적?

> **tip** 비용적 : 1g당 차지하는 틀의 부피 (cm³/g)

반죽 무게 : 틀 부피 (용적) ÷ 비용적 * 1200 / 400 = **3cm³/g**

02 가로 22, 세로 20, 높이 8cm의 젤리 롤 케이크팬의 용적은?

> **tip** 사각팬의 팬 용적 = 가로 × 세로 × 높이팬 용적

22 × 20 × 8 = **3,520(cm³)**

03 윗면 가로 8cm, 아랫면 가로 6cm, 윗면 세로 24cm, 아랫면 세로 22cm 높이 5cm인 파운드 케이크 팬의 용적은?

> tip 팬 용적 = 평균 가로 × 평균 세로 × 높이

평균 가로 : (8 + 6) ÷ 2
평균 세로 : (24 + 22) ÷ 2
7 × 23 × 5 = **805 (cm³)**

04 반지름 11cm, 높이가 6cm 인 브라우니 팬의 용적은?

> tip 원형팬 팬 용적 = 밑넓이(반지름 × 반지름 × 3.14) × 높이

팬 용적 = (11 × 11 × 3.14) × 6
= 379.94 × 6 = **2,279.64 (cm³)**

05 윗면 지름 22, 아랫면 지름 20, 높이 6cm인 치즈 케이크 팬의 용적은?

> tip 팬 용적 = 평균 반지름 × 평균 반지름 × 3.14 × 높이

평균지름 = (22+20) /2 = 21, 평균 반지름 = 10.5
팬 용적 = 10.5 × 10.5 × 3.14 × 6 = **2,077.11 (cm³)**

06 외부팬: 윗면 지름 20, 아랫면 지름 18, 높이 6cm인 시폰 케이크 팬의 용적은?
내부팬: 윗면 지름 4, 아랫면 지름 6, 높이 8cm인 시폰 케이크 팬의 용적은?

> tip 외부 팬 용적 – 내부 팬 용적

* 외부 팬 용적 = 평균 반지름 × 평균 반지름 × 3.14 × 높이
 = (20+18)/2 /2 × (20+18)/2 /2 × 3.14 × 8
 = 9.5 × 9.5 × 3.14 × 8 = 2,267.08
* 내부 팬 용적 = (4+6)/2/2 × (4+6)/2/2 × 3.14 × 8
 = 2.5 × 2.5 × 3.14 × 8 = 157
* 실제 팬 용적 = 외부 팬 용적 – 내부 팬 용적
 2,267.08 – 157 = **2,110.08 (cm³)**

07 어떤 팬에 시폰 케이크(비용적 4.07cm³/g) 600g을 넣고 구워 적절한 제품을 만들었다. 같은 팬에 스펀지 케이크 (비용적 4.4cm³/g)를 구우려면 몇 g을 넣어야 하는가? `1999년`

tip 시폰 케이크 팬용적 : 600g × 4.07 = 2,442cm³/g

필요한 스펀지 케이크 g : 2,442cm³/g(팬용적) ÷ 4.4cm³/g(스펀지 케이크 비용적) = **555g**

08 시폰 케이크 4cm³/g을 500g 분할 시 스펀지 케이크 5cm³/g의 분할 중량은? `2020년`

tip 4 : 500 = 5 : X

　　4X = 2500　X = **625 g**

09 경사진 옆면과 안쪽 관을 가진 전통적인 케이크 팬의 용적을 구하려 한다. 외부 팬은 안치수로 윗면 지름 22cm, 아래면 지름 18cm, 깊이 10cm, 내부 관은 바깥치수로 윗면 지름 4cm, 아래면 지름 8cm 라면 이 팬의 용적은?

tip 외부 팬 윗면 반지름 11, 아랫면 반지름 9 의 평균 반지름 = 10 , 깊이 10

　　외부 팬 용적 = 평균 반지름 × 평균 반지름 × 3.14 × 높이

　　　　　　　　10 × 10 × 3.14 × 10 = 3140

　　내부관 윗면 반지름 2, 아랫면 반지름 4 의 평균 반지름 = 3, 깊이 10

　　　　　　　　3 × 3 × 3.14 × 10 = 282.6

　　외부 팬 용적 - 내부 팬 용적이므로 3108.6 - 282.6 = **2857.4cm³**

10 완제품 440g인 스펀지 케이크 500개를 제조하려 한다. 굽기 손실이 12%라면 전체 반죽은?

tip 전체 반죽량 = 완제품의 중량 × 개수 ÷ (1- 굽기 손실)

　　　　440 × 500개 ÷ (1- 0.12) = 220000 ÷ 0.88 = 250000g = **250kg**

4 굽기 손실, 믹싱 손실 계산

01 완제품 500g짜리 파운드 케이크 1000개를 주문 받았다. 믹싱 손실이 1.5%, 굽기 손실이 19%, 총 배합률이 400% 인 경우, 20kg 짜리 밀가루를 몇 포대 준비해야 하는가?

tip * 밀가루의 무게 = 밀가루 비율 × 총 반죽의 무게 ÷ 총 배합률
　　* 총 반죽의 무게 = 총 배합률 × 밀가루 무게 ÷ 밀가루 비율

　　㉠ 완제품의 총 무게 = 완제품 무게 × 개수 = 500× 1000= 500000g
　　㉡ 분할 총 무게 = 완제품의 총 무게 ÷ (1- 굽기손실) ÷ 100
　　　　　　　500000 ÷ (1- 0.19) = 617283.9g
　　㉢ 반죽 총 무게 = 분할 총 무게 ÷ (1- 믹싱 손실)÷ 100
　　　　　　　= 617283.9 ÷ (1- 0.115) ÷ 100
　　　　　　　= 6172.839 ÷ 0.985÷100= 626684.21g
　　㉣ 밀가루 중량 = 밀가루 배합률100% : 밀가루중량 = 배합률 400% : 626684.21
　　　　　밀가루 중량 = 626684.21 ×100 ÷ 400= 156671.1g
　　㉤ 포대로는 156671.1g ÷ 20000 = **7.83 포 = 8포**

2. 제빵 이론 계산문제

1 반죽온도

01 식빵의 반죽 희망온도가 27℃, 실내온도 20℃, 밀가루 온도 20℃, 마찰계수 30인 경우 사용할 물의 온도는?

> tip 사용할 물 온도 = (희망온도 x 3) − (실내온도 + 밀가루온도 + 마찰계수)

(27 × 3) − (20 + 20 + 30) = **11℃**

02 수돗물 온도 20℃, 사용할 물온도 10℃, 사용물량 3kg일 때 사용하는 얼음량은?

> tip 얼음 사용량 = 사용할 물량 x (수돗물 온도 - 사용할 물 온도) / (80 + 수돗물 온도)

3000g × (20 − 10) ÷ (80 + 20) = **300g**

03 결과온도 32℃, 스펀지 반죽온도 28℃, 밀가루 온도 23℃, 실내온도 26℃, 수돗물온도 22℃일 때 마찰계수는?

> tip 마찰계수 = (결과온도 × 4) − (실내온도 + 밀가루온도 + 수돗물 온도 + 스펀지 반죽온도)

(32 × 4) − (26 + 23 + 22 + 28) = **29**

04 스펀지 반죽온도 28℃, 희망 반죽온도 6℃, 마찰계수 20, 실내온도 26℃, 밀가루 온도 21℃일 때 스펀지법에서 사용할 물의 온도는?

> tip 사용할 물 온도 = (희망온도 × 4) − (실내온도 + 밀가루온도 + 마찰계수 + 스펀지 반죽온도)

(27 x 4) − (26+21+20+28) = **13℃**

05 사용수 온도가 −5℃, 수돗물 온도는 20℃, 물 사용량이 2kg일 경우 얼음을 사용하여 온도를 조절한다면 얼음과 물 각각의 양은?

> tip *얼음 사용량 = 사용할 물량 × (수돗물 온도 − 사용할 물온도) / (80 + 수돗물 온도)

= 2000 x (20 − (−5) ÷ (80 + 20)

= 2000 x 25 ÷ 100 = 50000 ÷ 100 = 500

*물 사용량 = 수돗물 − 얼음

= 2000 − 500 = 1500g

얼음 500g, 물 사용량 1,500g

06 실내온도 24℃, 밀가루 온도 19℃, 마찰계수 20일 때 희망 반죽온도를 27℃로 하기 위하여 사용할 물의 온도로 가장 적합한 것은? `2017년`

> tip 사용할 물 온도 = (희망온도 x 3) − (밀가루 온도 + 실내 온도 + 마찰계수)

= (27 x 3) − (19+24+20) = 81−63 = **18℃**

계산문제

07 희망 반죽온도 26℃, 마찰계수 20, 실내온도 26℃, 스펀지 반죽온도 28℃, 밀가루 온도 21℃일 때 스펀지법에서 사용할 물의 온도는?

> **tip** 사용할 물온도 = (희망온도 × 4) − (실내온도 + 밀가루온도 + 마찰계수 + 스펀지 반죽온도)

= (26 × 4) − (26 + 21 + 20 + 28) = 104 − 95 = **9℃**

08 식빵을 만드는데 실내온도 15℃, 수돗물 온도 10℃, 밀가루 13℃일 때 믹싱 후의 반죽온도가 21℃가 되었으면 이때 마찰계수는?

> **tip** 마찰계수 = (결과온도 × 3) − (실내온도 + 밀가루온도 + 수돗물 온도)

= (21 × 3) − (15 + 10 + 13) = 63 − 38 = **25**

09 1000g의 물을 사용할 때 수돗물 20℃, 사용할 물의 온도가 −10℃일 때 얼음 사용량은?

> **tip** 얼음 사용량 = 사용할 물량 × (수돗물 온도 − 사용할 물 온도) ÷ (80 + 수돗물 온도)

= 1000x (20−(−10)) ÷ (80 + 20) = 30000 ÷ 100 = **300g**

10 반죽 결과온도 32℃, 실내온도 25℃, 밀가루 온도 26℃, 수돗물 온도 18℃, 희망 반죽온도 27℃, 스펀지 반죽온도 24℃, 총 사용물량 1000mL일 때 실제 사용할 물 양은 약 얼마인가? `2014년`

tip ① 마찰계수 = (결과온도 × 4) − (실내온도 + 밀가루온도 + 수돗물 온도 + 스펀지 반죽온도)
   = (32 × 4) − (25+26+18+24) = 128 − 93 = 35

② 사용할 물 온도 = (희망온도×4) − 실내온도+밀가루온도+마찰계수+스펀지 반죽온도)
   = (27 × 4) − (25+26+35+24) = 108 − 110 = −2

③ 얼음 사용량 = 사용할 물량 × (수돗물 온도 − 용할 물 온도) ÷ (80 + 수돗물 온도)
   = 1000 × (18−(−2) ÷ (80 + 18) = 20000 ÷ 98 = 204

④ 실제 물량 = 총 사용물량 1000 − 얼음 사용량 204 = **796ml**

11 아래 조건에서 반죽의 희망온도 26℃로 맞추려고 할 때, 얼음 사용량은? `2004년`

> 실내온도 25℃, 밀가루 온도 22℃, 수돗물온도 20℃, 반죽 결과온도 33℃,
> 희망온도 26℃, 물사용량 1000g

tip 마찰계수 = (결과온도 × 3) − (실내온도 + 밀가루온도 + 수돗물 온도)
   = (33× 3) − (25+22+20) = 32

사용할 물의 온도 = (희망온도 × 3) − (실내온도 + 밀가루온도 + 마찰계수)
   = (26× 3) − (25+22+32) = −1

얼음 사용량 = 사용할 물량 × (수돗물 온도 − 사용할 물 온도) ÷ (80 + 수돗물 온도)
   = 1000x (20−(−1) ÷ (80+20) = 21000 ÷100 = **210g**

12 반죽에 필요한 물 온도가 5℃이고 현재 20℃의 수돗물 800g을 사용할 때 반죽온도를 맞추기 위한 적절한 조치는?

　tip *얼음 사용량 = 사용할 물량 × (수돗물 온도 − 사용할 물온도) / (80 + 수돗물 온도)
　　　　　　　　= 800 × (20 − 5) ÷ (80 + 20) =1200 ÷ 100 =**120g**

　　*물 사용량 = 수돗물 800 − 얼음120 = **680g**

　　　　　20℃의 물 680g에 얼음 120g을 사용

2 용적, 비용적

01 식빵의 비용적이 3.3cm³/g일 때 가로 15cm, 세로 7cm, 높이 8cm의 틀을 사용한다면 필요한 반죽의 무게는 약 얼마인가? (2009년)

　tip 식빵틀의 용적 : 15 × 7 × 8 = 840
　　용적 ÷ 비용적 = 840 ÷ 3.3 = 254.54 = **255g**

02 윗면 가로 20cm, 윗면 세로 8cm, 밑면 가로 19cm, 밑면 세로 7cm, 높이 8cm의 직육면체 팬의 용적비는?

　tip 평균 가로 (20+19) ÷ 2 = 19.5　평균 세로 (8+7) ÷ 2 = 7.5
　　용적 = 19.5 × 7.5 × 8 = **1170cm³**

03 반죽의 비용적이 2.5cm³/g (반죽1g 당 2.5cm³)의 부피를 가질 때, 가로 15cm, 세로 2cm, 높이 4cm의 팬에는 몇 g 반죽(분할 중량)을 넣어야 하는가?

　tip 분할 중량 = 용적 ÷ 비용적
　　용적 = 가로 × 세로 × 높이 (15 × 2 × 4) ÷ 2.5 = **48g**

04 윗면 지름 20cm, 아랫면 지름 18cm, 깊이 10cm, 비용적을 4.5cm³/g으로 할 때 반죽의 분할 중량은? (단, 반죽을 100% 가득 채우는 것으로 가정한다)

　tip 용적 = 평균 반지름 × 평균 반지름 × 3.14 × 높이
　　평균 지름: (20 + 18) ÷ 2 = 19　평균 반지름 : 9.5
　　9.5 × 9.5 × 3.14 × 10 = 2833.85cm³
　　분할 중량 = 용적 ÷ 비용적
　　　　　　 = 2833.85cm³ ÷ 4.5cm³/g = **629.74g = 630g**

05 식빵의 비용적이 3.3cm³/g일 때 가로 15cm, 세로 7cm, 높이 8cm의 틀을 사용 한다면 필요한 반죽의 무게는 약 얼마인가? (2009년)

　tip 식빵틀의 용적 : 15 × 7 × 8 = 840
　　용적 ÷ 비용적 = 840 ÷ 3.3 = 254.54 = **255g**

06 아래와 같은 조건에서 경사면으로 된 직육면체 모양의 팬 용적을 계산하면? `2016년`
(단, 윗면과 아랫면의 치수는 안 치수 기준)

> * 윗 면 : 가로 26cm, 세로 10cm
> * 아랫면 : 가로 22cm, 세로 8cm
> * 공통 깊이 : 10cm

tip {(윗면 가로+ 아랫면 가로÷2)} × {(윗면 세로+ 아랫면 세로)÷2} × 깊이

(26 × 10) + (22 × 8) = (260 + 176) × 10 ÷ 2 = 4360 ÷ 2 = **2,160cm³**

3 제빵 배합률

01 배합의 합계 %는 170%, 쇼트닝 4%, 소맥분의 중량 5kg이다. 이때 쇼트닝의 중량은?

tip 밀가루의 % 는 100% 기준

각 재료의 무게(g) = (각 재료의 비율(%) × 밀가루 무게(g)) ÷ 밀가루 비율(%)

쇼트닝 무게 = (4% × 5000g) ÷ 100% = **200g**

02 식빵 배합률 합계가 180%, 밀가루 총 사용량이 3000g일 때 총 반죽의 무게는?
(단, 기타 손실은 없음)

tip 밀가루의 무게(g) = (밀가루의 비율(%) × 총 반죽의 무게(g)) ÷ 총 배합율(%)

총 반죽의 무게g = (총배합률 % × 밀가루 무게 g) ÷ 밀가루 비율%

(180% × 3000g) ÷ 100% = **5400g**

03 배합율이 170%인 빵 반죽에 수분이 69%이다. 발효 손실과 굽기 손실이 12%이고 손실을 수분으로 본다면 굽기 후 수분 함량은 몇 %인가?

tip 굽기 손실 : 170% × 0.12 = 20.4

제품중에 남아있는 수분 : 69% − 20.4% = 48.6%

손실후 제품 = 170 − 20.4 = 149.6

제품의 수분 비율 = (48.6 ÷ 149.6) × 100 = 32.486 = **32.49%**

04 분할무게 500g인 제품 200개를 생산하려 할 때 발효손실 2%, 배합율 180%인 경우의 밀가루 사용량은 약 얼마인가? 2016

tip 밀가루(g) = (밀가루비율 × 총 반죽 무게) ÷ 총 배합률

(500 × 200) ÷ (1 − 0.02) ÷ 1.8

(500 × 200) ÷ 0.98 ÷ 1.8 = 56689.342 = **56,689g**

제과기능장 필답고사

05 식빵의 총 배합율이 180% 이고, 발효 손실 2%, 굽기손실 12%인 경우 완제품 중량 500g 짜리 식빵 40개를 만들려면 밀가루는 얼마가 있어야 하는가? (단, 10g 이하는 올림) 2015년

tip 방법1) 제품의 총무게＝500g × 40개＝20000g
반죽의 총무게＝20,000g ÷ (1−0.12) ÷ (1−0.02)＝23,191.09g
밀가루의무게＝23,191.09g × 100% ÷ 180%＝12,883.94 ＝ **12,900g**

방법2) 500g × 40개＝20000g
20000 ÷ (1−0.02) ÷ (1−0.12) ÷ 1.8
＝20000 ÷ 0.98 ÷ 0.88 ÷ 1.8 ≒ 12883.941＝**12,900g**

06 20kg 짜리 밀가루 10포대를 사용하는 믹서로 반죽을 믹싱하여 580g 씩 분할하여 식빵을 600개 생산했다면, 총배합률이 180% 인 경우, 분할 시 까지 총 재료비에 대한 손실률은 얼마인가? 2015년

tip 580 × 600 ＝ 348000g
100%일 때 20000 이므로 배합률 180%일 땐 360000g
360000−348000＝ 12000 (발효손실) 이므로 발효 손실＝ 12000 ÷ 360000 ＝0.0333 이므로 **3.33%**

07 600g짜리 완제품 식빵 1000개를 주문 받았다. 총 배합률은 180%이고 발효손실은 1.5%, 굽기손실은 12%가 되는 배합률과 공정으로 볼 때 20kg짜리 밀가루는 몇 포대를 준비해야 하는가? 2017년

tip 방법1)
총 분할 무게 ＝ 600g × 1,000 ＝ 600,000g ＝ 600kg
총 재료 무게 ＝ 600 ÷ (1 − 0.135) ＝ 600 ÷ 0.865 ≒ 693.64[kg]
밀가루 무게 ＝ 693.64 ÷ 1.8 ≒ 385.35
밀가루 포대 수 ＝ 385.35 ÷ 20 ＝ 19.26 → 올림 → **20포대**

방법2)
(600 × 1000) ÷ (1 ÷ 0.015) ÷ (1 − 0.12) ÷ 1.8
＝ 384,556.222···
＝ 390,000g → **20포대 필요**

08 분할무게 600g인 식빵 1,000개를 생산하고자 한다. 총 배합율이 180%이고 발효 손실이 1.5%인 경우 20kg 포장인 밀가루는 몇 포대를 준비해야 하는가?

tip 총 분할 무게 ＝ 600g × 1,000 ＝ 600,000g ＝ 600kg
총 재료 무게 ＝ 600 ÷ (1 − 0.015) ＝ 600 ÷ 0.985 ≒ 609.14[kg]
밀가루 무게 ＝ 609.14 ÷ 1.8 ≒ 338.41[kg]
밀가루 포대 수 ＝ 338.41 ÷ 20 ＝ 16.9205 → 올림 → **17포대**

3. 재료과학 계산문제

1 밀가루

01 단백질 13%의 밀로 제분한 1급 밀가루의 예상 단백질 함량은?

tip 13% − 1% = **12%**
　　※ 제분으로 인한 1% 감소

02 밀가루 25g에서 젖은 글루텐 10g을 얻었을 때 다음의 비율(%)을 구하시오.

tip ① 젖은 글루텐의 비율(%) = $\dfrac{\text{젖은 글루텐 무게}}{\text{밀가루 무게}}$ × 100 = 10/25 × 100 = 40%

　　② 건조 글루텐의 비율(%) = 젖은 글루텐의 비율(%) ÷ 3
　　　　　　　　　　　　　　= 40 ÷ 3 ≒ 13.33[%]
　　③ 이 밀가루 단백질의 % (건조 글루텐 %) = 40 ÷ 3 = **13.33[%]**

03 50g의 밀가루에서 18g의 젖은 글루텐을 채취했다면 젖은 글루텐의 비율은?

tip 젖은 글루텐 % = × 100 = × 100 = **36[%]**

04 어떤 밀가루에서 나온 젖은 글루텐에 단백질이 27%가 있었다면 완전히 건조한 글루텐에는 얼마의 단백질이 있는가? `2016년`

tip 젖은 글루텐을 건조 글루텐(%) 로 전환 시 : 27 ÷ 33 × 100 = **81%**
tip 건조 글루텐의 조성

성 분	젖은 글루텐		젖은 글루텐을 건조 글루텐(%)으로 전환	건조 글루텐 구성비 (%)
	구성비(%)	고형질		
물	67	−	건조	0
단백질	**약 27**	**약 27**	**27 ÷ 33 × 100**	**81**
전분	약 3	약 3	3 ÷ 33 × 100	9.1
지방	2.0	2.0	2 ÷ 33 × 100	6.1
회분	1.0	1.0	1 ÷ 33 × 100	3
섬유질	0.3	0.3	0.3 ÷ 33 × 100	0.9
계	100.0	33.0	−	100

2 감미제

01 수분 함량 88%, 단백질 3.40%인 우유 1,000g을 증발시켜 200g으로 만들고 여기에 100g의 설탕을 첨가하여 만든 가당연유에 관한 내용이다.

   tip (1) 단백질 함량은?
        우유 중의 단백질 무게 = 1,000g × 0.034 = 34g
        가당연유의 총 무게 = 200g + 100g = 300g
        가당연유 중 단백질 함량 = 34/300 × 100 ≒ **11.33%**
      (2) 수분 함량은?
        우유 중의 수분무게 = 1,000g × 0.88 = 880g
        증발시켜 농축시킨 후의 수분 = 880−(1,000−200) = 880−800 = 80g
        가당연유 중의 수분 = 80/300 × 100 ≒ **26.67%**

3 우유, 생크림

01 수분 88%, 유지방 3.5%, 우유 1000g을 수분 증발의 방법으로 농축시켜 400g으로 만든 연유에서 유지방 함량은?

   tip 우유 중 유지방의 무게 = 1000 × 0.035 = 35g
      연유 중 유지방 함량 (%) = 35 ÷ 400 × 400 = **8.75%**

02 2. 2000cc의 생크림 원료로 3500cc의 크림이 되었다면, 오버런은 몇 % 인가? (2009)

   tip (휘핑후 부피− 휘핑전 부피) ÷ 휘핑전 부피 × 100
   = (3500−2000) ÷ 2000 × 100 = 0.75 × 100 = **75%**

03 500ml의 생크림 원료로 거품을 올려 1000ml의 생크림을 만들었다면 증량률(Over run)은 얼마인가?

   tip (1000−500) ÷ 500 × 100 = **100%**

04 수분88%, 유지방 3.5%인 우유 1,000g을 수분증발의 방법으로 농축시켜 400g으로 만든 연유에 관한 내용이다. 유지방 함량과 총 고형질은 몇 %가 되는가?

   tip ① 우유 중 유지방의 무게 = 1,000g × 0.035 = 35g
        연유 중 유지방 함량(%) = 35/400 × 100 = **8.75[%]**
      ② 우유 중 총 고형질 무게 = 1,000g × 0.12 = 120g
        연유 중 총 고형질 함량 = 120/400 × 100 = **30[%]**

4 달걀

01 달걀 흰자가 360g 필요할 경우 전란 60g 짜리 달걀이 몇 개 정도 필요한가?

tip 껍질 포함 60g 짜리 달걀의 흰자는 60% 이므로 36g이다.

360 ÷ 36 = **10개**

02 카스텔라를 만드는 데 달걀 16.6kg이 필요하다면 껍질 포함 60g 인 달걀을 몇 개를 준비해야 하는가?

tip 달걀 1개 전란의 무게 = 60 × 0.9 = 54g

사용량 ÷ 1개당 무게 = 16600 ÷ 54 = 307.41 개 = **308개**

03 엔젤, 시폰, 카스텔라를 생산하는 데 다음과 같이 노른자와 흰자가 필요하다.
(계란의 무게는 껍질 무게 포함 60g이다.)

1) 노른자 2,340g을 사용하려면 몇 개의 계란을 준비해야 하는가?

① 계란 1개 중의 노른자 = 계란의 약 30%

→ 60g × 0.3 = 18g

② 필요한 개수 = 2,340 ÷ 18 = **130[개]**

2) 흰자 4,680g을 사용하려면 몇 개의 계란을 준비해야 하는가?

① 계란 1개 중의 흰자 = 계란의 약 60%

→ 60g × 0.6 = 36g

② 필요한 개수 = 4,680 ÷ 36 = **130[개]**

3) 계란 1,000g을 사용하려면 몇 개의 계란을 준비해야 하는가?

① 계란 1개 중의 계란 = 계란의 약 90%

→ 60g × 0.9 = 54g

② 필요한 개수 = 1,000 ÷ 54 ≒ 18.52

→ 소수 이하 올림 → **19개**

04 일반적인 흰자 분말(수분=8%) 1kg에 약 얼마의 물을 넣어야 일반 흰자와 비슷한 조성(고형질=11.5%)이 되는가?

tip 흰자 분말 1,000[g] 중 고형질 = 1,000 × 0.92 = 920[g]

첨가하는 물을 X라 하면,

(1,000+X) : 920 = 100 : 11.5

11.5 × (1,000+X) = 920 × 100

11.5X + 11,500 = 92,000

11.5X = 92,000 − 11,500 = 80,500

X = 80,500 ÷ 11.5 = **7,000[g]**

05 일반적인 계란 분말 (수분=5%) 100g에 얼마의 물을 넣고 풀어주면 생계란(수분 =75%) 같은 조성이 되는가?

tip 계란 분말 100g중의 고형질 $100 \times 0.95 = 95$

첨가할 물의 무게를 A라하면 $95 : (100+A) = 25 : 100$

$25(100+A) = 95 \times 100$　$100+A = 9500 \div 25$　$100+A = 380$　A = **280개**

5 이스트

01 일반적인 조건에서 이스트 2%로 4시간 발효를 해서 좋은 결과를 얻었다. 발효시간을 2.5시간으로 단축하려면 이스트를 얼마를 사용해야 하는가?

tip 변경할 이스트의 양 = (정상이스트의 양 × 정상 발효시간) ÷ 변경할 발효시간

$= (2 \times 4) \div 2.5 =$ **3.2%**

02 이스트 2%를 사용할 때 발효시간이 4시간이라면 발효시간을 3시간으로 단축시킬 때 이스트의 사용량은? (소수 둘째자리에서 반올림 하시오)

tip 변경할 이스트의 양 = (정상이스트의 양 × 정상 발효시간) ÷ 변경할 발효시간

$= (2 \times 4) \div 3 = 2.666 =$ **2.7%**

03 밀가루 100kg에 이스트 3% 발효시간 3시간 - 밀가루 150kg에 발효 시간 2시간으로 줄이려면 이스트 사용량은? `2020년`

tip $100 \times 0.03 \times 3$시간 $= 150 \times$ 이스트 $\times 2$시간

$9 = 300 \times$ 이스트,　이스트% $= 0.03 \times 100 =$ **3%**

6 팽창제

01 베이킹 파우더 10g에서 몇 ml의 이산화탄소 가스가 발생되어야 하는가?

tip 발생되어야 할 이산화탄소 가스의 무게 $= 10g \times 0.12 = 1.2g$

CO_2 가스 1몰(mole)의 부피는 $22.4 = 22,400ml$

CO_2 1분자의 분자량 $= 12 \times 1 + 16 \times 2 = 44$

CO_2 1.2g의 부피 $= 22,400ml \times 1.2/44 ≒ 610.91ml →$ **611ml**

02 어느 케이크 제조에 3,054ml의 유효한 이산화탄소 가스가 필요하다면 몇 g의 베이킹 파우더가 필요한가? (유효가스 발생은 12%, 반올림하여 정수화)

tip CO_2 1g당 가스의 발생량=22,400ml÷44≒509ml
필요한 가스의 무게=3,054÷509=6[g]
필요한 베이킹 파우더의 무게=6÷0.12=**50[g]**

03 어떤 제과업체의 초코 스펀지 케이크 반죽제조시, 평소에 같은 양의 코코아를 사용했는데 색이 여리고 향이 약하다는 지적을 받았다. 원인을 점검한 결과 이번에 구매한 코코아가 천연코코아이므로 탄산수소나트륨을 사용하기로 하였다. 천연코코아 100g당 얼마의 탄산수소나트륨을 사용하여야 하는가? 2001년

Tip 탄산수소나트륨은 천연코코아의 7% 사용하므로
탄산수소나트륨 = 천연코코아 × 7 = 100g × 0.07 = **7%**

04 데블스 푸드 케이크 제조시 중조를 8g 사용했을 경우 가스 발생량으로 비교 했을 경우 베이킹 파우더 몇 g과 효력이 같은가?

tip 데블스 푸드 케이크는 코코아를 사용하며 검 붉은색을 띠므로 '데블스'라고 한다.
중조 = 베이킹 파우더의 3배 효과가 있다.
8 × 3 = **24g**

7 중화가

중화가
① 산 100g을 중화시키는데 필요한 중조의 양을 수치화
② 중조의 양 ÷ 산성의 양 × 100
③ 적정량의 유효 이산화탄소를 발생시키고 중성이 되는 양 조절

01 어떤 베이킹 파우다 17kg 중에 전분이 40% 이고, 중화가가 104일 때 산 작용제는 얼마나 들어 있는가? 2015년

tip ① 전분량 = 17kg × 0.4 = 6.8kg
② 베이킹 파우더 속의 (중조 + 산) = 베이킹 파우더 17kg− 전분 6.8 = 10.2
③ 중조=10.2 −산
④ 중화가 104 = (10.2− 산) ÷ 산(A) x 100
⑤ 104 × A = (10.2 x 100) − 100 A
104 A+ 100A = 10.2 × 100 204A = 1020 **A= 5Kg**

제과기능장 필답고사

02 베이킹파우더 10kg 중에 전분이 10%이고, 중화가는 80일 때 산 작용제의 무게는? `2014년`

Tip ① 전분량 = 10kg × 0.1 = 1kg
② 베이킹 파우더 속의 중조 + 산 = 베이킹 파우더 10kg − 전분 1 = 9kg
③ 중조 = 9 − 산
④ 중화가 80 = (9 − 산) ÷ 산(A) × 100
⑤ 80 × A = (9 × 100) −100 A
   80A + 100A = 9 × 100   180A = 900   **A = 5K**

03 어떤 베이킹 파우더 10kg에 전분이 34% 들어있고, 중화가가 120인 경우 탄산수소나트륨의 양은 얼마가 되는가?

tip 전분의 양 = 10kg × 0.34 = 3.4kg
산 + 탄산수소나트륨 = 10kg − 3.4 = 6.6[kg]
산을 A라 하면 탄산수소나트륨은 1.2A이므로
A + 1.2A = 6.6   2.2A = 6.6   A = 3
탄산수소나트륨 = 산 × 1.2 = 3 × 1.2 = **3.6[kg]**

04 어떤 베이킹 파우더 10kg 중에 전분이 28%이고, 중화가가 80인 경우에 중조는 얼마나 들어있는가? `2004년`

tip 전분의 양 = 10kg × 0.28 = 2.8 kg
(산+탄산수소나트륨) = 10 − 2.8 = 7.2[kg]
산을 X라 하면 탄산수소나트륨은 0.8 X이므로
X + 0.8 X = 7.2   1.8 X = 7.2   X = 4
탄산수소나트륨 = 0.8 × 산 = 0.8 × 4 = **3.2[kg]**

05 베이킹파우더 5kg 중 전분이 32%이고 중화가가 70일 때 탄산수소나트륨(중조)과 산 작용제의 양은? `2014년`

tip 전분의 양 = 5kg × 0.32 = 1.6 kg
(산+탄산수소나트륨) = 5 − 1.6 = 3.4[kg]
산을 A라 하면 탄산수소나트륨은 0.7 A이므로
A + 0.7A = 3.4
1.7 A = 3.4
A = 2
탄산수소나트륨 = 0.7 × 산 = 0.7 × 2 = **1.4[kg]**
답: **탄산수소나트륨 1.4kg, 산 작용제 2k**

06 중화가가 70인 중조를 사용하여 베이킹 파우더 200g을 만들어 사용할 때 20%의 전분이 첨가되어 있다면 필요한 산의 양은 얼마인가? (단, 소수점 첫째자리에서 반올림하시오.) `2017년`

> **Tip** 중화가 = 중조의 양 ÷ 산성제의 양 ×100

산을 A라 하면,
- ① 70 = 중조 ÷ A X100
- ② 베이킹 파우더 = 중조 + 산(A) + 전분 = 200
- ③ 전분량 = 200g X 20% = 40g
- ④ 베이킹 파우더 = 중조 + 산(A) + 40g = 200
- ⑤ 중조 + 산(A) = 200 − 40 = 160g
- ⑥ 중조 = 160 − A
- ⑦ 70 = (160 − A) ÷ A X100
- ⑧ 70A = 160g X100 − 100A
- ⑨ 170A = 16000
- ⑩ A = 16000 ÷ 170 = **94.12g**

8 초콜릿

01 초콜릿에 함유된 코코아 버터(카카오 버터)의 양을 계산하는 공식은?

tip 초콜릿의 양 × 0.375 = 코코아 버터의 양

02 초콜릿 제품을 만드는 재료인 다크 초콜릿 20kg에는 일반적으로 코코아가 얼마나 함유되어 있을까? `2001년`

tip 다크 초콜릿에 함유된 코코아의 양은 일반적으로 전체 무게의 5/8 이므로
20kg × 5/8 = **12.5kg**

03 초콜릿 원액 24% 중 코코아와 코코아 버터의 함유량은 각각 몇 % 씩인가?

tip ① 코코아 함유량 : 초콜릿의 5/8 → 24%×5/8 = **15%**
② 코코아 버터 함유량 : 초콜릿의 3/8 → 24%×3/8 = **9%**

04 비터 초콜릿 1,000g에 설탕 1,260g, 전지분유 570g, 레시틴 20g, 바닐라향 10g을 넣고 믹싱하여 밀크 초콜릿 커버처를 만들었다면 전지분유의 구성비는 얼마나 되는가?
(단, 소수 첫째자리에서 반올림하여 정수로 표시)

tip 총 무게 = 1,000 + 1,260 + 570 + 20 + 10 = 2,860[g]
전지분유 [%] = (570 ÷ 2,860) × 100 ≒ 19.93 → **20[%]**

05 아래와 같은 조성의 다크 초콜릿으로 코팅하는 데커레이션 케이크를 제조할 때, 일반적인 이 초콜릿 5kg, 한 상자 중에 카카오 버터는 얼마나 들어있는가?

재료	설탕	유화제	바닐라향
구성비(%)	35.0	0.6	0.4

tip ① 비터 초콜릿의 비율 = 100 − (35.0 + 0.6 = 0.4) = 64%
　　② 카카오 버터의 비율 = 비터 초콜릿의 비율 × 0.375 = 64 × 0.375 = 24%
　　③ 3.5kg의 다크 초콜릿에 함유된 카카오 버터의 양 = 5 × 0.24 = **1.2kg**

06 초콜릿 케이크에 설탕 120%, 유화쇼트닝 50%, 초콜릿 32%를 사용했을 때,

① 코코아의 함유량은?
　　32%×5/8 = **20%**

② 사용할 우유의 비율은?
　　우유= 설탕+30+(코코아×1.5)− 계란
　　= 120+30+(20×1.5)−55= **125[%]**

③ 탈지분유의 비율은?
　　탈지분유=우유×0.1=125%×0.1= **12.5[%]**

④ 초콜릿 32% 중 코코아 버터 비율은?
　　코코아버터 = 32%×3/8 = **12%**

⑤ 원래 배합에 사용하던 유화쇼트닝이 60%면 어떻게 조정하는가?
　　초콜릿 32%중 코코아 버터가 12%이므로 이것은 유화쇼트닝 효과가 1/2인 6%이다.
　　"따라서 6%를 빼서 60% − 6% = **54%**로 조정한다."

07 템퍼링 할 때 지방의 경정입자 베타형을 얻기 위한 조치는?

tip 용해된 초콜릿 일부 (약 2/3 정도)를 대리석 작업대에 얇게 펴면서 냉각시키고 나머지 용해된
　　초콜릿과 섞으면서 32~ 35℃로 만든다.

08 어떤 다크 초콜릿에 설탕이 32%, 유화제가 0.6%, 바닐라향이 0.4% 들어있다. 일반적인 초콜릿이라면 초콜릿 1kg 중에 코코아는 약 얼마나 들어있는가?

tip ① 비터 초콜릿 = 100 − (32 + 0.6 + 0.4) = 100 − 33 = 67%
　　② 코코아의 양(%) = 67% × 5/8 = 41.875%
　　　　　　　　　　= 1000g × 0.41875 = **418.75g**

계산문제

9 수분

01 박력분 100%(재료 중 수분 15%), 설탕 150%, 계란 200%(재료 중 수분 75%)의 배합표로 만든 완제품의 수분 함량을 구하시오. (굽기 중 수분 손실은 10%이고 기타 손실은 무시. 소수 셋째 자리에서 반올림해 둘째 자리까지 계산.) `2001년`

Tip

1) 총 배합율 = 450%

2) 박력분의 수분 = 100 × 0.15 = 15
   계란의 수분 = 200 × 0.75 = 150
   ∴ 총 수분량 = 15 + 150 = 165%

3) 손실의 양 = 450 × 0.1(수분 손실) = 45%

4) 수분함량 = × 100
           = × 100 ≒ **30%**

02 총 배합률 180%중에 수분이 80% 이고 굽기 손실이 12% 라면 제품의 수분 비율은?

① 굽기손실 전체 배합의 수분 함량 : 180 × 0.12 = 21.6%

② 제품에 남아 있는 수분 80 − 21.6 = 58.4%

③ 손실후 제품의 총 함량 180 − 21.6 = 158.4 / 180 × (1 − 0.12) = 158.4

④ 제품의 수분 비율 : 58.4 ÷ 158.4 × 100 = **36.87%** / 58.4 − 21.6 = **36.87%**

03 페리노 그래프 시험 (Farino graph Test)에 수분 14%인 밀가루 300g을 사용한다면 수분 15.2% 인 밀가루는 얼마를 사용해야 평형을 이루는가? `2002년`

밀가루 (g)	고형질 (%)
300	수분 14 (고형질=86)
x	수분 15.2 (고형질 =84.8)

① 기준 밀가루의 고형질 100 − 14 = 86%

② 사용 밀가루의 고형질 100 − 15.2 = 84.8%

300 × 86 = 84.8 × x

x = 300 × 86 ÷ 84.8   x = **304.2 g**

04 수분 12.5%일 때 밀가루의 흡수율이 60% 이다. 저장 중에 수분이 10%로 감소하면 새로운 흡수율은 얼마나 되는가? 2002년

밀가루	흡수율 %	수분 %	전체 고형질 % (T.S)	전체 물 % (T.W)
입고 시	60	12.5	87.5	72.5
저장 후	X	10	90	T.W

tip 총 수분량 T.W를 구한다.

T.W * 87.5 = 72.5* 90

T.W = 72.5* 90 ÷ 87.5 = 74.57

총수분에서 새로운 수분을 뺀다

X = 74.57 −10 = **64.57%**

4. 영양학 계산문제

01 기초대사 1200Kcal, 활동 대사 200Kcal 인 경우 1일 총 에너지 대사량은?

Tip 특이동적 대사량 = (기초대사량 + 활동 대사량) ÷ 10

1200 +200Kcal /10 = 200Kcal 이므로

에너지 대사량 = 기초대사량 + 활동 대사량 + 특이동적 대사량

2000Kcal+ 200Kcal = **2200 Kcal**

02 1일 기초대사량이 1,500Kcal, 활동대사량이 900Kcal인 사람의 총 에너지 소요량은 얼마인가?

tip 특이동적 대사량 = (1,500 + 900) × 0.1 = 240

∴ 총 에너지 소요량 = 1,500 + 900 + 240 = **2,640Kcal**

03 어떤 식품의 질소를 정량하였더니 1.4%였다. 이 식품의 단백질 비율은?

tip 일반적인 식품 단백질에는 약 16%의 질소가 함유되어 있으므로

질소에 100/16를 곱하여 단백질 비율을 구한다.

100÷16=6.25를 단백질 계수로 계산한다.

∴ 1.4% x 6.25 = **8.75%**

계산문제

04 탄수화물10g, 단백질5g과 지방3g의 양이 주어지면서 열량을 계산하는 공식과 답은?

Tip (탄수화물 10g × 4kcal) + (지방 3g × 9kcal) + (단백질 5g × 4kcal) = 40+27+20 = **87kcal**

05 단백질 2.9%, 당질 4.5%, 지방 3.3%, 수분 88.5%, 회분 0.8%를 함유한 이 식품 100g의 열량(kcal)은? `2017년`

tip (2.9 x 4) + (4.5 x 4) + (3.3 x 9) = **59.3kcal**

06 식빵 100g에 탄수화물이 70% 함유되어 있다면 식빵을 200g 섭취하였을 때 탄수화물로 부터 얻을 수 있는 열량은? `2015년`

tip 70 x 4 x 2 = **560kcal**

07 지질을 60g 섭취하였을 때 체내에 흡수된 지질량과 열량은 각각 얼마인가? `2014년`

tip 지질의 흡수율 = 95%

지질의 량 = 60x 0.95 = **57g**

열량= 57g x9 Kcal = **513kcal**

08 빵 100g에 함유되어 있는 지방 5%의 열량을 계산하는 공식과 답은?

tip (100g × 0.05) × 9 = 5 × 9 = **45kcal**

09 어떤 식품의 단백질 함유량이 1kg당 1.1g일 때, 식품 60kg당 섭취한 단백질 열량 계산하는 공식과 답은?

tip 1.1g × 60kg × 4Kcal = **264Kcal**

10 식품에 함유되어 있는 칼슘을 기준으로 꽁치 80g을 청어로 대치하려고 한다면 필요한 청어의 양은 약 얼마인가? (단, 꽁치의 칼슘함량은 86mg, 청어는 93mg이다.) `2017년`

tip 80 × 86 = 청어 × 93

청어 = (80× 86) ÷ 93 = **73.97g**

11 밀가루 1,000g 사용 시 10ppm의 비타민 C의 양은 얼마인가? 단, 비타민C 1g을 물 1L에 섞은 용액을 사용한다. `2001년`

Tip 밀가루 1,000g의 10ppm = 1,000 × 10/1,000,000 = 0.01g

비타민C 용액 1ml 중 비타민 C = 1/1,000 = 0.001g

필요량 = 0.01 ÷ 0.001 = **10g**

5. 현장실무 계산문제

1 재료비

01 롤 반죽용 재료 1976g의 재료비가 1500원, 수율이 97%일 때 분할 무게 40g인 반죽 1개의 재료비는 약 얼마인가? `2014년`

tip $1,500 ÷ (1,976 × 0.97) × 40 ≒ 31.32 →$ **32원**

02 치즈 롤의 원재료비가 다음과 같을 때 1개당 원재료비의 비율은 얼마인가? (계산 과정 중 또는 결과의 수치는 소수 셋째자리에서 반올림한다.) `2003년`

반죽 재료 무게	반죽 재료비	반죽수율	반죽 분할 무게	치즈 무게	치즈 단가	판매가
2,000g	1,800원	98%	40g	7g	6,000원/kg	500원/개

tip 1) 수율 감안 = 2,000g ÷ 0.98 = 1,960g
　　2) 반죽kg당의 단가 = 1,800원 ÷ 1.96 ≒ 918.37원
　　3) 반죽 40g의 재료비 = 918.37원 × 0.04 ≒ 36.73원
　　4) 치즈 7g의 재료비 = 6,000원 × 0.007 = 42원
　　5) 재료비(반죽 + 치즈) = 36.73 + 42 = 78.73원
　　6) 원재료비의 비율 = 78.73/500 × 100 = 15.746 → **15.75%**

03 버터 롤 반죽용 재료 1,976g의 재료비가 1,500원, 수율이 97%일 때 다음의 문제에 답하시오. `2002년`
　(1) 분할 무게 40g인 반죽 1개의 재료비는? (단, 1원 미만은 올림)
　(2) 치즈 kg당 가격이 7,000원이고 개당 7g을 사용하면 개당 재료비는?
　(3) 위 문제에서 치즈 버터 롤 1개의 판매가 (공장도)가 400원이라면 재료율은 얼마나 되는가?

　Tip 1) 1,500 ÷ (1,976 × 0.97) × 40 ≒ 31.32 → **32원**
　　　2) 치즈 = 7,000 ÷ 1,000 × 7 = 49(원)
　　　　　32 + 49 = 81원 → **81원**
　　　3) 재료비/판매가 × 100 = 81
　　　　　÷ 400 × 100 = 20.25% → **20.25%**

계산문제

04 부가세를 포함해 500원에 판매되는 데니시 페이스트리를 30개 제조, 판매하는 가격 구조가 다음과 같을 때 원·부재료비는 얼마 이하로 해야 하는가? 제조 부서의 인도 가격에 30%를 판매이익으로 하고 여기에 10%의 부가가치세를 붙여 판매가를 정했으며 제조부서의 인도가격은 다음과 같다. `2001년`

원·부재료비	제조경비	생산인건비	감가상각비	생산이익
?	600원	3,000원	200원	2,400원

Tip
총 매출가 = 500(원) × 30(개) =
순 매출가 = 15,000(원) ÷ 1.1(부가가치세 10%를 뺀) = 13,636.36(원)
제조인도가 = 13,636.36(원) ÷ 1.3(30% 판매이익을 뺀) = 10,489.5(원)
원·부재료비 = 10,489.5(원) − 6,200(제조경비 + 생산인건비 + 감가삼각비 + 생산이익) = **4,289.5(원)**

05 원·부재료비의 1.2배를 매출원가로 관리하는 점포에서 판매 및 일반관리비를 30%, 영업이익을 10%라 할 때 원·부재료비가 1,000원인 제품의 경우,

① 매출원
   1,000원×1.2= **1,200(원)**
② 판매가
   1,200÷0.6= **2,000(원)**
③ 판매 및 일반관리비
   2,000×0.3=**600(원)**
④ 영업이익
   2,000×0.1=**200(원)**

2 가공 단가

01 팥앙금 60kg을 만드는데 한 사람이 1.5시간을 작업해야 하며, 시간당 임금이 6000원이다. 팥앙금 1kg 원재료 단가는 1000원이고 여기에 kg당 임금을 합한 것의 130%를 가공단가로 한다면, 가공단가는 얼마인가? `2017년`

Tip 원재료 단가 = 1,000원/kg
   시간당 생산량 (kg) = 60 ÷ 1.5 = 40
   kg당 인건비(원) = 6,000 ÷ 40 = 150
   사내 가공단가 = (1,000 + 150) × 1.3 = **1,495(원)**

02 팥앙금 60kg을 만드는데 한 사람이 1.5시간을 작업해야 하며, 시간당 임금이 4000원이다. 팥앙금 1kg 원재료 단가는 1000원 이고 여기에 kg당 임금을 합한 것의 130%를 가공단가로 한다면, 가공단가는 얼마인가? `2002년`

tip ㉠ 원재료 단가 = 1,000원/kg
㉡ 시간당 생산량 (kg) = 60kg ÷ 1.5시간 = 40kg/시간
㉢ kg당 인건비(원) = 4,000원 ÷ 40 kg= 100원/kg
㉣ 가공단가 = (1,000 + 100) × 1.3 = **1,430(원)**

03 팥앙금 60kg 만드는데 1명이 1.5시간 근무해야 되고 1시간당 임금은 4,000원이다. 팥앙금 1kg 원재료 단가는 2,000원이고 여기에 공임을 합한 것의 130%를 사내 가공단가로 설정하고 10%의 마진율을 붙인다면 사내 가공단가는 얼마인가? `2001년`

Tip 원재료 단가 = 2,000원/kg
시간당 생산량 (kg) = 60 ÷ 1.5 = 40
kg당 인건비(원) = 4,000 ÷ 40 = 100
사내 가공단가 = (2,000 + 100) × 1.3 = 2,730
10%의 이익감안 = 2,730 × 1.1 = 3,003(원)
원 단위는 절삭하므로 **3,000원**

04 앙금 kg당 원재료비 단가는 2,000원

* 자체에서 한번에 60kg을 만들 수 있으며 1인이 1.5시간 소요
* 1인의 1시간당 인건비는 6,000원
* 원재료비와 인건비의 120%(광열비, 소모품, 기타경비)를 사내가공단가로 설정한다면 kg당 단가는 얼마가 되는가?

tip 원재료비 = 2,000원/kg
시간당 생산량 (kg) = 60 ÷ 1.5 = 40
kg당 인건비(원) = 6,000 ÷ 40 = 150
사내 가공단가 = (2,000 + 150) × 1.2= **2582원**

05 '앙금제조실'에서 1회에 60Kg을 생산하는 데 인수가 1.5시/인, 앙금 1kg의 재료비가 800원, 1인 1시간당 인건비 = 5,000원(상여,복리후생 등 포함), 여기에 기타 경비, 가공이익을 포함해서 120%로 정한다면 앙금 1Kg당 사내 가공가는 얼마가 되는가?

tip kg당 인건비 = 125원
재료비+인건비 = 800 + 125 = 925(원)
925 x 1.2 = **1,110(원)**

06 브리오슈 제조원가에 대한 손실이 5%, 여기에 마진 25%, 부가세 10%를 포함해 3,000원에 공급하려 한다. 제조원가는 얼마 이하가 되어야 하는가? (1원 미만 버림) `1999년`

> tip 부가세 제외 : 3,000 ÷ 1.1 = 2,727
> 마진 제외 : 2,727 ÷ 1.25 = 2,181
> 손실제외 : 2,181 ÷ 1.05 = **2,077**(제조원가)

3 손익 계산법

> 손익 분기점 = 고정비 ÷ 1− (변동비 ÷ 매출액)
> = 고정비 ÷ (1− 변동 비율) = 고정비 ÷ 한계 이익률
> 1개 판매가(공장도가) A = 1개 변동비 A + 전체 고정비 (손익 분기 물량을 A 라 함)

01 3명이 근무하는 부서의 1일 고정비가 판매가 600원/개, 고정비 600,000원, 변동비 300원/개일 때 손익분기점이 되는 물량은? `2002년`

> tip 손익분기 물량을 A라 하면
> 판매가(공장도가) A = 변동비A + 고정비
> 600 A = 300A + 600,000
> 600 A − 300A = 600,000
> 300 A = 600,000
> x = 600,000 ÷ 300 = 2,000개 → **2,000개**

02 공장도가 400원인 빵을 생산하는 공장의 1일 고정비가 50만원이고 빵 1개당 변동비가 200원이라면 하루에 몇 개를 만들어야 손익 분기점 물량이 되겠는가? `2003년`

> tip 손익 물량을 A라 하면
> 판매가(공장도가) A = 변동비A + 고정비
> 400A = 200A +500000
> 400A−200A = 500000
> 200A = 500000 A= **2500개 이상**

03 공장도 가격이 500원인 스펀지 케이크를 단일 품목으로 만드는 부서에 2명이 배정되어 1일 고정비가 300,000원일 때 스펀지 케이크 1개당 변동비가 200원이라면 손익분기 물량은 몇 개일까? `2001년`

> tip 손익 물량을 A라 하면
> 판매가(공장도가) A = 변동비A + 고정비
> 500A = 200A + 300,000
> 500A −200A = 300,000
> 300A = 300,000 A = **1000개**

04 손익분기점 매출액과 손익분기점 판매량을 계산하시오. `2003년`

A부서의 손익계산서	
매출액(2만원 × 1,000개)	20,000,000원
변동비	12,000,000원
한계이익	8,000,000원
고정비	6,000,000원
경상이익	2,000,000원

① **손익분기점 매출액**:

tip 손익 분기점 = 고정비 ÷ 1− (변동비 ÷ 매출액)

　　　　　= 6,000,000 ÷ 1−(12,000,000 ÷ 20,000,000)= 6,000,000 ÷ (1− 0.6)

　　　　　= 6,000,000 ÷ 0.4 = **15,000,000원**

② **손익분기점 판매량**:

tip 손익 물량을 A라 하면

　　1개 판매가= 20,000원　1개 변동비 = 12,000,000 ÷ 1000= 12,000원

　　판매가(공장도가) A = 변동비A + 고정비

　　판매가 20,000A =변동비 12,000 A + 고정비 6,000,000

　　20,000A−12,000A =6,000,000　　8,000A= 6,000,000　　A= 6,000,000 ÷ 8,000 =**750개**

4 노동 분배율

> **노동 분배율**
>
> 부가가치에서 차지 하는 인건비를 백분율로 표시한 것을 말하며, 노동분배율이 높아지면 경영기반이 약화 하여 기업의 이익이 감소하게 된다.
> 노동 분배율 = 인건비 / 부가가치 (생산 가치) × 100
> 부가가치 = 생산액 − 외부 가치

01 전월 실적이 다음과 같을 때 노동 분배율은 얼마가 되는가? (소수 첫째자리에서 반올림하여 정수로 표시)

생산액	외부가치	제조인건비	감가상각비	제조이익
200,000원	65,000원	26,000원	5,000원	16,000원

tip ① 부가가치 = 생산액 − 외부가치

　　　(200,000 − 65,000)원 = 135,000원

　② 노동 분배율 = 인건비 ÷ 부가가치(생산가치) × 100

　　　26,000 ÷ 135,000 × 100 ≒ 19.2 → **19(%)**

계산문제

02 외부가치 7000만원, 생산가치 3000만원, 인건비 1500만원, 감가상각비 300만원, 제조 이익 1200만원, 생산액 1억원, 부서 인원 50명 일 때 노동분배율은? `2016년`

tip ① 부가가치 = 생산액 − 외부가치

$$1억 - 7000만원 = 3000만원$$

② 노동 분배율 = 인건비 ÷ 부가가치(생산가치) × 100

$$1500만원 ÷ 3000만원 × 100 = \mathbf{50\%}$$

03 어느 제과점의 전월 실적이 다음과 같을 때 아래의 문제에 답하시오.

외부가치	부가가치	
원 · 부재료비 등 6,500만원	인건비	1,500만원
	감가상각비	300만원
	생산이익	1,700만원

tip ① 생산가치율 = 3,500 ÷ 10,000 × 100 = 35(%)

② 노동분배율 = 1,500 ÷ 3,500 × 100 ≒ 42.86 → 43(%)

③ 10인이 근무할 때 1인당 부가가치 = 3,500만원 ÷ 10인 = 350만원

④ 10인이 1일 8시간씩 25일 근무할 때

생산성은 10,000만원 ÷ (10인 × 8시간 × 25일)

= 10,000만원 ÷ 2,000

= **5만원/시/인**

04 노동 분배율에 관한 문제이다. 제빵1과의 전월 실적이 다음과 같을 때 노동 분배율은 얼마가 되는가? (소수 첫째자리에서 반올림하여 정수로 표시) `2002년`

생산액	외부가치	재조인건비	감가상각비	제조이익
100,000천원	65,000천원	16,000천원	3,000천원	16,000천원

tip 1) 노동 분배율 = 인건비/부가가치(생산가치) × 100

2) 부가가치 = 생산액 − 외부가치 = (100,000 − 65,000)천원 = 35,000천원

3) 노동 분배율 = 1,000 / 3,500 × 100 ≒ 45.71 → **46(%)**

05 어느 제빵회사의 제빵 1과 전월 실적이 다음과 같을 때 노동분배율은 몇 %가 되는가? 부서 인원은 50명이다. `2000년`

전월 생산액 = 100,000천원	외부가치 = 68,000천원
생산가치 = 32,000천원	제조인건비 = 15,000천원
감가상각비 = 3,000천원	제조이익 = 14,000천원

tip 노동분배율 = 인건비/생산가치 = 15,000/32,000 × 100 = **46.875%**

06 생산 공장의 외부가치가 65%인 제과점의 생산가가 1,000원인 제품에 판매 및 일반관리를 20%, 영업이익을 5% 붙여 판가를 정하고 여기에 10%의 부가가치세를 적용하는 가격구조르 가졌다면, 소비자가 (판매가)와 생산공장의 부가가치는? `2002년`

tip 1) 소비자가(판매가) = (1,000 + 200 + 50) × 1.1 = 1,250 × 1.1 = 1,375(원)
  2) 생산 공장의 부가가치 = 1,000 × 0.35 = 350원 → **350원**

5 잔업 시간 계산

01 1회에 60g짜리 반죽을 2개씩 분할하는 분할기가 있다. 1분에 4회 분할한다면 24kg의 반죽을 분할하는 데 소요되는 시간은?

tip 1회 60g 짜리 2개 이므로 120g 분할하므로, 4회면 480g
  1분 : 480 = X : 24000g
  X = 1 × 24000 ÷ 480 = **50분**

02 일정한 조건에서 반죽 25g당 굽기 시간이 약 1분이 소요된다면 반죽 600g인 빵은 몇 분 동안 구워야 하는가?

tip 25 : 1 = 600 : X   X = 1 × 600 ÷ 25 = **24분**

03 데커레이션 케이크 100개를 만드는데 4시간/인 이다. 정원 6명이 이 부서에서 케이크 1,200개를 만드는 데 몇 시간이 걸리는가? `2001년`

tip 방법1) 1인이 1시간 제조 = 100 ÷ 4 = 25개
    1,200개 1인 제조시수 = 1,200 ÷ 25 = 48시간
    6명의 작업시간 = 48 ÷ 6 = **8시간**
  방법2) 4 × 1200 ÷ 100 ÷ 6 = **8시간**

04 파운드 케이크 320개를 4명이 8시간에 만든다, 같은 제품을 400개 만들 때 잔업 시간은? (단, 연장 근로 시의 작업능률은 80%이다.) `2015년`

tip 연장 근로시 1인 1시간 생산수 = (320 ÷ 4 ÷ 8) × 0.8 = 8개
  연장 시간 = (400 − 320) ÷ (8 × 4) = 80 ÷ 32 = 2.5 시간 (**2시간 30분**)

05 파운드 케이크 400개를 5명이 8시간에 만든다. 같은 제품을 500개 만들 때 몇 시간의 연장 근무가 필요한가? (단, 연장 근로 시의 작업능률은 80%이다.) `2004년`

tip 연장 근로시 1인 1시간 생산수 = (400 ÷ 5 ÷ 8) × 0.8 = 8개
  연장 시간 = (500 − 400) ÷ (8 × 5) = 100 ÷ 40 = **2.5 시간 (2시간 30분)**

계산문제

06 데코레이션반의 금월 생산액 목표 = 52,800,000원 / 1인당 노동생산성 목표 = 5,500원/인/시 월 근무일수 = 25일 / 1일 8시간 근무 / 인원은 40명이다. 이 목표를 달성하기 위해 근무일에 평균 몇 시간 몇 분씩 연장 근무를 해야 하는가? 2000년

tip 1인 목표달성시간 = 52,800,000원 ÷ 5,500원 = 9,600시간
 1일 40명 9,600 ÷ 25 ÷ 40 = 9.6시간
 연장시간 = 9.6 − 8 = 1.6
 0.6시간은 60분 × 0.6 = **36분**

07 데커레이션 케이크 1,000개를 만들려 한다. 10명의 최대 생산량은 1시간당 100개로 연속작업이므로 작업여유율을 20% 인정한다. 12명이 작업하면 8시간 기준으로 잔업은 얼만큼의 시간이 필요한가? 2002년

tip 1) 1인 1시간당 생산수 = 100 ÷ 10 × 0.8 = 8(개) ← 여유율 감안
 2) 총 시간 = 1,000 ÷ (8 × 12) ≒ 10.42시간 → 10시간 25분
 ∴ **10시간 25분**이 더 필요하다.

08 생산목표와 잔업시간에 관한 문제이다.
어느 제과점의 목표가 아래의 표와 같을 때 매일의 잔업시간은? 2003년

월생산액목표	노동생산성	월가동일수	작업인원	1일 작업시간
43,750천원	35,000원/인/시	25일	5명	8시간

tip 1) 1인의 총 소요시수 = 43,750,000원 ÷ 35,000원/시/인 = 1,250시/인
 2) 1일당 소요시수 = 1,250시/인 ÷ 25 = 50시/인
 3) 5명의 소요시수 = 50시/인 ÷ 5인 = 10시간
 4) 잔업시간 = 10시간 − 8시간 = 2시간 → **2시간**

09 어떤 품목을 1,000개를 정형하는데 기준에 의하면 3시간/인이 필요하다면 5명이 1,500개를 정형하는데 걸리는 시간은?

tip ① 방법 1인 1시간 생산량 = 1000개 ÷ 3. 시간/인 = 333.3개
 1,500개 소요시간 1인 제조 시수 = 1,500개 ÷ 333.3개 = 4.5 시간
 5인 이므로 4.5 ÷ 5 = 0.9 시간
 0.9 시간은 60분 × 0.9 = **54분**
 ② 방법 $3 \times \frac{1500}{1000} \div 5 = 0.9$ 시간 = **54분**

10 어떤 제품 400개를 5명이 8시간에 만든다. 같은 제품을 492개 만들 때 잔업 시간은?
(단, 연장 근로 시의 작업능률은 80%이다.) 2022년

tip 연장 근로시 1인 1시간 생산수 = (400 ÷ 5÷8) x 0.8 = 8개
 연장 시간 = (492 −400) ÷ (8 x 5) = 90 ÷ 40 = **2.25시간 (2시간 15분)**

11 데니시 페이스트리 1,400개를 정형하려한다. 1,000개를 정형하는 데 3.2시간/인이 소요되는데 작업 인원을 4명 투입하면 몇 분 동안 정형하는가? (분 미만은 올려서 정수로 함)

tip ① 1인 1시간 생산량 = 1000개 ÷ 3.2시간/인 = 312.5개
1,400개 소요시간 1인 제조 시수 = 1,400개 ÷ 312.5개 = 4.48 시간
4인 이므로 4.48 ÷ 4 = 1.12 시간
0.12 시간은 60분 × 0.12 = 7.2분   **1시간 8분**
② 3.2 × 1400 ÷ 1000 ÷ 4 = 1.12 시간 = **1시간 8분/**

12 데니시 페이스트리 1,000개를 정형하는 데 3.2시간/인이 소요된다. 1,500개를 8명이 정형하려면 몇 분이 걸리는가? (1분 미만은 올려서 정수로 한다.)

tip 1) 1인이 1,000개 정형하는 시간 = 3.2시간
2) 1인이 1,500개 정형하는 시간 = 3.2×1.5 = 4.8[시간]
3) 8인이 1,500개 정형하는 시간 = 4.8÷8 = 0.6[시간]
4) 0.6시간 = 60분×0.6 **36분**

13 데니시 트위스트 1,000개를 정형하는데 4.0시/인이 소요된다. 금일의 생산 지시수량인 750개를 만드는 데 4인을 투입하면 얼마나 걸리는가?

tip 1) 1인이 1,000개 정형하면 = 4.0시간
2) 1인이 750개를 정형하려면 = 4×0.75 = 3[시간]
3) 4인이 750개를 정형하려면 = 3÷4 = 0.75[시간]
4) 0.75시간 = 60분×0.75 = **45분**

14 데코레이션 케이크 100개를 만드는 데 3.2시간/인 이다. 정원 8명이 이 부서에서 케이크 1,400개를 만드는 데 몇 시간 몇 분이 걸리는가? 2000년

tip ① 1인 1시간 생산량 = 100개 ÷ 3.2시간/인 = 31.25개
1,400개 소요시간 1인 제조 시수 = 1,400개 ÷ 31.25 = 44.8 시간
8인이므로 = 44.8 시간 ÷ 8명 = 5.6시간
0.6시간은 60분 × 0.6 = 36분 = **5시간 36분**
② 3.2 × 1400 ÷ 100 ÷ 8 = 5.6 시간 = **5시간 36분**

15 어느 공장에서 2포켓이고 분당 16회를 왕복하는 분할기(devider)를 사용할 때의 여유율을 6%로 본다. 2400개를 분할하는 데 필요한 시간은?

tip 1분당 분할 수는 16*2 = 32개
여유율이 6.25% 이므로 32*(1−0.06) = 32*0.94 = 30.08 = 약 30
2400÷30 = **80분**

15 하드롤을 생산하는 라인의 분할기는 6포켓으로 1분에 18회를 작동한다. 이 분할기의 여유율이 5%인 경우 롤빵 10000개를 분할하는 데 소요되는 시간은 몇 분인가? (1분 미만은 올려서 정수로 한다.) `2002년`

> tip ① 1분에 분량하는 수 : 6*18=108개
> ② 여유율을 적용한 분할수 : 108*(1−0.05) =108*0.95= 102.6개
> ③ 소요시간 : 10000 ÷ 102.6 = 97.47 = **98분** = **1시간 38분**

6 고용인원

01 데커레이션 케이크 생산반의 1일 생산목표가 5,000,000원이고, 작업 인원 1명의 생산목표는 1시간당 30,000원이며 8시간 근무하고 있다. 총 17명의 인원이 작업하고 있는 이 생산반은 몇 명의 인원을 충원해야 목표를 달성할 수 있을까? `2001년`

> tip 1일 8시간 생산목표 = 30,000(원) × 8(시간) = 240,000(원)
> 생산인원 = 5,000,000(원) ÷ 240,000(원) = 20.83 = 21(명)
> 충원인원 = 21 − 17(현재인원) = **4명**

02 더치빵 생산라인 목표 월 생산액이 99,840천원인데 현재 노동생산성이 40,000원/시/인. 월 가동일수가 26일이라면 목표를 달성하자면 이 부서에 몇 명이 작업을 해야 되는가? `2001년`

> tip 1인의 총 소요시수 = 99,840
> 천(원) ÷ 40,000(원) = 2,496시/인
> 1일당 소요시수 = 2,496 시/인 ÷ 26(일) = 96 시/인
> 1일 8시간 작업시 인원 = 96 ÷ 8 = **12명**

03 더치빵의 이달 생산액 목표는 4,800만원, 노동생산성 목표는 40,000원 시/인, 1일 8시간 근무로 26일간 생산할 때 고용인원은? `2002년`

> tip 당월의 소요공수 = 48,000,000원 ÷ 40,000원 시/인 = 1,200 시/인
> 1일의 소요공수 = 1,200 ÷ 26 ≒ 46.16(시/인)
> 8시간 근무시 인원 = 46.16 ÷ 8 = 5.77(사람) → **6명**

04 과자빵 생산라인 목표 월 생산액이 1억원인데 현재 노동생산성이 1인당 6,200원/시간, 월 가동일수가 26일, 라인의 인원이 70명일 때 목표를 달성하자면 이 부서에 몇 명을 가담해야 되는가? (단, 1일 8시간 작업/소수점 이하 반올림) `1999년`

> tip 현재 생산액 : 6,200원(1인당 시간별 노동생산성) × 70명 × 8시간 × 26일 = 90,272,000원
> 목표치와의 차액 : 1,000,000,000 − 90,272,000 = 9,728,000원 부족
> 따라서 목표치 달성을 위해서는 추가로 인원이 필요함
> 추가 필요인원 : 9,728,000 ÷ 6,200원 ÷ 8시간 ÷ 26일 = **7.54명**

05 제과점의 이달 생산액 목표는 4,800만원, 노동생산성 목표는 40,000원 시/인, 1일 8시간 근무로 26일간 생산할 때 고용인원은? `2002년`

tip 당월의 소요공수 = 48,000,000원 ÷ 40,000원시/인 = 1,200시/인
1일의 소요공수 = 1,200 ÷ 26 ≒ 46.16(시인),
8시간 근무 시 인원 = 46.16 ÷ 8 = 5.77(사람) → **6명**

같은 조건에서 5명이 일을 하면 1일 몇 시간씩 근무해야 하는가?
tip 1일의 소요공수÷인원수 = 46.16시/인÷5인 = 9.232시간 → **9시간 14분**

06 데니시 트위스트 제품 1,500개를 정형하는데 6.0시/인이 소요된다면 45분에 끝내려면 몇 명을 배치해야 하는가?

tip 1인이 6시간(360분) = 몇 명 × 45분
45분에 끝 내려면 360÷45 = **8(명)**을 배치

7 불량률 반영 계산문제

01 소라빵 생산 라인에서 매일 불량품이 164개로 불량률이 4.1%이다. 1개당 원가가 220원인 경우 불량률을 2%로 감소시키면 얼마를 절약할 수 있는가? `2017년`

tip 164÷0.041 = 4000개
4000×0.02 = 80개
164−80개 = 84개
220×84개 = **18480원**

02 어느 회사 과자빵 라인에서 매일의 불량품이 160개로 불량률이 3.2%이다. 불량률을 2%로 감소시키면 1개당 원가가 200원인 경우 얼마를 절약하는가? `2003년`

tip 1) 1일 생산량 = 160 ÷ 0.032 = 5,000개
2) 불량률 2%인 경우 불량품 수 = 5,000원 × 0.02 = 100개
3) 불량품 감소 = 160 − 100 = 60개
4) 원가절약금액 = 200원 × 60 = 12,000원
또는 ① 불량률 2%의 불량품 수 = 160 × 2 ÷ 3.2 = 100개
② 원가절약금액 = 200원 × (160 − 100) = **12,000원**

03 배합을 가지고 빵을 만들었을 때, 불량제품이 127개 나왔다면 한 배합에서 나오는 빵의 개수는 얼마인가? (단, 불량률은 1.2%이다.) `2009년`

tip 10배합에 불량제품이 127개 이면 1배합엔 12.7개
12.7÷0.012 = **1058.3개**

계산문제

3 공정 기준상

01 어느 제빵공장의 모카빵 생산라인에서 모카빵 820개를 만들려고 한다. 1분에 8회 왕복운동을 하는 2포켓짜리 분할기로 몇 분만에 분할할 수 있는가? 단, 분할기의 여유율은 5%이며, 분 미만은 올려서 정수로 한다. `2000년`

tip 1분간 분할 개수 = 8 × 2 × 0.95 = 15.2

0.95 (여유율 5% 공제한 수치)

분할기 작동시간 = 820 ÷ 15.2 = **53.947**

02 하드 롤을 생산하는 라인의 분할기는 6포켓으로 1분에 18회를 작동한다. 이 분할기의 여유율이 5%인 경우 롤빵 10,000개를 분할하는데 소요되는 시간은 몇 분인가? (1분 미만은 올려서 정수로 한다.)

tip 1) 1분에 분할하는 수 = 6 × 18 = 108(개)

2) 여유율을 적용한 분할 수 = 108 × (1 − 0.05) = 108 × 0.95 = 102.6(개)

3) 소요 시간(분) = 10,000 ÷ 102.6 ≒ 97.47 → **98분** (또는 1시간 38분)

03 과자빵 라인에서 앙금빵을 만드는 공정기준이 다음 표와 같다. `2003년`

제품	믹서	플로어 타임(분)	분할기 (divider)	벤치타임 (분)	1시간당 정형 개수	오븐 1회 용량 (개)	굽기 시간 (분)	포장 1시간당 개수
앙금빵	100kg용	10	6P × 16	12	5,500	1,125	9	7,500
내용	41개/kg, 20분					9×125판		

1) 병목현상이 되는 공정은? (믹서, 분할 ~ 정형, 오븐, 포장)

2) 분할 ~ 정형의 여유율은 얼마로 보는가? (소수 둘째자리까지 표시)

tip

1) ① 믹서 1시간당 생산 = 41개 × 100 × 60/20 = 12,300개

② 분할~정형 1시간당 = 5,500개

③ 굽기 1시간당 = 1,125개 × 60/9 = 7,500개

④ 포장 1시간당 = 7,500개

∴ 분할 공정이 문제

2) ① 100% 작동시 분할~정형 과정에서의 생산 수 = 6 × 16 × 60 = 5,760(개)

② 여유율 = (5,760 − 5,500) ÷ 5,760 × 100

≒ 4.51(%) → **4.51(%)**

04 과자빵 라인에서 앙금빵을 만드는 공정기준이 다음 표와 같다. `2003년`

제품	믹서	플로어 타임(분)	분할기 (divider)	벤치타임 (분)	1시간당 정형 개수	오븐 1회 용량 (개)	굽기시간 (분)	포장 1시 간당 개수
앙금빵	100kg용	10	6P × 16	12	5,500	1,125	9	7,500
내용	41개/kg, 20분					9 × 125판		

1) 병목현상이 되는 공정은? (믹서, 분할 ~ 정형, 오븐, 포장)

2) 분할 ~ 정형의 여유율은 얼마로 보는가? (소수 둘째자리까지 표시)

   tip

   1) ① 믹서 1시간당 생산 = 41개 × 100 × 60/20 = 12,300개

   ② 분할~정형 1시간당 = 5,500개

   ③ 굽기 1시간당 = 1,125개 × 60/9 = 7,500개

   ④ 포장 1시간당 = 7,500개

   ∴ 분할 공정이 문제

   2) ① 100% 작동시 분할~정형 과정에서의 생산 수 = 6 × 16 × 60 = 5,760(개)

   ② 여유율 = (5,760 − 5,500) ÷ 5,760 × 100 ≒ 4.51(%) → **4.51(%)**

05 밀가루 5kg용 믹서로 1배치마다 파운드 케이크를 30개씩 믹싱하는 공장에서 290개를 15:00시까지 굽기를 완료하려 한다. 다음과 같은 조건일 때 첫 번째 믹싱은 몇 시에 시작하여야 되는가? (연속작업이 가능)

구분/공정	재료계량	믹싱	패닝	굽기	비고
소요시간(분)	사전 준비	20분	10분	50분	여유율 감안

tip 1) 배치(batch) 수 = 290÷30≒9.67 → 10배치

2) 10번째 믹싱 시작시간 = 15시−80분 = 13시 40분

3) 첫 번째는 20분×9 = 180분 전 = 3시간 전

4) 13시 40분−3시간 = **10시 40분**

6. 제과 배합표 작성

1-1. 버터 스펀지 케이크의 배합표

① 완제품 750g인 버터 스펀지 케이크를 4개 제조하는 배합표를 완성하시오.
② 믹싱 손실=2%, 굽기 손실=10.6%
※ 밀가루 무게는 1g 미만은 버려서 정수로 하고 다른 재료는 밀가루를 기준으로 비율대로 계산

재료	%	g	작성 요령
박력분	100	800	
설탕	100	800	① 총 배합률 = 428%
계란	200	1,600	② 완제품 무게 = 750g×4 = 3,000g
소금	2	16	③ 분할 무게 = 3,000÷(1−0.106)
바닐라향	1	8	= 3,000÷0.894 ≒ 3,355.70[g]
버터	25	200	④ 재료 무게 = 3,355.70÷(1−0.02)
계	428	3,424	= 3,424.19[g] ⑤ 밀가루무게 = 3,424.19÷4.28 ≒ 800.04 → **800g**

1-2. 스펀지 케이크의 배합표

① 완제품 무게 520g짜리 스펀지 케이크 4개를 만드는 배합표를 작성하시오.
② 믹싱, 분할까지의 손실이 1%, 굽기 손실이 16.92% 이다.
※ 밀가루 무게는 소수 이하를 올려서 정수로 하고 다른 재료의 무게는 비율대로 계산하시오. `2001년`

재료명	비율(%)	무게(g)	작성 요령
박력분	100	600	
설탕	120	720	① 완제품 무게 = 520(g) × 4(개) = **2,080(g)**
계란	180	1080	② 분할 무게 = 2,080 ÷ (1 − 0.1692)
소금	1	6	= 2,080 ÷ 0.8308 = 2,503.611(g)
바닐라향	0.5	3	③ 총 재료 무게 = 2,080 ÷ (1 − 0.01)
버터	20	120	= 2,503.611 ÷ 0.99 = 2,528.9(g)
계	421.9	2,529	④ 밀가루 무게 = (총 재료 무게 ÷ 전체 반죽비율) × 100 = (2,503.611 ÷ 421.5) × 100 = 599.976(g) = **600(g)**

1-3. 버터 스펀지 케이크의 배합표

① 아래 배합률에 의하여 배합표를 완성하시오.
② 믹싱 손실=1%, 굽기 손실=10.8%
③ 완제품 무게 560g, 4개를 제조
※ 밀가루 무게는 소수 첫째자리에서 반올림하여 정수로 한다.
※ 다른 재료는 비율대로 계산

재료	%	g	작성 요령
밀가루	100	600	
설탕	120	720	① 총 배합률 = 422.5%
계란	180	1080	② 완제품 무게 = 560g × 4 = 2,240g
소금	2	12	③ 분할 무게 = 2,240÷(1−0.108) = 2,240÷0.892 ≒ 2,511.2[g]
향	0.5	3	④ 재료 무게 = 2,511.2÷(1−0.01) = 2,511.2 − 0.99 ≒ 2536.6[g]
버터	20	120	⑤ 밀가루 무게 = 2,536.6 ÷ 4.225 ≒ 600.38 → 반올림 → **600g**
계	422.5	2535	

1-4. 버터 스펀지 케이크의 배합표

① 버터 스펀지 케이크의 배합표를 완성하시오.
② 직경 27cm의 팬에 구워 완제품 무게 650g짜리 4개
③ 믹싱 및 취급 손실이 2.1%이며 굽기 손실이 15%일 때,
※ 밀가루 무게 g 미만은 반올림하여 정수로 하시오. `2000년`

재료	%	g	작성 요령
계란	200	1,400	
설탕	120	840	① 배합률 = 446.5%
소금	1	7	② 분할 무게 = 650g × 4개 = 2,600g
향	0.5	3.5	③ 재료 무게 = 2,600 ÷ (1 − 0.15) ÷ (0.021) = 2,600 ÷ 0.85 ÷ 0.979 = 3,124.44
박력분	100	700	④ 밀가루 무게 (재료 무게 ÷ 배합률 (%) × 100(밀가루(%))
버터	25	175	= 3,124.44 ÷ 446.5 × 100
합계	446.5	3125.5	= 699.76 = **700**

1-5. 버터 스펀지 케이크(공립법)의 배합표

① 완제품 600g인 버터 스펀지 케이크 5개
② 분할까지의 손실이 2%, 굽기 손실이 10.45%이다.
③ 반죽은 공립법을 사용한다.
④ 반죽 온도는 24℃로 한다.
※ 밀가루 1g 미만은 버리고 정수로 하여 배합표를 작성하시오. 2002년

재료	배합비(%)	무게(g)	작성 요령
박력분	100	800	
설탕	100	800	① 총 배합률 = 427%
계란	200	1,600	② 완제품 무게 = 600g × 5 = 3,000g
소금	1	8	③ 분할 무게 = 3,000 ÷ (1 − 0.1045) ≒ 3,350.08(g)
바닐라향	1	8	④ 재료 무게 = 3,350.08 ÷ (1 − 0.02) ≒ 3,418.45(g)
버터	25	200	⑤ 밀가루 무게 = 3,418.45 ÷ 4.27 = 800.57 → 800g
계	427	3,416	

2-1. 데커레이션 케이크

데커레이션 케이크를 만들기 위한 초코 스펀지 케이크의 배합표를 완성하시오.
직경 27cm의 팬에 구워 완제품 무게 610g짜리 3개를 만드는데 믹싱 및 취급 손실이 2%이며 굽기 손실이 15%일 때, 밀가루 무게 g 미만은 반올림하여 정수로 하시오. 2001년

재료	%	g	작성 요령
박력분	100	500	
코코아	13	65	
계란	200	1000	① 총 배합율 = 440%
설탕	100	500	② 완제품 무게 = 610g × 3개 = 1,830g
소금	1.8	9	③ 분할 무게 = 1,830 ÷ (1−0.15) = 2,152.94
바닐라향	0.2	1	④ 재료 무게 = 2,152.94 ÷ (1 − 0.02) = 2,196.87 = 약 2200
녹인 버터	25	125	⑤ 밀가루 무게 = 2,196.87 ÷ 440 × 100 = 499.29g = 500g
합계	440	2200	

2-2. 데커레이션 케이크

① 완제품 700g짜리 4개
② 믹싱손실이 2%, 굽기손실이 13%라면 배합표를 작성 하시오.
※ 소수점 둘째자리에서 반올림 1999년 2001년

재료	%	g	작성 요령
밀가루	100	770	
설탕	100	770	① 총 배합률 = 426.5%
계란	200	1,540	② 총 제품 = 700 × 4 = 2,800g
소금	1	7.7	③ 굽기 손실 반영하여 분할시 : 2,800 ÷ (1 − 0.13) = 3,218.4g
향	0.5	3.85	④ 믹싱 손실 반영하여 총재료 : 3,218.4 ÷ (1 − 0.02) = 3,284.1g
버터	25	192.5	⑤ 밀가루 무게 = 3,284.1 ÷ 4.265 = **770g**
계	426.5	3,284.5	

2-3. 초코 스펀지 케이크의 배합표

① 완제품 600g, 4개를 제조하는 배합표를 완성하시오. 2001년
② 분할까지의 취급 손실=2%, 굽기 손실=7%
※ 밀가루 무게는 1g 미만에서 반올림하여 정수로 만들고 나머지 재료는 밀가루를 기준으로 비율대로 계산한다.

재료	%	g	작성 요령
박력분	100	600	
코코아	12	72	
계란	200	1200	① 총 배합률 = 439%
설탕	100	600	② 완제품 무게 = 600g × 4 = 2,400g
소금	1.8	10.8	③ 분할 무게 = 2,400 ÷ 0.93 ≒ 2580.65[g]
바닐라향	0.2	1.2	④ 재료 무게 = 2,580.65 ÷ 0.98 ≒ 2,633.32[g]
버터	25	150	⑤ 밀가루 무게 = 2,633.32 ÷ 4.39 = 599.84 → 반올림 → **600**
계	439	2634	

3-1. 별립법 케이크의 배합표

- 아래 배합률에 의하여 별립법으로 제조하는 배합표를 완성하시오.
- 전체 계란의 사용량은 180%
- 분할 무게 600g인 제품 6개를 제조
- 분할까지의 손실은 2.2%로 계산
- 밀가루 1g 미만은 버림으로 처리하여 정수화 하고 다른 재료는 밀가루를 기준

재료	%	g	작성 요령
박력분	100	800	
설탕A	65	520	
설탕B	65	520	
노른자	60	480	
흰자	120	960	① 총 배합률 = 460% ② 노른자 비율 = 180% × 1/3 = 60% ③ 흰자 비율 = 180% × 2/3 = 120% ④ 분할 무게 = 600g × 6 = 3,600g ⑤ 재료 무게 = 3600 ÷ 0.978 ≒ 3680.98[g] ⑥ 밀가루 무게 = 3680.98 ÷ 4.6 = 800.21[g] → **800g**
소금	1	8	
주석산크림	0.5	4	
베이킹파우더	2	16	
향	0.5	4	
식용유	26	208	
물	20	160	
계	460	3680	

3-2. 별립법 케이크의 배합표

① 별립법으로 제조하여 배합표를 완성하시오.
② 계란 사용량=165%
③ 완제품 500g인 제품 4개 제조
④ 분할 손실=2%, 굽기 손실=10.3%
※ 밀가루 무게는 g 소수 첫째자리에서 반올림하여 정수로 만든다.
※ 다른 재료는 밀가루를 기준으로 비율대로 계산한다.

재료	비율(%)	무게(g)	작성 요령
노른자	55	275	노른자 = 165% × 1/3 = 55%
설탕A	65	325	→ 500g × 0.55 = 275g
소금	2	10	흰자 = 165% × 2/3 = 110%
식용유	30	150	→ 500g × 1.1 = 550g
물	25	125	
바닐라향	0.5	2.5	① 총 배합률 = 455%
흰자	110	550	② 완제품 무게 = 500g × 4 = 2,000g
설탕B	65	550	③ 분할 무게 = 2,000 ÷ (1 − 0.103)
주석산크림	0.5	2.5	= 2,000 ÷ 0.897 ≒ 2,229.65[g]
박력분	100	500	④ 재료 무게 = 2,229.65 ÷ (1−0.02)
베이킹파우더	2	10	= 2,229.65 ÷ 0.98 ≒ 2,275.15[g]
계	455	2,275	⑤ 밀가루 무게 = 2,275.15 ÷ 4.55 ≒ 500.03 → 1g 미만을 반올림 → 500g

3-3. 버터 스펀지 케이크(Butter Sponge Cake)의 배합표

버터 스펀지 케이크의 배합표를 완성하시오. `2001년`
① 1개당 분할 무게 550g인 제품 6개를 제조
② 분할이 끝날 때까지의 손실은 2.3%
③ 계산한 밀가루의 무게는 1g 미만을 버려서 정수로 함

재료	비율(%)	무게(g)	작성 요령
박력분	100	800	
설탕	120	960	① 총 배합률 = 422%
계란	180	1,440	② 분할 무게 = 550g × 6 = 3,300g
소금	1.5	12	③ 재료 무게 = 3,300 ÷ 0.977 = 3,377.7[g]
바닐라향	0.5	4	④ 밀가루 무게 = 3,377.7 ÷ 4.22 ≒ 800.4[g]
버터	20	160	1g 미만은 버림 → 800g
계	422	3,376	

4-1. 초콜릿 케이크의 배합표

옐로 레이어 케이크를 초콜릿 케이크로 전환하여 배합표를 완성하시오.
- 사용하는 초콜릿은 다크 커버처(설탕=39%, 코코아=40%, 코코아버터=20%, 향 및 레시틴=1%)로 구성
- 쇼트닝 양을 조정
- 분할 무게 570g, 4개를 제조(분할까지의 손실은 2%)
- 밀가루 무게의 1g 미만은 반올림하여 정수로 만들고 다른 재료는 밀가루를 기준으로 비율대로 계산

재료	옐로 레이어 케이크 %	초콜릿 케이크 %	초콜릿 케이크 g
박력분	100	100	500
설탕	110	110	550
쇼트닝	60	57	285
유화제	4	4	20
소금	2	2	10
탈지분유	7.9	9.2	46
물	71.1	82.8	414
B.P	3	3	15
계란	66	66	330
바닐라향	1	1	5
초콜릿	–	30	150
계	425	465	2,325

1) 초콜릿 중 코코아 = 30% × 0.4 = 12%, 코코아 버터 = 30% × 0.2 = 6%
2) 우유 = 설탕 + 30 + (코코아 × 1.5) − 계란
   = 110 + 30 + (12 × 1.5) − 66
   = 158 − 66
   = 92[%]
3) 탈지분유 = 92 × 0.1 = 9.2[%], 물 = 92 × 0.9 = 82.8[%]
4) 코코아 버터 6%는 유화쇼트닝 3%의 효과
5) 쇼트닝 사용량 = 60 − 3 = 57[%]
6) 분할 무게 = 570g × 4 = 2,280g
7) 재료 무게 = 2,280 ÷ (1 − 0.02) = 2,280 ÷ 0.98 ≒ 2,326.53[g]
8) 밀가루 무게 = 2,326.53 ÷ 4.65 ≒ 500.33[g] → 1g 미만은 반올림 → **500g**

4-2. 초콜릿 케이크(Chocolate Cake)의 배합표

초콜릿 케이크의 배합표를 완성하시오.

재료	사용 범위(%)	작성 예(%)	작성 요령
밀가루	100	100	기본 100%
설탕	110~180	110	범위 내에서 선택
유화쇼트닝	30~70	54	초콜릿 중의 유지를 적용 60-6=54
계란	쇼트닝×1.1	66	60×1.1=66
소금	1~3	1	범위 내에서 선택
탈지분유	변화	104	우유 = 설탕 + 30 + (코코아×1.5) − 계란 　　　= 110 + 30 + (20×1.5) − 66 = 104
물	변화	93.6	물 = 우유×0.9 = 104×0.9 = 93.6
초콜릿	30~50	32	범위 내에서 사용 코코아 = 초콜릿×5/8 = 32×5/8 = 20 코코아 버터 = 초콜릿×3/8 = 32×3/8 = 12 유화쇼트닝 효과 = 12×1/2 = 6
B.P	2~6	4	범위 내에서 선택
바닐라향	0~1	0.5	범위 내에서 선택

5. 엔젤 푸드케이크(Angel Food Cake)의 배합표

(1) 배합표 작성

재료	비율(%)	작성 요령
흰자	40~50	① 흰자량 결정 : **수분량이 많은 케이크에는 흰자 증가** ② 설탕량 결정 : 2/3는 입상형(粒狀形), 1/3은 분당(粉糖) ③ 주석산크림 + 소금 = 1% 　(흰자 사용량이 많으면 주석산 크림을 증가) ④ 밀가루 양 결정(선택의 폭이 좁다) ⑤ 합계 100%가 되도록 작성
설탕	30~42	
소금	0.5~0.375	
주석산크림	0.5~0.625	
밀가루	15~18	
합계	100	

※전체를 100%로 하는 백분율인 배합률도 사용

(2) 연습

재료	비율(%)	베이커스 퍼센트(%)	작성 요령
흰자	48	320	① 40~50% 중 수분이 많은 제품으로 선택 ② 소금과 주석산 크림은 합해서 1% 　흰자 사용량이 많아 주석산 크림을 증가 ③ 설탕 = 100 − (흰자 + 밀가루 + 1) 　　　=100 − (48 + 15 + 1) = 36 　입상형 = 36 × 2/3 = 24% 〈머랭 제조용〉 ④ 박력분은 15~18% 중 15% 선택 ⑤ 분당 = 36 × 1/3 = 12% 〈전체 반죽용〉
소금	0.4	2.7	
주석산 크림	0.6	4	
설탕(입상형)	24	160	
박력분	15	100	
분당	12	80	
합계	100	666.7	

6. 옐로 레이어 케이크(Yellow Layer Cake)의 배합표

옐로 레이어 케이크의 배합표를 완성하시오.

재료	사용 범위(%)	작성 예(%)	작성 요령
박력분	100	100	기준으로 100%
설탕	110~140	110	범위 내에서 선택
유화쇼트닝	30~70	60	범위 내에서 선택(고지방→부드러움)
계란	쇼트닝×1.1	66	60 × 1.1 = 66
탈지분유	변화	6.9	우유 = 설탕 + 25 − 계란 = 110 + 25 − 66 = 69 탈지분유 = 우유 × 0.1 = 69 × 0.1 = 6.9
물	변화	62.1	물 = 우유 × 0.9 = 69 × 0.9 = 62.1
B.P	2~6	4	범위 내에서 적정량을 선택
소금	1~3	2	통상 2%를 기준으로 소량의 가감 가능
바닐라향	0~1	0.5	천연향인 경우 증량(增量)하여 사용

1. 옐로 레이어에서 계란을 55% 사용했다면 유화쇼트닝의 사용량은?

> 유화쇼트닝 = 계란 ÷ 1.1 = 55 ÷ 1.1 = 50[%]

2. 옐로 레이어에서 설탕 120%, 유화쇼트닝 50%를 사용한 경우
   ① 우유의 사용량은?
   ② 우유 대신에 탈지분유와 물을 사용한다면 탈지분유는?
   ③ 우유 대신에 물은 얼마를 사용하는가?

> ① 우유 = 설탕+25−계란 = 120+25−55 = 90[%]
> ∵ 계란 = 유화쇼트닝×1.1 = 50×1.1 = 55
> ② 탈지분유 = 우유×0.1 = 90×0.1 = 9[%]
> ③ 물 = 우유×0.9 = 90×0.9 = 81[%]

3. 옐로 레이어에서 설탕을 120%, 유화쇼트닝을 60% 사용한 경우
   ① 계란의 사용량은?
   ② 탈지분유의 사용량은?

> ① 계란 = 쇼트닝×1.1 = 60×1.1 = 66[%]
> ② 우유 = 설탕+25−계란 = 120+25−66 = 79[%]
> 　탈지분유 = 우유×0.1 = 79×0.1 = 7.9[%]

7. 화이트 레이어 케이크(White Layer Cake)의 배합표

화이트 레이어 케이크의 배합표를 완성하시오.

재료	비율(%)	작성 예(%)	작성 요령
박력분	100	100	밀가루가 기준
설탕	110~160	120	범위 내에서 선택
유화쇼트닝	30~70	50	범위 내에서 선택
흰자	계란×1.3	71.5	계란 = 쇼트닝×1.1 = 50×1.1 = 55 흰자 = 계란×1.3 = 55×1.3 = **71.5**
탈지분유	변화	7.85	우유 = 설탕+30−흰자 = 120+30−71.5 = 78.5 분유 = 우유×0.1 = 78.5×0.1 = **7.85**
물	변화	70.65	물 = 우유×0.9 = 78.5×0.9 = **70.65**
소금	1~3	2	2%가 기준(가염 마가린인 경우 감소)
B.P	2~6	4	범위 내에서 선택
주석산크림	0.5	0.5	흰자 사용 제품에 사용(엔젤 푸드 케이크 참조)
향	0~1	0.5	범위 내에서 선택

1. **화이트 레이어에서 설탕을 130%, 유화쇼트닝을 60% 사용한 경우**
   ① 흰자의 사용량은?
   계란 = 쇼트닝 × 1.1 = 60 × 1.1 = 66[%] → 실제는 사용하지 않음
   흰자 = 계란 × 1.3 = 66 × 1.3 = **85.8[%]**
   또는 흰자 = 쇼트닝 × 1.43 = 60 × 1.43 = 85.8[%]
   ∵ 흰자 = 쇼트닝 × 1.1 × 1.3 = 쇼트닝 × 1.43
   ② 우유의 사용량은?
   우유 = 설탕 + 30 − 흰자 = 130 + 30 − 85.8 = **74.2[%]**
   ③ 탈지분유의 사용량은?
   탈지분유 = 우유 × 0.1 = 74.2 × 0.1 = **7.42[%]**

2. **화이트 레이어 케이크에서 흰자를 57.2% 사용한 경우 유화쇼트닝은?**
   계란 = 흰자 ÷ 1.3 = 57.2 ÷ 1.3 = **44[%]**
   유화쇼트닝 = 계란 ÷ 1.1 = 44 ÷ 1.1 = **40[%]**
   또는 유화쇼트닝 = 흰자 ÷ 1.43 = 57.2 ÷ 1.43 = **40[%]**

8. 데블스 푸드 케이크(Devil's Food Cake)의 배합표

데블스 푸드 케이크의 배합표를 완성하시오.

재료	사용 범위(%)	작성 예(%)	작성 요령
박력분	100	100	박력분이 기본 100%
설탕	110~180	120	범위 내에서 선택(감미, 부드러움)
유화쇼트닝	30~70	60	범위 내에서 선택
계란	쇼트닝×1.1	66	60×1.1 = 66
소금	1~3	1	범위 내에서 조정
탈지분유	변화	11.4	우유 = 설탕+30+(코코아×1.5)−계란 　　 = 120+30+(20×1.5)−66 = 114 탈지분유 = 우유×0.1 = 114×0.1 = 11.4
물	변화	102.6	물 = 우유×0.9 = 114×0.9 = 102.6
B.P	2~6	3	범위 내에서 사용
바닐라향	0~1	0.5	천연 바닐라는 증가 사용
코코아	15~30	20	특징 재료 범위 내에서 사용
중조	천연코코아×7%	−	천연 코코아는 산성이기 때문에 중조(탄산수소나트륨)를 코코아의 7% 사용

9. 파운드 케이크(Pound Cake)의 배합표

① 다음의 배합표로 완제품 630g인 파운드 케이크 56개를 제조
② 재료준비에서 팬에 넣을 때까지 손실이 2%, 굽기 손실이 10%인 경우 파운드 케이크의 배합표를 완성하시오.
  단, 밀가루 무게는 1g 미만을 버려서 정수로 함.

재료	비율%)	무게(g)	작성 요령
밀가루	100	10,000	① 총 배합률 = 400g
버터(가염)	100	10,000	② 완제품 무게 = 630g×56 = 35,280g
설탕	100	10,000	③ 분할 무게 = 35,280÷0.9 = 39,200
계란	100	10,000	④ 재료 무게 = 39,200÷0.98 = 40,000
계	400	40,000	⑤ 밀가루 무게 = 40,000×100/400 = 10,000[g]

문제1) 밀가루와 설탕을 고정시킨 파운드 케이크에서 유지를 증가시키면?
  ( )에 증감을 표시해 넣으시오.

재료	증감	내 용
유지	증가	① 공기 함유능력 증가 ② 구조 형성능력 약화
계란	(증가)	① 구조 형성능력 강화 ② 공기 함유능력 증가 ③ 액체 증가 ※ 계란≥유지×1.1
우유	(감소)	① 계란의 액체 증가에 따른 조치 ② 고형질 : 수분의 균형
B.P	(감소)	유지와 계란의 공기 함유력이 크므로 감소 또는 사용하지 않음
소금	(증가)	구조와 맛의 강화

문제2) 양질의 파운드 케이크 배합표를 원가상의 이유로 계란 100%에서 20%를 줄여서 80%로 조정하려 할 때 다른 재료를 그냥 두고 조치할 사항은?
  ① 물 추가량은?
    계란의 수분이 약 75% 이므로 20% × 0.75 = 15%
  ② 부족한 고형질을 밀가루로 보충한다면?
    계란의 고형질이 약 25% 이므로 20% × 0.25 = 5%
    ※ 기포제나 유화제의 사용이 바람직하다.

문제3) 파운드 케이크에 버터롤 90%를 사용했다면 계란의 사용량은?
  계란 = 쇼트닝 × 1.1 = 90×1.1 = 99, 즉 **99%** 사용한다.

10-1. 시폰 케이크(Chiffon Cake) 배합표

① 계란은 밀가루를 기준으로 180% 사용
② 믹싱에서 패닝까지 손실이 2.3%, 굽기 손실이 12%
③ 완제품의 무게가 480g인 시폰 케이크 10개를 만드는 배합표를 작성하시오.

재료	비율(%)	무게(g)	작성 요령
박력	100	1,200	
노른자용 설탕	65	780	
노른자	60	720	
흰자용 설탕	65	780	① 총 배합률 = 465%
흰자	120	1,440	② 완제품 무게 = 480g×10 = 4,800g
소금	2	24	③ 분할 무게 = 4,800÷0.88 ≒ 5,454.5g
주석산크림	0.5	6	④ 재료 무게 = 5,454.5÷0.977 ≒ 5,582.91g
B.P	2	24	⑤ 밀가루 무게 = 5,582.91÷4.65 ≒ 1,200.625g
식용유	30	360	1g미만은 버림 → 1,200[g]
물	20	240	⑥ 노른자 = 계란의 1/3 = 180%×1/3 = 60%
오렌지 향	0.5	6	⑦ 흰자 = 계란의 2/3 = 180%×2/3 = 120%
계	465	5,580	

10-2. 시폰 케이크 배합표

분할 무게 560g인 시폰 케이크 4개를 만드는데 분할까지의 손실은 1.53%이다. 계란은 165%로 노른자와 흰자로 분리하여 사용하고, 전통적인 시퐁 케이크 제조법을 사용한다. 반죽온도는 23℃를 표준으로 한다. 밀가루 1g 미만은 올려서 정수로 하여 배합표를 작성하시오. `2002년`

재료	배합비(%)	무게(g)	
노른자	55	275	
설탕(A)	65	325	
소금	2	10	
식용유	30	150	① 총 배합률 = 계란 165% 포함하여 455%
물	25	125	② 분할 무게 = 560g × 4 = 2,240g
바닐라향	0.5	2.5	③ 재료 무게 = 2,240 ÷ (1 − 0.0153)
박력분	100	500	≒ 2,274.80(g)
베이킹 파우더	2	10	④ 밀가루 무게 = 2,274.80 ÷ 4.55
흰자	110	550	= 499.96 → 500g
설탕(B)	65	325	
주석산크림	0.5	2.5	
계	455	2,275	

11. 소프트 롤 케이크(Soft Roll Cake) 배합표

소프트 롤 케이크의 배합표를 완성하시오.
① 계란은 밀가루 기준으로 전체 270% 사용
② 분할 반죽 무게 1,500g인 10판을 제조(롤케이크 20개용)
③ 분할이 완료될 때까지 손실은 1%
④ 밀가루 무게는 1g 미만을 버려서 정수로 하고 다른 재료의 기준으로 함

재료	비율(%)	무게(g)	작성 요령
노른자	90	2,340	
노른자용 설탕	80	2,080	
물엿	10	260	
소금	1	26	① 총 배합률 = 582.7%
물	20	520	② 분할 무게 = 1,500g × 10 = 15,000g
바닐라향	0.5	13	③ 재료 무게 = 15,000 ÷ 0.99 ≒ 15,151.5g
흰자	180	4,680	④ 밀가루 무게 = 15,151.5 ÷ 5.827 ≒ 2,600.2g
흰자용 설탕	60	1,560	→ 1g미만은 버림 → 2,600g
B.P	1.2	31.2	⑤ 노른자 = 270% × 1/3 = 90%
박력분	100	2,600	⑥ 흰자 = 270% × 2/3 = 180%
식용유	40	1,040	
계	582.7	15,150.2	

12. 과일 케이크

마지팬을 씌우기 위한 원판 케이크로 과일 케이크를 만들려고 한다. 분할 무게 800g인 케이크 4개르 만드는데, 분할까지의 손실은 1.6%로 계산하며 반죽은 크림법과 머랭을 사용하는 복합법으로 만들고 희망 반죽온도는 23℃를 표준으로 한다. 과일은 럼주로 전처리 하며, 제시된 원형팬에 반죽을 넣고 데커레이션 원판용으로 굽는다. 배합표의 밀가루 1g 미만은 올려서 정수로 하고 다른 재료는 비율대로 계산하여 배합표를 작성하고 밀가루 무게의 산출근거를 작성하시오. 2003년

재료	배합비(%)	무게(g)	작성 요령
중력분	100	600	
설탕	90	540	
마가린	60	360	
계란	100	600	
우유	20	120	① 총 배합률 = 542.5%
베이킹파우더	1	6	② 분할 무게 = 800g × 4 = 3,200g
소금	1	6	③ 재료 무게 = 3,200 ÷ (1 − 0.016)
바닐라향	0.5	3	= 3,200 ÷ 0.984
건포도	50	300	≒ 3,252.03g
체리	40	240	④ 밀가루 무게 = 3,252.03 ÷ 5.425
호두	30	180	≒ 599.45 → **600g**
오렌지 필	30	180	
럼주	20	120	
계	542.5	3,255	

7. 제빵 배합표 작성

1-1. 바게트 배합표 문제

바게트 빵의 배합표를 완성하시오.
① 믹싱 및 발효 손실 = 2%
② 굽기 손실 = 18%
③ 1개의 완제품 무게 = 302g
④ 제조개수 = 4개
⑤ 비타민C용액 = 비타민C 1g을 물 1ℓ에 용해시켜 사용

※ 밀가루의 1g 미만은 버려서 정수로 하고 다른 재료는 비율대로 계산
※ 비타민C는 % 합계에서 제외하고 용액 1ml 1g으로 간주함 2005년

재료	%	g	작성 요령
강력분	100	900	
물	60	540	① 전체 배합률 = 167%
이스트	4	36	② 완제품무게 = 302×4 = 1,208[g]
제빵개량제	1	9	③ 분할무게 = 1,208÷(1−0.18) = 1,473.17[g]
소금	2	18	④ 재료무게 = 1,473.17÷(1−0.02) = 1,473.17÷0.98 ≒ 1,503.24[g]
비타민C	10ppm	9ml	⑤ 밀가루무게(A) = 1,503.24÷1.67 = 900.14 ≒ **900[g]**
계	167%	1,512g	

- 비타민 C 용액의 사용량
  - 용액 1ml당 비타민 C 함량=1/1,000=0.001[g]
  - 비타민 C 사용량=900g×10/1000,000=0.009[g]
  - 비타민 C 용액(ml)= 0.009÷0.001=9[ml]

- 비율(%)의 합계=167%
  무게의 합계(H)=1,512[g]

- 물=900×0.6=540[g], 이스트=900×0.04=36[g], 개량제=900×0.01=9[g], 소금=900×0.02=18[g]

1-2. 바게트 배합표

발효 손실 2%, 굽기 산실 20%일 때 완제품 1개의 무게가 262g인 프랑스 빵 5개를 생산하려고 한다. 이 때 비타민C는 물 1l에 비타민C 1g을 용해시킨 용액으로 사용한다. 스트레이트법으로 반죽온도는 24℃를 기준으로 하며, 정형 바게트의 길이는 45cm, 4군데 자르기. 밀가루 1g 미만은 버림으로 정수 처리하여 배합표를 완성하시오. `2002년`

재료	배합비(%)	무게(g)	작성 요령
강력분	100	1,000	
물	60	600	
이스트	4	40	① 비타민C는 비율의 합계에서는 제외하고 1ml는 1g으로 본다.
제빵 개량제	1	10	② 따라서 (2)는 비타민C를 제외한 합으로 167%
소금	2	20	
비타민C	15ppm	(1) 15ml	
계	(2) 167	1,685	

1-3. 사워발효 바게뜨 배합표

① 분할무게 350g의 사워발효 바게뜨 6개를 만드는 배합표를 완성하시오.
② 분할까지의 손실은 2.65%로 계산하시오.
③ 밀가루는 계산상 g 미만은 올려서 정수로 하고 다른 재료는 비율대로 계산하시오.
※ 소수가 있는 경우에는 소수로 기재

구분	재료명	비율(%)	중량(g)	작성 요령
전반죽	강력분	20	260	
	풀사워 분말	3	39	
	물	20	260	
	건조효모	0.5	6.5	① 총 배합률 = 166%
본반죽	강력분	80	1040	② 완제품 무게 = 350×6 = 2100
	물	40	520	③ 재료무게 = 2100÷(1− 0.0265)
	소금	2	26	= 2157.2
	맥아(몰트)	0.5	6.5	④ 밀가루 무게 = 2157.2 ÷ 1.66
	전반죽	43.5	565.5	= 260
	본반죽 계	166	2158	

2. 더치빵 배합표 문제

더치빵의 배합표를 완성하시오.
① 완제품 200g인 더치빵 9개 제조
② 발효 손실=2%, 굽기 손실=11.5%
③ 밀가루 1g 미만은 올려서 정수로 하고 다른 재료는 비율대로 계산하시오. 2001년 2002년

재료	%	g	작성 요령
강력분	100	1,200	
물	57	684	
이스트	3	36	
제빵개량제	1	12	① 총 배합률 = 173%
소금	1	12	② 완제품 무게 = 200g×9 = 1,800g
설탕	2	24	③ 분할 무게 = 1,800÷0.885 ≒ 2,033.9[g]
쇼트닝	3	36	④ 재료 무게 = 2,033.9÷0.98 ≒ 2,075.4
탈지분유	3	36	⑤ 밀가루 무게 = 2,075.4÷1.73
흰자	3	36	=1,199.7[g] → 1,200g
계	173	2,076	

〈토핑〉

① 본반죽용 토핑의 배합표를 완성하시오.
② 더치빵 9개용으로 재료의 무게가 376~408g이 되도록 작성
③ 배합표는 멥쌀가루를 기준으로 다른 재료는 비율대로 계산(소수인 경우에는 소수로 표시)

재료	%	g	작성 요령
멥쌀가루	100	160	
중력분	20	32	
이스트	2	3.2	① 총 배합률 = 235~255%
설탕	2	3.2	→ 최저와 최고의 범위를 기재
마가린	30	48	② 총 재료 무게=376~408g (조건에 따름)
소금	1	1.6	③ %와 g의 비율 = 376÷235 = 1.6
물	80~100	128~160	또는 408÷255 = 1.6
계	235~255	376~408	④ 멥쌀가루 100%는 160g, 다른 재료는 160g에 대한 비율로 작성

3-1. 모카빵 배합표

모카빵의 배합표를 완성하시오. 2000년
① 모카빵의 본반죽 1개당 분할무게는 245g이며 10개를 만들고자 한다.
② 믹싱에서 분할까지의 손실은 재료 대비 2%
※ 밀가루 1g 미만은 버려서 정수로 한다.

재료	%	g	작성 요령
강력분	100	1,200	
물	48	576	
이스트	4	48	
제빵개량제	1	12	① 총 배합률 = 208.3%
소금	1.8	21.6	② 분할 무게 = 245×10 = 2,450[g]
설탕	15	180	③ 재료 무게 = 2,450÷(1−0.02)
마가린	10	120	= 2,450÷0.98
탈지분유	2	24	≒ 2,500[g]
계란	10	120	④ 밀가루 무게 = 2,500÷2.083
커피	1.5	18	≒ 1,200.2 → **1,200[g]**
건포도	10	120	
호두	5	60	
계	208.3	2,499.6	

※ 다른 재료는 밀가루를 기준으로 한다.(소수인 경우에는 소수로 표시)

3-2. 모카빵 토핑용 비스킷

모카빵의 배합표를 완성하시오. 2000년
① 분할무게 112g인 제품 10개용
② 믹싱에서 분할까지의 취급 손실은 재료 대비 2%
※ 밀가루 무게는 1g 미만을 올려서 정수로 하고 다른 재료는 밀가루를 기준으로 계산

재료	%	g	작성 요령
강력분	100	600	
버터	20	120	① 총 배합률 = 190.5%
설탕	40	240	② 분할 무게 = 112×10 = 1,120[g]
계란	20	120	③ 재료 무게 = 1,120÷(1−0.02)
베이킹 파우더	1.5	9	= 1,120÷0.98
우유	9	54	≒ 1,142.9[g]
계	190.5	1,143	④ 밀가루 무게 = 1,142.9÷1.905
			= 599.9 → **600g**

3-3. 모카빵 토핑용 비스킷

① 모카빵의 비스킷 배합표를 완성하시오.
② 분할무게 115g짜리 9개용으로
③ 분할시까지 취급손실은 1.73%
※밀가루 g 미만은 올려서 정수로 한다. `2000년`

재료	%	g	작성 요령
박력분	100	550	① 배합률(%) = 191.5%
버터	20	110	② 분할 무게 = 115g × 9개 = 1,035g
설탕	40	220	③ 재료 무게 = 1,035 ÷ (1 − 0.0173)
계란	20	110	= 1,035 ÷ 0.9827 = 1,053.22
베이킹 파우더	1.5	8.25	④ 밀가루 무게
우유	10	55	= 재료 무게 ÷ 배합률(%) × 100(밀가루(%))
합계	191.5	1,053	= 1,053.22 ÷ 191.5 × 100 = 549.98 = 550g

3-4. 모카빵의 배합표

모카빵의 배합표를 완성하시오.
이 배합은 분할무게 250g짜리 9개를 만들기 위한 것으로 손실은 1.85%이고 밀가루의 g 미만은 올려서 정수로 하면 밀가루 이외의 재료는 밀가루를 기준으로 한다. `2000년`

재료	%	g	작성 요령
강력분	100	1,100	
물	45	495	
이스트	4	44	
제빵개량제	1	11	① 배합률(%) = 208.5%
소금	2	22	② 분할 무게 = 250g × 9개 = 2,250g
설탕	15	165	③ 재료 무게 = 2,250 ÷ (1−0.0185)
마가린	12	132	= 2,250 ÷ 0.9815
탈지분유	3	33	= 2,292.41
계란	10	110	④ 밀가루 무게
커피	1.5	16.5	= 재료 무게 ÷ 배합률(%) × 100(밀가루(%))
건포도	10	110	= 2,292.41 ÷ 208.5 ×100
호두	5	55	= 1,099.48
합계	208.5	2,293.5	=1100

4-1. 브리오슈 배합표 문제

① 브리오슈 완제품으로 무게 50g짜리 40개 제조
② 발효 손실=2%, 굽기 손실=12%

※ 밀가루 무게의 1g 미만은 올려서 정수로 하고 다른 재료는 밀가루를 기준으로 계산

재료	%	g	작성 요령
강력분	100	1,000	
물	30	300	① 총 배합률 = 232%
이스트	8	80	② 완제품 무게 = 50×40 = 2,000[g]
소금	1	10	③ 분할 무게 = 2,000÷(1 − 0.12)
버터	40	400	= 2,000÷0.88
탈지분유	4	40	= 2,272.7[g]
설탕	15	150	④ 재료 무게 = 2,272.7÷(1 − 0.02)
계란	30	300	= 2,272.7÷0.98
브랜디	4	40	= 2,319.1[g]
계	232	2,320	⑤ 밀가루 무게 = 2,319.1÷2.32 = 999.6[g] → 1,000

4-2. 브리오슈

① 완제품 45g짜리 브리오슈를 48개 만들려 한다.
② 발효손실이 3%, 굽기 손실이 12%일 때 배합표를 완성하시오.

※밀가루 g은 1단 위에서 올림하고 나머지는 소수점 둘째자리에서 반올림할 것 `1999년`

재료	%	g	작성 요령
강력분	100	1,100	
물	30	330	
버터	20	220	① 총 배합률 = 230.5%
설탕	15	165	② 총 제품 = 45×48 = 2,160g
계란	30	330	③ 분할시(굽기손실) = 2,160 ÷ (1 − 0.12)
생이스트	8	88	= 2,454.55g
마가린	20	220	④ 총 재료(발효손실) = 2,454.55 ÷ (1 − 0.03)
소금	1.5	16.5	= 2,530.4g
술	1	11	⑤ 밀가루 = 2,530.4 ÷ 2.305
탈지분유	55	55	= 1,100g (1단위에서 올림)
합계	230.5	2,535.5	⑥ 나머지 재료 = 1,100(밀가루 중량) × 해당재료 %

5-1. 데니시 페이스트리

① 믹싱과 휴지손실이 2.32%
② 최종 밀어펴기가 끝난 후 무게가 2,400g짜리인 반죽의 데니시 페이스트리

※ 밀가루 무게는 소수점 이하를 버리고 정수로 해서 배합표를 작성하고 밀가루의 산출근거를 작성하시오. 2001년

재료	배합비 (%)	무게 (g)
강력분	100	900
물	45	405
생이스트	5	45
소금	2	18
설탕	15	135
마가린	10	90
탈지분유	3	27
계란	15	135
파이용 마가린	반죽의 40% = 78	702
총	273 %	2457g

1) 총 재료 무게 (분할 반죽 무게에 믹싱 및 휴지 손실을 더한 무게)
   → 반죽 100%가 1일 때 2.32%는 0.0232 → 2,400 ÷ (1− 0.0232) = **2,457,002(g)**
2) 밀가루 무게 = (총 재료 무게 ÷ 전체 반죽비율) × 100
3) 파이용 마가린을 제외한 각 재료의 반죽 비율의 합계는 **195%**
   파이용 마가린은 반죽비율의 40%이므로 195 × 0.4(40%) = **78%**
4) 파이용 마가린을 포함한 전체 반죽비율 합계 = 195 + 78 = **273(%)**
   → (2,457,002 ÷ 273) × 100(강력분이 100%이므로) = 900.0009(g)) ≒ **900(g).**
5) 파이용 마가린의 중량은 반죽 195%의 40% 이므로 전체 배합에서 비율은 78%
   (밀가루 900g에 대한 78%로 계산, 900 × 0.78 = **702**

5-2. 데니시 페이스트리의 배합표

① 분할 무게가 40g인 크루아상 55개를 제조한다.
② 분할완료까지 발효 손실 및 파치손실은 합해서 6%로 본다.
※ 밀가루 무게는 소수 이하를 버려서 정수로 만들고 다른 재료는 밀가루를 기준으로 계산한다.

재료	비율(%)	무게(g)	작성 요령
중력분	100	1,000	
물	45	450	
설탕	15	150	① 총 배합률 = 195+39 = 234[%]
이스트	5	50	② 분할 무게 = 40×55 = 2,200[g]
소금	2	20	③ 재료 무게 = 2,200÷0.94
마가린	10	100	≒ 2,340.4[g]
탈지분유	3	30	④ 밀가루 무게 = 2,340.4÷2.34
계란	15	150	≒ 1,000.18 →
충전용 마가린	밀가루 반죽의 20% (39)	390	1,000[g]
계	234	2340	

> 밀가루 반죽의 배합률 = 195%
> ∴ 충전용 마가린 = 195%×0.2 = 39%

6. 버터롤 배합표

① 스트레이트 · 도법을 비상 스펀지 · 도법으로 전환하여 버터롤을 만들려고 한다.
② 분할무게 42g인 롤 50개
③ 분할까지의 손실은 2.2%로 계산하며, 필수적인 조치를 취하려 비상법으로 전환한다.
※ 계산상 밀가루 1g 미만은 버려서 정수로 하고 다른 재료의 기준으로 한다. 2003년

재료	스트레이트 · 도법 배합비(%)	비상 스펀지 비율(%)	비상 스펀지 무게(g)	본반죽 비율(%)	본반죽 무게(g)
강력분	100	(80)	(880)	(20)	(220)
물	50	(49)	(539)	–	–
이스트	3	(6)	(66)	–	–
이스트 푸드	0.2	(0.2)	(2.2)	–	–
소금	2	–	–	(2)	(22)
설탕	10	–	–	(10)	(110)
버터	15	–	–	(15)	(165)
탈지분유	3	–	–	(3)	(33)
계란	10	–	–	(10)	(110)
계	(193.2)	(135.2)	(1,487.2)	(60)	(660)
반죽온도	27℃	스펀지 온도	(30℃)	–	–

1) 총 배합률 = 195.2%
2) 분할 무게 = 42g × 50 = 2,100g
3) 재료 무게(믹싱, 분할 손실을 더한 무게) = 2,100 ÷ (1 − 0.022) = 2,147.24g
4) 밀가루 무게 = 2,147.24 ÷ 1.952 ≒ 1,100.20 → 1g 미만버림 → **1,100g**
5) 밀가루 100% 일 때 1100g이므로 다른 재료는 재료 ×11을 한다.

7-1. 식빵 배합표

① 600g짜리 식빵 100개를 만들고자 한다.
② 발효손실이 1%, 굽기손실이 12%이고 총배합률이 179.1%
※ 밀가루 무게는 소수점 한 자리에서 올림 (kg 미만은 올림)
※ 그밖의 재료와 반죽·총 완제품 무게는 소수점 두 자리까지.

재료	비율(%)	무게(kg)
강력분	100	38.45
물	62	23.84
이스트	2	0.77
탈지분유	3	1.15
소금	2	0.77
설탕	6	2.31
쇼트닝	4	1.54
이스트 푸드	0.1	0.04
총	179.1 %	68.87 g

① 총 배합률 = **179.1%**
② 총 완제품 무게 = 600 × 100 = **60kg**
③ 분할 무게 = 60 ÷ (1 − 0.12) 0.88 = **68.18kg**
④ 재료 무게 (믹싱, 분할 손실을 더한 무게) = 68.18 ÷ (1 − 0.01) 0.99 = **68.87kg**
⑤ 밀가루 무게 = 68.87 ÷ 1.791 = **38.45kg**
⑥ 밀가루 100%가 38.45kg이므로 각 재료의 무게는 % × 0.3845 = kg으로 한다.

　※ 총 완제품 무게 : 구운 빵의 총 무게
　　분할 무게 : 굽기 전의 반죽 무게
　　재료 무게 : 발효하기 전의 반죽 무게

7-2. 비상 스펀지 · 도법 식빵 배합표

다음의 스트레이트법을 비상 스트레이트법과 비상 스펀지 · 도법으로 전환하시오.

조건/구분	스트레이트법 (%)	비상 스트레이트법 (%)	비상 스펀지 · 도법	
			스펀지 (%)	도 (%)
밀가루	100	100	80	20
물	63	64	63	-
이스트	2	3	3	-
설탕	5	4,	-	5
쇼트닝	4	4	-	4
소금	2	2	-	3
계	176	176	146	31
반죽온도	27℃	30℃	30℃	-
발효시간	2~3시간	15분 이상	30분 이상	-

1) 스트레이트법→ 비상 스트레이트 · 도법(필수적인 조치)

   ① 이스트→ 1.5배
   ② 반죽온도→ 30℃
   ③ 흡수율→ 1% 증가
   ④ 설탕→ 1% 감소
   ⑤ 발효시간→ 15분 이상
   ⑥ 믹싱시간→ 20~25% 증가

   ※ 선택적 조치

   ① 소금→ 1.75%까지 감소
   ② 이스트 푸드→ 0.5%까지 증가
   ③ 탈지분유→ 감소
   ④ 식초 사용

2) 스트레이트법→ 비상 스펀지 · 도법(필수적인 조치)

   ① 밀가루→ 80%를 스펀지에 사용
   ② 물→ 변동없음
   ③ 이스트→ 1.5배
   ④ 스펀지 반죽온도→ 30℃
   ⑤ 스펀지 발효시간→ 30분 이상
   ⑥ 본반죽 믹싱시간→ 20~25% 증가

배합표 작성

8. 스트레이트법에서 스펀지 도우법으로 전환시 물의 양은? `2021년`

1) 스트레이트법
빵 반죽의 모든 재료를 한번에 넣고 반죽하는 제빵법으로, 수분의 함량은 유지의 함량 계란등의 부재료에 따라 베이커스 퍼센트 55%~65%범위이며 전재료를 한번에 넣으므로 물 역시 전량(100%)을 넣고 반죽한다.

2) 스펀지 도우법(스펀지법)
일부 재료를 사용하여 반죽을 한 뒤 발효 (스펀지)시킨 뒤, 나머지 재료와 함께 반죽(본 반죽 또는 도우 반죽)을 하여 발효시켜 만드는 제법으로, 스펀지에 사용하는 밀가루의 양에 따라 70% 스펀지법, 100% 스펀지법으로 구분한다.
예를 들어, 60% 스펀지법이라 함은 스펀지에 사용하는 밀가루를 전체 배합 밀가루 양에서 60%를 사용한 스폰지법이며, 도우반죽에는 나머지 40%를 사용한다.
물의 사용량은 밀가루의 분량에 따라 달라지며, 일반적으로 물은 밀가루의 55%를 사용한다. 이때 물의 사용량이 55%를 스펀지에 사용 했다면 도우에는 45%를 사용한다.
스펀지에 사용하는 물의 양이 많을수록 반죽의 숙성 속도가 빨라진다.

예상문제
1) 80% 스펀지법으로 전환하시오(80 : 20의 배합).
2) 스펀지에 사용하는 물의 양을 계산하시오.

재료명	베이커스 퍼센트(%)	스펀지	본반죽(도우)
강력분	100		
물	63		
이스트	2.5		
이스트푸드	0.1		
설탕	7		
쇼트닝	6		
탈지분유	2		

tip 스펀지법으로 바꿀 때는 밀가루 양을 먼저 결정한다. 예를 들어 80%를 사용한다고 하면 80% 스펀지법이고 **물은 스펀지 밀가루의 55%**이므로 80의 55% = 44이다.

재료명	베이커스 퍼센트(%)	스펀지	본반죽(도우)
강력분	100	80	20
물	63	**44**	19
이스트	2.5	2.5	**0**
이스트푸드	0.1	0.1	0
설탕	7	0	7
쇼트닝	6	0	6
탈지분유	2	0	2

참고문헌

- 홍행홍, 대한민국 제과기능장(2013), (주)비앤씨월드
- 송영광, 쉽게 배우는 송셰프의 프랑스빵 (2013), (주)비앤씨월드
- 박준서, 폴인브레드 리얼 레시피 (2014), 이프애드
- 허남윤, 신승녕 외, 동영상으로 쉽게 만드는 제과·제빵기능사 (2015), 도서출판 진로
- 엠마뉴엘 하지앤드류 지음, 김지연 번역, 천연 발효빵 (2017), 터닝 포인트
- 정찬웅, Slow Bread(슬로우 브레드), (2018), 이프애드
- 김창석, 제과 기능장 필기 시험문제 (2020), 크라운 출판사
- 채동진, 이명호 외, NCS기반의 제빵실기 (2021), 도서출판 유강
- 박철수, 박철수가 만드는 명품양과자 (2021), (주)비앤씨월드
- 홍상기, 마스터 베이킹 (2021), (주)비앤씨 월드
- 박병욱, 위재상, Cake Master (2022), 도서출판 유강
- 채동진, 위재상, NCS기반의 제과 실기 (2022), 도서 출판 유강
- 위재상, 천연 발효 건강빵 (2022), 도서 출판 유강

감수
강 란 기 /이학박사

- 숙명여자대학교 식품영양학과 졸업
- 숙명여자대학교 대학원 교육학 석사
- 숙명여자대학교 대학원 전통식생활문화학 석사
- 호서대학교 대학원 식품학 박사
- 이태리 밀라노 롬바르디아 주립학교 졸업
- 이태리 I.P.C.A.학교 졸업
- 수원여대 식품과학부 겸임교수 역임
- 호서대 · 가천대 · 경기대 · 신한대
- 신안산대 · 동서울대 외래교수 역임
- 성남 향토음식 발굴 경연대회 추진위원장 역임
- 경기장애인 기능경기대회 심사장 역임
- 전국중고등부 관광음식 기능경기대회 대회장 역임
- 現) (사)한국관광음식문화협회 이사장
- 現) 성남제과조리커피직업전문학교장
- 現) 성남요리학원장
- 現) 성남제과제빵학원장
- 저서 : 제과기능사 필기 (이론+문제)
    제빵기능사 필기 (이론+문제)
    제과기능장 필기
    제과제빵기능사 이론 요약
    제과제빵 실무 이론

제과기능장 실기
필답고사 이론요약 & 기출문제 해설

초판인쇄 | 2022년 3월 30일
초판발행 | 2023년 1월 5일

저　　자 | 박병욱
발 행 처 | 도서출판 유강
발 행 인 | 柳麟夏

주　　소 | 경기도 성남시 중원구 상대원동 144-3 우림라이온스벨리 5차 B동 412호
전　　화 | 010-5026-4204
총 무 과 | 031-750-0238
홈페이지 | www.ukang.co.kr

디 자 인 | 옥별
사　　진 | 황익상
ISBN 979-11-90591-31-7

정가 32,000원

잘못된 책은 교환해 드립니다.
저자와 협의하에 인지를 생략합니다.
본 책의 무단복제 행위는 저작권법에 의거 5년 이하의 징역 또는 8,000만원 이하의 벌금에 처하거나 이를 병과할 수 있습니다.